88 Symbolpredigten durch das Kirchenjahr

Seit vielen Jahren ist es Pfarrer Willi Hoffsümmer wichtig, in seinen Gottesdiensten möglichst viele Sinne seiner Zuhörerinnen und Zuhörer – Erwachsene, Jugendliche und Kinder – anzusprechen. Anhand von Gegenständen aus dem Alltag wird die Verkündigung der Bibel lebendig und anschaulich. Solche Predigtideen eignen sich besonders für Gottesdienste, in denen alle Altersgruppen vertreten sind. Ein gezeigtes Symbol holt nicht nur die Welt in die Kirche und die Kirche in die Welt, sondern erhöht auch die Aufmerksamkeit und erleichtert das „Sich-Erinnern". Weitere Vorteile liegen klar auf der Hand: meist wenig Aufwand, Einprägsamkeit und eine gelockerte Atmosphäre.

Nach dem Kirchenjahr geordnet, mit Stichwortverzeichnis und Schriftstellen-register versehen, ermöglicht das Buch dem Benutzer/der Benutzerin eine schnelle Orientierung.

Willi Hoffsümmer, geb. 1941, Pfarrer in Bergheim-Paffendorf. Veröffentlichungen im gleichen Verlag: Anschauliche Predigten für Kinder-, Jugend- und Familiengottesdienste ([5]1993); Bausteine für Familiengottesdienste – Lesejahr A. Die Evangelien der Sonn-und Feiertage in Symbolen, Geschichten, Spielen und Bildern ([2]1993); Bausteine für Familiengottesdienste – Lesejahr B ([2]1994); Bausteine für Familiengottesdienste – Lesejahr C (1994); Bußgeschichten. TOPOS 99 ([6]1993); 3 x 7 Bußfeiern mit Gegenständen aus dem Alltag (1991); 33 Gruppenstunden für Ministranten ([4]1991); Firmgeschichten. Hinführung zur Firmung für Jugendliche und Gruppenleiter. TOPOS 126 ([7]1993); Geschichten als Predigten ([2]1990); Geschichten für Kranke. TOPOS 188 ([3]1994); Geschichten wie Brücken zum Leben ([2]1993); Geschichten wie kostbare Perlen ([5]1993); Geschichten wie offene Türen ([2]1993); Geschichten wie Spiegel des Herzens ([3]1993); Geschichten wie Wegweiser ([2]1993); Geschichten zum Sakrament der Ehe. TOPOS 166 ([4]1994); Geschichten zur Taufe. TOPOS 210 ([2]1993); Glaube trägt ([7]1992); Gottes Spur in der Schöpfung. 200 Ideen für Feriengottesdienste und Freizeiten ([2]1994); 133 Kinderpredigten. Mit Gegenständen aus dem Alltag ([8]1992); 111 Bausteine für Gottesdienste mit 3-7jährigen und religiöse Feiern im Kindergarten ([4]1992); 144 Zeichenpredigten durch das Kirchenjahr. Mit Gegenständen aus dem Alltag ([6]1994); 122 Symbolpredigten durch das Kirchenjahr. Für Kinder, Jugendliche und Erwachsene ([3]1994); Kommuniongeschichten. Brot fürs Leben. TOPOS 79 ([15]1993); Kurzgeschich-ten 1: 255 Kurzgeschichten für Gottesdienst, Schule und Gruppe ([14]1993); Kurzge-schichten 2: 222 Kurzgeschichten ... ([9]1994); Kurzgeschichten 3: 244 Kurzgeschich-ten ... ([7]1995); Kurzgeschichten 4: 233 Kurzgeschichten ... ([4]1994); Kurzgeschichten 5: 211 Kurzgeschichten ... (1994); 99 Kinderpredigten. Mit Gegenständen aus dem Alltag ([3]1992); Religiöse Spiele für Gottesdienst und Gruppen 1 ([6]1994); Religiöse Spiele für Gottesdienst und Gruppen 2 ([4]1993); Seniorengottesdienste 1: 177 Gottesdienste für ältere Menschen und andere Altersgruppen ([2]1991); Seniorengottesdienste 2: 166 Gottesdienste ... (1994); 77 religiöse Spielszenen für Gottesdienst, Schule und Gruppen ([3]1994); Von der Schöpfung, Gott und Jesus erzählen. 100 Ideen für 3-7jährige. Mit Geschichten und Gegenständen durch das Kirchenjahr (1995); Wir wagen den Glauben ([3]1987); 2 x 11 Bußfeiern mit Gegenständen aus dem Alltag ([3]1990).

Gesamtauflage: über 750 000.

Willi Hoffsümmer

88 Symbolpredigten durch das Kirchenjahr

Für Erwachsene, Jugendliche und Kinder

Matthias-Grünewald-Verlag · Mainz

Für Wilhelm Willms, der mich so oft
inspiriert hat

 Der Matthias-Grünewald-Verlag ist Mitglied der
Verlagsgruppe engagement

Zeichnungen von Karl Heinz Hamacher, Bergheim-Paffendorf

Die Deutsche Bibliothek – CIP-Einheitsaufnahme

Hoffsümmer, Willi:
88 Symbolpredigten durch das Kirchenjahr : für Erwachsene, Jugendliche und Kinder /
Willi Hoffsümmer. [Zeichn. von Karl Heinz Hamacher]. – Mainz : Matthias-Grünewald-
Verl., 1995
    ISBN 3-7867-1816-4
NE: Hoffsümmer, Willi: Achtundachtzig Symbolpredigten durch das Kirchenjahr

Umschlag: Susanne Schneider, unter Verwendung der Zeichnungen von Karl Heinz
Hamacher
Satz: Studio für Fotosatz und DTP, Ingelheim
Druck und Bindung: Wagner, Nördlingen

ISBN 3-7867-1816-4

Inhalt

Heiligen Geistes / 41. Die beiden Brennpunkte des Osterfestkreises / 42. Flagge zeigen / 43. Kirche im Vierfarbendruck: eine missionarische Kirche / 44. Als Christ in einer „winterlichen" Kirche / 45. Licht in der Welt

Sonntage im Jahreskreis

Anhang

Hinführung

1. Wir brauchen neue Akzente in der Gottesdienstform. Jedenfalls ist das Programm der einzelnen Familien und ihrer Mitglieder so vielgestaltig geworden, daß sie oft gar nicht den vielleicht angebotenen Kinder- oder Jugendgottesdienst besuchen können; sie sind gezwungen, an einem der anderen Gottesdienste teilzunehmen. Wir drängen aber die letzten Kinder und Jugendlichen aus der Kirche, wenn sie dann vielleicht in einen „normalen" Gottesdienst geraten, der nur gehalten wird, aber nicht gestaltet ist. Verstehen Sie mich bitte recht: Gelobt sei die Pfarrei, die hin und wieder getrennte Kleinkinder-, Kinder- und Jugendgottesdienste anbieten kann, weil noch genügend Kinder, Eltern und erwachsene BegleiterInnen mittun. Aber der übliche „Normalgottesdienst", den z. B. sonnabends immer mehr Leute besuchen, um dann lange fernzusehen und sonntags auszuschlafen, sollte von den Gestaltungsformen der bisherigen „Sondergottesdienste" lernen und ebenso bildhaft und lebensnah sein – bis hin zur entsprechenden Mischung des Liedgutes aus alt und neu. Ich habe die Erfahrung gemacht, daß es beim Einsatz von Symbolen und Zeichen, Bildern und Geschichten leichtfällt, auch anwesende Kinder mit einzubeziehen und zu ihnen „hinabzusteigen" (dazu siehe Punkt 2). Beim Lesen fast aller Symbolpredigten in diesem Buch werden Sie feststellen, daß sie sich an die Gesamtgemeinde richten und mal diese oder jene Altersgruppe besonders ansprechen. Haben Sie also Mut, mit Symbolen auch vor eine Zuhörerschar hinzutreten, die überwiegend aus Erwachsenen besteht. Das Echo wird Sie bestärken, anschaulicher zu sprechen, weil auch die Erwachsenen kaum noch lange zuhören können.

2. Das Licht in Augenhöhe halten. Wenn bei einer Tauffeier – so beschreibt P. Heribert Arens OFM schön, was ich sagen möchte – wenn also bei einer Tauffeier die Patin die Taufkerze nicht entzünden kann, weil die Osterkerze einfach zu hoch und mächtig auf dem Leuchter thront, was machen wir dann? Wir holen sie herunter und bieten das Licht in Augenhöhe an. Das heißt übertragen: Viele Predigten versuchen immer noch, die Frohe Botschaft zu verkopft weiterzugeben. Das Licht des Glaubens muß vom hohen Leuchter theologischer Gelehrsamkeit und „eindrucksvoller" Fremdwörter herunter! Ein zu langer Balanceakt auf Zehenspitzen mit hochgereckten Armen ist einfach zu anstrengend. Warum sind viele Kinder nicht mehr zur Gottesdienstteilnahme zu bewegen? – Schieben wir es nicht nur auf die Familie und die Freizeitgesellschaft!

3. Am meisten freut mich, wenn ich von Teams höre: Wir haben Ihre Vorschläge durchgelesen und, davon angeregt, haben wir etwas ganz Eigenes auf die Beine gestellt. – Genau so stelle ich mir das Arbeiten mit diesen Symbolpredigten vor: Sie mögen Sie beflügeln, Ihre eigenen Glaubenserfahrungen mit dem Wort Gottes in Formen zu bringen, die möglichst viele Sinne ansprechen. Lassen Sie sich also nicht verführen, diese Vorlagen, die bei uns gut aufgenommen wurden, einfach auf Ihre Gemeinde zu übertragen.

Beim Umsetzen wünsche ich Ihnen viel Phantasie und Freude. Und keine Angst vor Wagnissen! Das Schiff der Kirche hat zweitausend Jahre lang auch deshalb alle Stürme überlebt, weil es von so vielen „Nieten" zusammengehalten wird!

Danke allen, die das Manuskript wieder kritisch begleitet haben: Marianne Breuer/Bergheim, Renate Meis/Sindorf, Ursula Möltner/Langwaden, Margret Vogt/Düsseldorf sowie Hilde Görke/Düsseldorf, die auch die Schreibarbeit übernahm.

Willi Hoffsümmer

Hinweise

1. Wie eine gute Geschichte, so spricht auch ein Symbol jedes Alter an. Jeder nimmt sich etwas davon mit oder weitet es in seiner Phantasie aus. Darum darf die Predigt nicht zu lang werden. Lieber etwas mehr Stille. Dann kann Gott dazwischenkommen.

2. Die meisten Menschen sind durch Symbole ansprechbar. Aber bitte nicht versuchen, jeden Sonntag ein neues Symbol mitzubringen oder in *einem* Gottesdienst mehrere aufzugreifen. Der „Speisezettel" darf abwechslungsreich sein: Entfalten Sie den Kern des Sonntagsevangeliums durch Geschichten und Symbole, Dias und Fotokarten, Beispiele und Spiele ...

3. Ein Gottesdienst dauert normalerweise landauf, landab zwischen 40 und 60 Minuten (wobei die letzte Angabe Kinder schon überfordert). Ein Symbol darf nicht schon bei der Begrüßung verpuffen oder als Aufhänger bei der Predigt schnell verglühen. Wichtig ist, es während der ganzen Feier wie einen roten Faden immer wieder einmal in Erinnerung zu rufen und neue Sichtweisen anklingen zu lassen: im Gabengebet oder nach der Wandlung, bei der Einleitung zum Vaterunser oder Friedensgruß, bei der Meditation nach der Kommunion oder beim Schlußgebet. Natürlich gut dosiert: Wenn die Tausend-Watt-Leuchtkraft der Predigt auf kleinere Einheiten verteilt wird, kann das Licht erträglicher bis in die Seele strahlen. Insofern stellen die Beispiele in diesem Buch einen kleinen Ausschnitt dar, der wenig von der *Gesamt*atmosphäre des Gottesdienstes wiedergeben kann.

Aber jetzt genug der Ratschläge. Gutes Gelingen!

Hilfen

Bücher des Autors, die in diesem Buch unter folgenden Kurztiteln zitiert werden:

„133"   = 133 Kinderpredigten. Mit Gegenständen aus dem Alltag

„144"   = 144 Zeichenpredigten durch das Kirchenjahr. Mit Gegenständen aus dem Alltag

„99"   = 99 Kinderpredigten. Mit Gegenständen aus dem Alltag

„122"   = 122 Symbolpredigten durch das Kirchenjahr

„2 x 11 Bußfeiern" = 2 x 11 Bußfeiern. Mit Gegenständen aus dem Alltag

„3 x 7 Bußfeiern"   = 3 x 7 Bußfeiern. Mit Gegenständen aus dem Alltag

„Kurzgeschichten 1" = Kurzgeschichten 1: 255 Kurzgeschichten für Gottesdienst, Schule und Gruppe

„Kurzgeschichten 2" = Kurzgeschichten 2: 222 Kurzgeschichten für ...

„Kurzgeschichten 3" = Kurzgeschichten 3: 244 Kurzgeschichten für ...

„Kurzgeschichten 4" = Kurzgeschichten 4: 233 Kurzgeschichten für ...

„Kurzgeschichten 5" = Kurzgeschichten 5: 211 Kurzgeschichten für ...

Bei mehreren Predigten wird weiterverwiesen auf „FaJu", „PuK" oder „KiBö". Diese Ausführungen können Sie sich von mir zuschicken lassen. Die angegebenen „ausformulierten Gottesdienste" umfassen in der Regel 6 DIN-A4-Seiten. Wenn Sie die Portokosten hinzurechnen, ahnen Sie so ungefähr, was Sie an Briefmarken beilegen können.

Meine Anschrift: Pfarrer Willi Hoffsümmer, Glescher Str. 54, D-50126 Bergheim.

Zeitschriften, die im Text zitiert werden:

„FaJu" = Familien- und Jugend-Gottesdienste (bis 1989 Gottesdienste mit Kindern und Jugendlichen): Zu beziehen beim Verlag Bergmoser + Höller, Karl-Friedrich-Str. 76, D-52072 Aachen.

„KiBö" = Kindermessbörse: Zu beziehen beim Verlag Kindermessbörse, Hoher Turm 5, D-31137 Hildesheim.

„PuK"   = Der Prediger und Katechet, Erich Wewel Verlag, Anzinger Str. 15, D-81671 München.

FESTZEITEN IM JAHRESKREIS

Advent

1. Ein kleines Licht anzünden
(Ein siebenarmiger Leuchter mit sieben Kerzen)

Lesungen: Röm 13,11-14a (Laßt uns ablegen die Werke der Finsternis); Mk 13,33-37 (Seid wachsam, bis das ganz große Licht, der wiederkommende Christus, aufleuchtet).
(„Kurzgeschichten 2", Nr. 106. Vorwort: Wer das wenige Licht teilt, das er besitzt, hilft letztlich auch sich selbst.)

Pr: Es ist besser, ein Licht anzuzünden, als über die böse Welt zu schimpfen oder zu sagen: „Die Probleme sind zu groß für uns; da kann man nichts machen." Wir möchten heute positive Akzente dagegensetzen. Ihr seht sieben Kerzen hier vorne auf einem siebenarmigen Leuchter, der Menora, für Juden ein heiliges Zeichen. Sieben Beispiele sollen uns zeigen, wie kleine Lichter das Leben hell machen können. Nach jedem Beispiel wird eine der sieben Kerzen angezündet.

1.: Kind mit kleiner Kerze, die vorher an der Altarkerze entzündet wird:
(Diese wird vorher vom Ewigen Licht her entzündet = Licht des Glaubens der Juden und der Christen.)
Neulich abends im Dunkeln sah ich vor dem Supermarkt auf der Straße dreißig Mark liegen: einen Zwanziger und einen Zehner. Niemand war in der Nähe. Ich habe sie aufgehoben und in die Jackentasche gesteckt. Dann bin ich einkaufen gegangen. Ich habe immer an das Geld gedacht und daran, daß ich es behalten kann. Wem sollte ich es auch zurückgeben? Es war ja niemand da! Aber als ich an die Kasse kam, stand da Bianca aus meiner alten Klasse mit rotgeweinten Augen. Sie fragte gerade die Kassiererin: „Und niemand hat was abgegeben?" „Hast du was verloren?" fragte ich sie. „Ja, dreißig Mark, von meiner Mutter – ich trau' mich nicht nach Hause." „Vielleicht die hier?" sagte ich und zog die zwei Scheine aus der Tasche. „Wo waren die??? Danke!" sagte Bianca und strahlte übers ganze Gesicht – nicht nur wie eine Kerze, eher wie ein ganzer Weihnachtsbaum. (Mit der kleinen brennenden Kerze eine Kerze auf dem siebenarmigen Leuchter entzünden!)

2.: Kind mit brennender Kerze:
In meiner Klasse ist Nicolai aus Kasachstan. Zu Anfang konnte er überhaupt kein Wort Deutsch. Das war bestimmt unheimlich schwierig für

ihn. Ich kann mir vorstellen, daß man sich häufig ganz schlecht fühlt, wenn alle um einen herum eine fremde Sprache sprechen. Während unserer Ferien im Ausland geht es mir oft genauso. – Der Nico ist dann ein paar Monate lang nachmittags mit zu mir gekommen, um Hausaufgaben zu machen. Jetzt spricht er unsere Sprache schon prima. Und seitdem seine Familie nun auch eine richtige Wohnung hat, fühlt Nico sich hier ganz zu Hause. (2. Kerze auf dem siebenarmigen Leuchter entzünden!)

3.: Kind mit brennender Kerze:

In dem Altersheim, wo meine Oma lebt, sind viele alte Leute, die niemals Besuch bekommen. Das muß schlimm sein. Aber eine Frau habe ich gesehen, die geht oft nachmittags ins Heim und unterhält sich mit den Leuten, die dort am Tisch sitzen und warten. Manchmal führt sie sie auch im Rollstuhl in den Garten oder auf die Straße. Ich glaube, für die alten Leute ist diese Frau auch so ein Licht in der Dunkelheit. (3. Kerze auf dem siebenarmigen Leuchter entzünden!)

4.: Kind mit brennender Kerze:

In Schweden wird am 13. Dezember der Luziatag gefeiert. Zum Andenken an diese heilige Märtyrerin trägt ein Kind als Luzia einen Kranz mit brennenden Kerzen auf dem Kopf. Bei uns ist dieser Brauch nicht üblich, aber gerade in der Adventszeit Licht zu jemandem bringen, das könnte man hier auch: statt einer brennenden Kerze vielleicht einen Krankenbesuch machen, einen Brief schreiben oder auch nur jemandem beim Einsteigen in den Bus helfen, mit jemandem Mau-Mau spielen – obwohl man eigentlich keine Lust dazu hat – oder auch einfach nur genau hinsehen, ob jemand Angst oder Kummer hat, und dann mit ihm reden ... Vielleicht ist das ja im Advent noch wichtiger, als kuschelig bei Kerzenlicht und Plätzchen zusammenzusitzen. Andererseits könnte man natürlich auch dazu jemanden einladen, den man sonst nicht einladen würde! (4. Kerze auf dem siebenarmigen Leuchter entzünden)

5.: Kind mit brennender Kerze:

Wenn man die Tagesschau sieht, kann einem schlecht werden von all den Bildern aus den Kriegsgebieten: Serbien, Rwanda, Somalia, Angola, Kurdistan, Libanon, Palästina ... Überall wird gekämpft, überall sind Menschen auf der Flucht; und überall so viele Kinder, die Not leiden. Was man da tun kann, das weiß ich auch nicht. Geld spenden, sicher; Flüchtlinge aufnehmen – kann *ich* nicht, obwohl ich so viel Mitleid mit allen habe. Ein paar Möglichkeiten gibt es auch, wie Kinder helfen können: Warme Kleidung sammeln, Spielsachen oder Süßigkeiten abgeben, beim Sternsingen mitmachen, Unicef-Karten verkaufen – das ist nicht viel angesichts der großen Not. Wirklich nur ein kleines Licht in der Dunkelheit. (5. Kerze auf dem siebenarmigen Leuchter entzünden)

6.: Mutter mit brennender Kerze:
In dieser Adventszeit hören wir wieder von Maria: wie damals der Engel zu ihr kam und ihr sagte, daß sie Jesus, ein Baby, bekommen wird. Dann erinnere ich mich daran, wie es war, als ich erfahren habe: Ich bekomme ein Kind. An meine Freude und an meine Ängste, an Hoffnungen und Befürchtungen denke ich. Wie muß das erst bei Maria gewesen sein? Es war bestimmt nicht leicht für sie zu sagen: „Mir geschehe nach deinem Wort." Wie froh muß sie gewesen sein, daß Josef zu ihr gehalten hat! Aber gleichzeitig denke ich auch an unzählige Frauen von heute, die ein Kind erwarten und sich aus den verschiedensten Gründen nicht darüber freuen können. Könnte man denen doch ein Licht der Hoffnung bringen! (6. Kerze auf dem siebenarmigen Leuchter entzünden)

7.: Kind mit brennender Kerze:
Jetzt fehlt nur noch *eine* Kerze auf dem siebenarmigen Leuchter. Er ist eigentlich ein jüdisches Symbol und heißt Menora. Jetzt, Anfang November, habe ich viel über die Judenvernichtung bei den Nazis gehört und im Fernsehen gesehen. Entsetzliche Bilder von Verfolgten und Toten. Ich verstehe nicht, wie Menschen so etwas tun können. Und ich habe Angst, wenn ich höre und sehe, was alles passiert.
Die einzigen Juden, die ich persönlich kenne, gehören zu einer Familie russischer Juden aus Kiew, die in unserem Nachbardorf im Auffanglager wohnen. Die Tochter heißt Natalja und geht mit mir in den Kinderchor. Ich habe sie dahin mitgenommen. Viel ist das nicht, was ich da tun kann. Ein ziemlich kleines Licht, genau besehen; aber in der Dunkelheit der Fremde doch besser als gar nichts. (7. Kerze auf dem siebenarmigen Leuchter entzünden)

Pr: Es ist besser, ein Licht anzuzünden, als über die Finsternis zu schimpfen.

(Familienmeßkreis St. Pankratius, nach Formulierungen von Angelika Gurdon, Bergheim-Paffendorf)

2. Sich „von oben" berühren lassen

(Ein gebastelter Vogel, der mit großen Ringen an eine Stange gekettet ist. An den Ringen hängen Schilder mit den Begriffen „falscher Stolz", „Neid" ..., siehe Text. An den Zangen, die schließlich die Ringe „knacken", hängen Schilder mit den Aufschriften „Mut zum Dienen", „Liebe" ..., siehe Text)

Lesungen: 1 Thess 3,12-4,2 (Lebt so, daß ihr Gott gefallen könnt); Lk 21,25-28.34-36 (Dann erhebt eure Häupter); Lk 24,44-53 (Ihr werdet mit Kraft aus der Höhe erfüllt).

Die Fabel vom Adler

Ein junger Adler war von Leuten aus dem Nest gestohlen worden. Sie ketteten ihn in ihrem Garten an eine Stange. Anfangs wehrte sich der Vogel gegen seine Fesseln, doch mit der Zeit ergab er sich in sein Schicksal. Eines Tages entdeckte er hoch oben einen seiner Artgenossen. Dieser näherte sich ihm mit jedem Tag. Schließlich streifte er ihn mit seinen Flügeln. Bei dieser Berührung durchfuhr es den angeketteten Adler, und unbändige Kräfte wurden in ihm lebendig: Er riß sich von der Stange los und flog in den Himmel davon.

(Nach R. Stertenbrink OP, in: Pastoralblatt 6/91, S. 161)

Die vielen Ketten, die uns „am Fliegen" hindern

Könnten wir nicht dieser Adler sein, der auf vielfältige Weise an eine Stange gekettet ist? Langsam verliert er die Freude am Leben, und seine „inneren Flügel" erlahmen.

(Aus Folgendem höchstens zwei bis drei Punkte auswählen und durch Beispiele veranschaulichen:)

– Da kettet uns der *falsche Stolz* fest. In diesem Hochmut meint der Mensch, er habe Gott und die anderen Menschen gar nicht nötig. Wofür soll er danke sagen? Er arbeitet doch dafür, was er sich leisten kann! So wachsen ihm langsam die Augen zu; er wird selbstgerecht, angeberisch, äußerst empfindlich und oft übertrieben ehrgeizig.

– Da lähmt uns der *Neid,* der nur noch den anderen belauert, ob der nicht ein schöneres Spielzeug, bessere Noten oder ein tolleres Auto hat. Neid ist wie Gift, das das Gute in schlechtes Gerede bringt oder vor Schadenfreude platzt. Neidische Menschen sind meist auch traurige Menschen.

– Da hält uns ein unbeherrschter *Zorn* gefangen, der mit Ungeduld und Rechthaberei beginnt. Dann folgt der Streit oder die Aggression, die alles zerschlägt oder auf Rache sinnt oder umbringen möchte. Zornige Menschen sind gefährlich. Putschen sie sich dann noch mit Filmen auf, die Gewalt verherrlichen, so zerstören sie die Lebensfreude oder gar das Leben anderer oft erbarmungslos.

– Da fesselt uns die *Habgier* an die Stange des Wohlstandes: Ich muß immer mehr haben. So gewinne ich Macht, so bin ich angesehen. Habgier und Geiz versteinern unser Herz. Diese Menschen können über Leichen gehen.

– Da hindert uns *mangelnde Selbstbeherrschung* (die Unmäßigkeit!): Ich muß immer wieder nach Tütchen voller Süßigkeiten greifen; ich muß immer was kauen (oder rauchen oder trinken) oder zum Kühlschrank laufen. Die Gier in mir wird immer unbändiger und schreit nach mehr. Und was ich will, verschaffe ich mir auch; koste es, was es wolle! Zur Not hole ich es mir rücksichtslos.

– Da macht mich die *Trägheit* schlaff und müde: „Nein, ich habe keine Lust! Keinen Bock!" Und mein Leben wird immer langweiliger, es hängt nur noch von Launen ab. Ich scheue alles, was anstrengend ist oder mit Leisten und

Verzichten zu tun hat. Wenn noch Selbstmitleid hinzukommt, z. B. „Mir hilft ja auch keiner", dann hänge ich bereits ohnmächtig auf der Stange meines Lebens.

Sich von Jesus anrühren lassen und die Ketten sprengen
Wie viele Menschen sitzen auf der Stange ihres Lebens und lassen die Flügel hängen? Wir Menschen sind aber zum Fliegen geschaffen. Gott hat uns innere Flügel gegeben, mit denen wir uns frei in die Lüfte erheben können, so daß wir uns vor nichts zu fürchten brauchen. Jesus Christus stieg in unsere Welt hinab, um uns diese gute Nachricht zu bringen. Wacht also auf zum Beginn des neuen Kirchenjahres, und versucht einen neuen Anfang! „Erhebt eure Häupter", und laßt euch anrühren von *dem,* den wir an Weihnachten in der Krippe als Retter feiern! Reißen wir uns los von dem, was uns ankettet. Das bedeutet: (Die folgenden unterstrichenen Worte stehen in der Reihenfolge jeweils als Gegensatz zu den obigen sechs Begriffen. Damit das Bild auch positiv stehenbleibt, sollte mit einer Zange, auf der „das Wort Gottes" oder „Mit der Hilfe Gottes" steht, die jeweilige Kette gesprengt werden.)

– Sprengt den Hochmut mit dem *Mut zum Dienen,* der Demut! Menschen, die noch bereit sind, sich zu bücken, heilen sich selbst und unsere Welt.
– Nur die *Liebe* kann den Neid besiegen. Die Liebe macht alles möglich. Jesus hat gezeigt, was Liebe vermag: Sie läßt Menschen sogar ihr Leben hingeben; sie hört nie auf.
– Mut und Geduld gehören dazu, nicht mit gleicher Münze zurückzuzahlen. Die *Sanftmut* sucht einen friedlichen Weg und überläßt Gott das Richten. Wer Frieden stiftet, wird nicht nur ein Freund Gottes, sondern Sohn und Tochter Gottes genannt! (Mt 5,9)
– Von der Habgier erlöst mich die *Wohltätigkeit.* Sie weiß, Geben und Schenken machen mich nicht ärmer. Der Wohltätige denkt daran, daß wir Menschen *eine* große Familie auf der Erde sind. (Adveniat!)
– Wer all seine Wünsche auf ein *rechtes Maß* zusammenschrumpfen läßt, kommt leichter von der Stange los. Die goldene Mitte bewahrt mich vor allem hemmungslosen Genießen. (Vorschlag zum Verzichten!)
– Der *Fleiß* kann mich von der Trägheit befreien, er macht mich ausdauernd und mutig. Er läßt mich auch Rückschläge in Kauf nehmen. Er schenkt mir immer Freude, wenn mir etwas gelungen ist.

Wer sich vom Vorbild Jesus Christus berühren läßt – auch schon in diesen „normalen" Dingen des Lebens –, der spürt, wie er aus der Enge in die Weite geführt wird, aus manchem Dunkel ins Licht und aus mancher Gefangenschaft und Verkettung in die Freiheit. Der Advent ist die Chance, das Leben neu und in mehr Fülle zu wagen.

(Vielleicht wird der Vogel jetzt, wo er frei ist, an einem Faden hochgezogen?)

(Zuerst veröffentlicht in „PuK" 1/92, S. 7-9)

3. Knospen zum Blühen bringen
(Ein Kirsch- oder Apfelbaumzweiglein eventuell für jeden)

Für das Sprechspiel werden eine Vase und sieben größere Zweige benötigt. In der MISSIO-Leuchtbox kann die Folie 2/2 mit Johannes d.T. zu sehen sein.

Lesungen: Jes 35,1-6a.10 (Die Wüste wird blühen ... = 1. Lesung am 3. Advent im Lesejahr A); Mk 1,1-8 (Bereitet dem Herrn den Weg = 2. Advent, Lesejahr B); (ähnlich: Mt 3,1-6: 2. Advent, Lesejahr A, und Lk 3,1-6: 2. Advent, Lesejahr C).

Pr: Die Legende über die hl. Barbara erzählt: Auf dem Weg in den Gefängnisturm verfing sich ein Kirschzweig in ihrem Gewand, den sie in Wasser stellte. Am Tage, an dem sie zum Tode verurteilt wurde, blühte er auf; der Tod ist ja für uns ein Neubeginn in Gott. – Jetzt werden einige Personen uns Barbarazweige vorne in die Vase stellen und überlegen, wo solche Zweige mit Knospen, die aufs Blühen warten, in unserem Leben vorkommen können!

(Fünf Kinder oder Jugendliche [= K/J] und ein Erwachsener nehmen je einen Kirschzweig aus einem Korb, lesen ihren Text vor und stellen dann ihren Zweig in eine bereitgestellte Vase.)

1.: (K/J hebt Zweig hoch) Ich bringe einen Zweig. Er sieht verwelkt und abgestorben aus. Ich kann mir kaum vorstellen, daß noch Leben in ihm ist. Doch gibt man ihm Wärme, Licht und Wasser, dann sprießt er. – Ähnlich ist es auch mit den Menschen. Wir brauchen Zuwendung und Liebe – vor allem die jungen Menschen –, dann kommen viele gute Anlagen in uns und ihnen zum Blühen. (Zweig zur Vase bringen)

2.: (K/J hebt Zweig hoch) Auch an meinem Zweig sind die Knospen noch verschlossen. Erst wenn sie sich zur Blüte öffnen, wird das Wunder sichtbar. – Sie erinnern uns daran, daß wir innerlich verkümmern, wenn wir uns verschließen. Nur wer sich öffnet und immer wieder auf andere zugeht, erfährt, welche Kräfte und guten Seiten in ihm stecken. (Zweig in die Vase stecken)

3.: (K/J hebt Zweig hoch) Dieser Zweig hat viele Knospen. Keine davon soll abfallen, denn es kann eine Blüte aus ihr werden. Darum muß ich behutsam und vorsichtig damit umgehen. – Ähnlich steht es mit unseren Talenten und Fähigkeiten. Sie müssen behutsam und geduldig gepflegt und gefördert werden, damit sie sich entfalten können. (Zweig in die Vase stecken)

4.: (Erwachsener hebt Zweig hoch) Auch an meinem Kirschzweig bleiben die Knospen verschlossen, wenn Kälte und Frost sie vereisen. So erfrieren auch unsere Begegnungen, draußen und hier in der Kirche, wenn wir uns nicht aussprechen über Strittiges, über Mißverständnisse und Vorurteile. Erst Offenheit und Vertrauen, Anerkennung und Wohlwollen lassen wachsen und blühen und bereichern unsere Gemeinschaft. (Zweig in die Vase stecken)

5.: (K/J hebt Zweig hoch) Mein Zweig soll ein Hoffnungszeichen sein. Denn wie viele Menschen auf der weiten Welt erfrieren im Krieg, auf der Flucht oder abgeschoben im Sterbezimmer! – Wenn an Weihnachten die Knospen zu Blüten werden, dann deuten sie auf Jesus Christus hin. Er will das Reich des Friedens, der Liebe und der Gerechtigkeit überall in der Welt entfalten. (Zweig in die Vase stecken)

6.: (K/J hebt Zweig hoch) Viele Knospen der Liebe zu Gott, zu Jesus und zur Kirche bleiben verschlossen, weil sie von Zweifel und Resignation, aber auch von Bequemlichkeit und Gleichgültigkeit umgeben sind. Auf die Fürbitte der hl. Barbara, die ihr Leben für Jesus hingab, möge die Glut des Heiligen Geistes ein Auftauen und einen Neuanfang möglich machen. (Zweig in die Vase stecken)

Pr: Wir (= wenn alle einen Zweig bekommen haben) nehmen noch einmal unseren Zweig in die Hand und betrachten die Knospen: Wo sind meine guten Anlagen erstarrt, weil ich mir zu wenig Zeit für mich selbst nehme? – Wo verhindert eine Verbitterung mir den Zugang zu einem Nächsten? – Blühe ich in den Augen Gottes, weil ich im Vertrauen auf ihn noch einiges wage? – Wir sind noch etwa eine Minute ganz still und überlegen, an welcher Stelle wir uns etwas vornehmen, was uns oder anderen das Herz wärmer macht.

(Familienmeßkreis Bergheim-Paffendorf. Dazu ein ausformulierter Gottesdienst in „FaJu" Nov. 94)

4. Wen die (Kaffee-)Bohne interessiert
(Eine Kaffeebohne für jeden)

Lesungen: Jes 57,14-15.18b-21 (Ich will das Herz der Zerschlagenen heilen); Lk 3,10-18 (Was sollen wir denn tun? = 3. Advent, Lesejahr C) oder Mt 3,1-6, Mk 1,1-8, Lk 3,1-6 (Bereitet dem Herrn den Weg = 2. Advent, Lesejahr A bis C).

Legen wir die Kaffeebohne in unsere offene Hand. Sie will zu uns sprechen.
Sie möchte uns die Geschichte von José erzählen, einem Jungen in Nicaragua oder Brasilien oder Mexiko; jedenfalls von überall da, wo Kaffee wächst. – Sieht die Kaffeebohne nicht wie ein kleines Brot aus? Ja, sie *war* „Brot" für die Familien der Kleinbauern. Sie pflückten sie mit der ganzen Familie; dort, wo die Wege steinig sind, wo die Sonne unerbittlich heiß brennt. Tag für Tag war José mit seinen Brüdern und Schwestern, mit Vater und Mutter hinter den Kaffeebohnen her. Aber je mehr sie pflückten und verkauften, um so weniger Geld bekamen sie dafür. Das können sie bis heute nicht verstehen! In den letzten Jahren war es schließlich so wenig, daß sie nicht mehr davon

leben konnten. Darum zogen José und seine Geschwister von zu Hause fort, weg von ihren Eltern. Zu Hause gab es keine Zukunft mehr. Doch gab es sie in der großen Stadt? Das dachten sie! Aber es kamen zu viele von überall her. Nur weil der Preis für Kaffee auf dem Weltmarkt in den Keller gesunken war. José versucht es mit Arbeit. Mit zwölf wird er Schuhputzer. Aber es gibt zu viele Schuhputzer. Als Laufbursche kann er sich nicht verdingen, dafür müßte er ein Gefährt haben. So viel Geld hat er nicht. Er stiehlt sich das Nötigste zusammen. Und immer, wenn er Kaffee riecht, muß er an sein Zuhause denken. Der Geruch zieht ihm das Herz zusammen. Manchmal werden Jungen und Mädchen wie José auf offener Straße erschossen, weil zuviel gestohlen wird. Manchmal finden sie ihre Kameraden tot zwischen den Häusern, ohne Nieren, ohne Augen – dafür zahlen die über dem „großen Teich" noch sehr gut. Sie alle sind unterernährt. Der Hunger tut weh. Viele schnüffeln Pattex – das verklebt langsam die Lungen. Manche sterben daran. Dann geht José auf den Strich. Was soll er denn machen, wenn der Hunger unerträglich wird? (Den Jüngeren muß ich wohl erklären, was „auf den Strich gehen" heißt: Da kommt also ein Tourist und kauft sich für einen kleinen Geldschein den José für eine oder mehrere Stunden, und in dieser Zeit darf er mit ihm machen, was er will. Auch Dinge, da würden deine Eltern sofort zur Polizei laufen. Ja, dazu ist José bereit – nur, um sich anschließend einmal richtig satt essen zu können. Hunger ist furchtbar!) Erst hat José seine Brüder in der Stadt verloren, jetzt verliert er sich selbst; er ist dreizehn – mit der Erfahrung mancher Dreißigjährigen.

Eine umgebaute Garage könnte seine Rettung sein. José kocht Essen und trägt es aus. Er verkauft auch duftenden Kaffee. Dann denkt er wieder an seine Heimat, an das Hochland, an seine Eltern. Und er überlegt: Wenn der Kaffee wieder besser bezahlt würde, dann könnte ich zurück nach Hause. Wann wird diese Kaffeebohne wieder zum Brot, das die Armen in Südamerika oder Afrika satt macht?

(Nach Uwe Seidel, aus einer lateinamerikanischen Beatmesse am Buß- und Bettag 1993 in der Johanneskirche, Köln-Klettenberg)

(Unsere Landwirte können das in etwa verstehen. Nach dem Kriege gab es hier im Ort noch vierzig landwirtschaftliche Betriebe; jetzt sind es nur noch fünf. Es lohnt nicht, weil z. B. für Weizen nicht mehr bezahlt wird als vor zwanzig Jahren. Der Weltmarktpreis nimmt ihnen die Zukunft.)

Ist der kleine Graben in der Mitte der Kaffeebohne nicht wie ein Minuszeichen, das unsere Welt in zwei Hälften teilt? Auf der einen Seite die Reichen, die sich über billigen Kaffee freuen, und auf der anderen Seite die einfachen Bauern im Hochland, denen der billige Kaffee auf dem Weltmarkt die ganze Existenzgrundlage genommen hat (ähnlich beim Tee, bei Kakao, Honig, Bananen, Baumwolle ...), weil wir, die Mächtigen, diktieren. Wann wird das Minus, das unsere Welt trennt, wieder überbrückt? Verstehen wir, daß es Menschen gibt, die im Supermarkt nicht mehr nach dem Billigkaffee greifen können, weil sie wissen, daß er für Millionen Bauern, für viele Millionen Kinder den Ruin bedeutet? Darum ist auch der teurere Kaffee, der bei uns vom „3. Welt"-Kreis angeboten wird, ein kleiner Schritt zu mehr Gerechtigkeit: Er garantiert, daß diejenigen, die ihn pflücken, mehr Lohn und damit mehr Leben erhalten. Auf solch einem Kaffeepaket finden Sie immer den „TransFair"-Stempel: Er gewährleistet den Bauern unter Umgehung des Zwischenhandels etwa DM 1,80 pro Pfund Rohkaffee und nicht nur – wie sonst üblich – ca. 40 Pfennig. Darum kosten diese Marken im Supermarkt auch ungefähr zwei D-Mark mehr. Aber der Unterschied schenkt vielen Kleinbauern Leben und Zukunft.

Wer möchte, kann jetzt die Bohne im Munde zerkauen. Beim bekannt beliebten und bitteren Geschmack können wir überlegen, ob sich etwas ändern läßt ... Wer die Kaffeebohne in der Hand behalten will, kann in ihr eine Perle des Rosenkranzes sehen und für mehr Gerechtigkeit in der Welt beten, die im Kopf beginnt und dann bis in die Finger geht, d.h. in neue Kaufgewohnheiten, die etwas mehr Gerechtigkeit schenken.

1. Es sollte genügend Kaffee mit dem TransFair-Siegel zum Kauf angeboten werden, z. B. über Gepa, Talstr. 20, D-58332 Schwelm.
2. Was in dieser Predigt am Kaffee aufgezeigt wird, gilt für viele Grunderzeugnisse wie Kakao, Honig, Baumwolle, Bananen ...
3. Es eignet sich auch aus „Kurzgeschichten 3" die Nr. 216: Kontrolle für beide.

(Dazu ein gleichnamiger ausformulierter Gottesdienst in „FaJu" Nov. 94)

5. Meditation mit dem Adventskranz
(Ein Adventskranz mit seinen vier Kerzen)

Lesungen: Ps 27,1-5 (Der Herr ist mein Licht und mein Heil); Phil 2,12-18 (Leuchtet als Lichter der Welt); Joh 1,1-8 (Das Licht leuchtet in der Finsternis).

Wohl in jedem Haus gibt es einen Adventskranz oder wenigstens einen Zweig mit einer Kerze darauf. Der Duft der Zweige weckt Gefühle der Erwartung, und das Licht der Kerze hellt die dunkle Jahreszeit auf. Heute, am *vierten Advent,* darf ich bewußter als sonst die vier Kerzen am Kranz entzünden und mir dazu Gedanken machen.

1. (Pr entzündet die erste Kerze)
   Das Licht der ersten Kerze soll mein Lebenslicht sein. Ich sage „ja" zu mir, so wie ich bin: zu meinen Begabungen und Fähigkeiten, zu meinen Behinderungen und Nachteilen. Ich weiß, daß sich in dieses Ja auch das Danke mischen muß, denn letztlich ist mir alles im Leben geschenkt. Deshalb möchte ich auch wie diese Kerze mit meinem kleinen Licht die Wärme und Helligkeit weitergeben in alle Dunkelheit und Angst hinein.
   Ich will einen Augenblick still werden, vielleicht möchte mir die Kerze noch etwas sagen. (ca. 7 Sek. Stille)
2. (Pr entzündet die zweite Kerze)
   Das ist dein Lebenslicht. „Dein", damit meine ich dich als Partner, als Sohn oder Tochter, als Arbeitgeber ... Ich sage „ja" zu dir, so wie du bist, mit all deinen Begabungen und Talenten, deinen Nachteilen und Schwierigkeiten. In dieses Ja mischt sich auch ein Danke für all das, was im Miteinander bisher möglich war. Zusammen mit euch möchte ich mehr Hoffnung und Liebe, mehr Vertrauen und Geborgenheit in die Welt bringen.
   Ich möchte noch etwas still sein; vielleicht möchtest du mir noch etwas sagen. (ca. 7 Sek. Stille)
3. (Pr entzündet die dritte Kerze)
   Dieses Licht seid ihr alle hier. Die Gemeinschaft derer, die sich hier um Christus versammelt haben. Ich möchte „ja" zu euch sagen, so wie ihr seid, mit euren Talenten und eurer Hilfsbereitschaft, mit euren Zweifeln und Sorgen. Aber dieses Licht meint nicht nur euch hier. Ich denke auch an die Gemeinschaft des Dorfes, der Stadt, des Staates, ja aller Völker. Wie oft flackert diese Flamme verängstigt hin und her: Wie sieht die Zukunft aus? Wann gehen die Rohstoffe zu Ende? Wann ist die Erdkugel zu klein, die Luft verbraucht, das Wasser endgültig vergiftet? Wann rächt sich die Ausbeutung, wann stehen die Einbrecher auch in meinem Haus und alle, die meinen, sich mit Gewalt etwas Gerechtigkeit einfordern zu müssen? Wenn wir uns doch alle die Hände geben könnten wie die Tannenzweige, die erst gemeinsam diesen schönen Kranz bilden! Ich möchte jedenfalls euch allen danken für all die guten Gaben, die aus aller Welt auf unseren Tisch und in unseren Alltag gelangen. Wir schaffen es nur gemeinsam, diese Welt vor dem Absturz zu bewahren.
   Ich will noch einige Zeit schweigen und hören, was ihr mir sagen wollt. (ca. 7 Sek. Stille)
4. (Pr entzündet die vierte Kerze)
   Dieses vierte Licht soll mir einmal das letzte Licht sein, das mir heimleuchtet. Es erinnert mich an das Leuchten in aller Finsternis. Ich sage „ja" zum Licht der Welt, das uns in Jesus so herrlich aufgeleuchtet ist. Ich möchte danke sagen, daß es in diesem Licht eine Hoffnung über den Tod hinaus gibt. Mit *ihm* möchten wir jetzt schon arbeiten an einer neuen Erde und einem neuen Miteinander, in dem mehr Friede und Gerechtigkeit zu

spüren sind, damit *alle* Menschen aufatmen können.

Jetzt möchte ich ganz still werden, um diesem Licht aus der Höhe zu begegnen. – Meditationsmusik

(Geändert nach einer Idee bei Bernhard Kraus/ Andreas Wittrahm, Meine Hoffnung von Jugend auf, Werkbuch Seniorengottesdienste, Herder Verlag, Freiburg 1993, S. 94-96)

Weihnachten / Neujahr / Erscheinung des Herrn / Weltgebetswoche

6. Licht für die Welt
(Eine alte Stallaterne, deren Licht brennt)

Lesungen von Weihnachten.

(Pr hält die brennende Laterne hoch)
Viele Jahre vor Christi Geburt lief der griechische Philosoph Diogenes am hellen Tag mit einer brennenden Laterne durch die Straßen. Die Menschen spotteten über ihn: „Du bist wohl übergeschnappt!" Aber er ließ nicht davon ab. Er hielt den Menschen am hellen Tag das Licht entgegen. Da versperrten sie ihm den Weg, um ihn davon abzubringen. Doch er hob den Leuten die Laterne abermals vors Gesicht und sagte: „Ich suche ... ich suche – einen Menschen!"
(Pr läßt Laterne sinken)
– Ich suche Menschen, die die grausamen Bilder im Fernsehen nicht nur konsumieren und dann zur Tagesordnung übergehen, sondern sich anrühren lassen.
– Ich suche Menschen, die nicht resigniert die Hände in den Schoß sinken lassen und sagen: „Da kann man nichts machen", sondern sich wenigstens an *einer* Stelle engagieren, um die Welt zum Besseren zu verändern.
– Ich suche Menschen, die an der Theke oder am Arbeitsplatz gegen eine pauschale Verurteilung derer, die anders sind, zu Felde ziehen und nicht erst abwarten, in welche Richtung sich die öffentliche Meinung bewegt.

(Pr hält brennende Laterne wieder hoch)
Viele Jahre nach Christus erfand der deutsche Philosoph Nietzsche den „tollen Menschen", der genau sein Inneres widerspiegelte. Dieser tolle Mensch entzündete am hellen Vormittag eine Laterne, lief damit über den Markt und rief unaufhörlich: „Ich suche ..., ich suche – Gott!" Da lachten viele und fragten: „Ist er denn verlorengegangen?" Da antwortete er: „Ich will es euch sagen: *Wir* haben ihn getötet – ihr und ich. Wir alle sind seine Mörder." Und er warf seine Laterne auf den Boden, so daß sie auseinanderbarst und erlosch. Am selben Tag lief er in verschiedene Kirchen und sang das „Requiem" an. Da wurde er abgeführt. Er sagte nur noch resigniert: „Was ‚bringen' denn Kirchen noch, wenn sie nur Grüfte und Grabmäler Gottes sind?" (Pr läßt Laterne sinken)
Ich suche – Gott. *Wir* alle haben ihn getötet: Wir gehen zwar in die Kirche, aber im Alltag haben wir nicht genug Zeugnis abgelegt für ihn. Wir reden genauso über die anderen und tragen genauso hausgemachte Vorurteile vor uns her wie die, die von Jesus gar nichts verstanden haben. Vielleicht gehen wir auch zuwenig bei denen in die Schule, die nur aufgrund eines *wachen* Gewissens die Welt spürbar zum Positiven verändern.

(Pr hält die Laterne wieder hoch)

Vor fast zweitausend Jahren kam in Bethlehem einer auf die Welt, der später von sich sagte: „Ich bin das Licht der Welt." Er gibt uns Antwort auf die Frage, was wir unter *Gott* verstehen können und wie ein *Mensch* sein soll. (Pr läßt Laterne sinken)

1. Jesus sagt: *Gott* ist ein „Immanuel" = Ein „Ich bin mit euch". Mit ihm kann der Mensch durch alle Angst gehen. Wer die Welt von Gott verlassen glaubt, der mache sich zuerst einmal klar, daß die Welt reich genug ist für alle und daß es Menschen sind, die sie zerstören, weil sie der Macht und dem Ungeist Raum gegeben haben.

   Jesus hat es vorgelebt: Dieser unser Gott will dienen bis in den Tod. Wer ihm also dienen will, der muß sich manchmal vorkommen wie ein Esel. Darum steht ja der Esel an der Krippe.

   Dieser unser Gott ist auch Licht gegen alle Finsternis, selbst mächtiger als die größte Dunkelheit, der Tod.

2. Jesus hat ebenfalls geoffenbart, wie der *Mensch* sein soll: Er stellte später das Kind in die Mitte. Solange unsere Gesellschaft, solange die Familie das Kind nicht in die Mitte stellt, solange befinden wir uns auf dem falschen Weg. Und wie viele Kinder sind schon heruntergekommen, verführt, ausgenutzt?

   Dieser Jesus läßt alle an die Krippe, auch die anders sind – wie die Hirten damals, die als Gesindel eingeschätzt wurden. Er läßt die Menschen aus allen Ländern herantreten – wie die drei Weisen aus dem Morgenland.

(Pr hält die Laterne wieder hoch)

Sie sehen, ich habe eine Stallaterne mitgebracht: Im Stall hat alles angefangen. Wir dürfen uns an die Ursprünge des Christentums erinnern. Solch eine Laterne diente früher auch als Baustellenlampe. Die Kirche, die Botschafterin Jesu, muß wieder Baustelle werden: Sie kann mit schön geschmückten Kirchen allein nicht mehr überzeugen (Laterne wieder sinken lassen).

Die Aufgabe der Kirche ist es, einen Gott zu verkünden, wie ihn Jesus widerspiegelte: Ein Gott, der für uns da ist, uns nahe ist, uns trägt – zunächst so, wie wir sind. Also keine Kirche, die zuerst den moralischen Zeigefinger hebt – das hat auch Jesus nicht getan. Und diese Kirche darf ein neues Menschenbild verkünden. Gesucht wird der Mensch, der wie Jesus hautnah mitgeht, geschwisterlich mitfühlt und so zur Erlösung der Welt beiträgt.

(Pr hebt die Laterne) Darum verkündet der, der gesagt hat „Ich bin das Licht der Welt", später auch: „Ihr seid das Licht der Welt."

(Nach einer Idee bei Ernst Sieber, Platzspitz – Spitze des Eisbergs, Zytglogge Verlag, Bonn ²1991, S. 225f)

Weitere Anregung: Bei der Ankündigung der ADVENIAT-Kollekte sagt Pr

wieder mit der erhobenen Laterne: „Ich suche – ich suche Menschen, die durch ihr spürbares Teilen anderen helfen, wieder an Gott und an den Menschen zu glauben."

7. Gott gab sein Herz
(Ein Lebkuchenherz)

Lesungen von Weihnachten.

Ursprünglich wurden an den hohen Festtagen Brote gesegnet, die zu Hause verzehrt wurden. Diese Speisesegnung ist noch vielerorts zu Ostern bekannt (vgl. „144" Nr. 61 [3]: Das Osterbrötchen mit eingekerbtem Kreuz). Auf diese Brote prägte fromme Phantasie Bilder ein. Besonders zu Weihnachten kannte diese Phantasie keine Grenzen. Von daher kommt auch der Name „Printen" (= imprimere = ein Bild aufprägen) oder „Spekulatius" (= speculum = Spiegel, Abbild dessen, was am betreffenden Fest geschehen ist). So gehört auch dieses Lebkuchenherz (zeigen!) seit Jahrhunderten zum Festtagsgebäck an Weihnachten.

Die Form des Herzens spiegelt die zentrale Aussage von Weihnachten wider: Gott hat ein Herz für uns Menschen. Aber er redet nicht nur davon, er schenkt uns „sein Herz": seinen Sohn. Das macht Weihnachten zum „herz-lichsten" aller Feste. (Hier kann auf die Aufschrift des Lebkuchenherzens eingegangen werden. Am treffendsten hieße sie „Ich liebe dich!" Denn das spricht Gott zu uns in seinem Sohn: „Ich liebe dich!" Wir kennen ja die herz-liche, eindeutige Sprache des Symbols „Herz": Kinder malen es schon und verschenken es spontan, um auszudrücken „Ich hab' dich lieb!". Wir sehen es eingeritzt in Bäume und Bänke, aufgemalt auf dem Schulhof, aufgesprüht an Brücken: „Ich liebe dich" und darin der Name der/des Angebeteten.) Manche Senioren hängen auch heute noch Honiglebkuchenherzen in den Christbaum: So soll er zum Paradiesesbaum werden, der von Leben strotzt.

Also das Herz bedeutet: Gott hat uns an Weihnachten sein Allerliebstes, sein Herz, seinen Sohn geschenkt.

Aber betrachten wir das Herz noch etwas genauer: Es ist mit köstlichen Gewürzen gebacken, deren Namen wie aus Tausendundeiner Nacht anmuten: Kardamom, Ingwer, Macisblüte, Piment, Orangeat, Zitronat, Bittermandel, Nelken, Zimt, Rosenwasser. Das soll bedeuten: Das oft so fade Leben erhält in diesem herzlichen Ja Gottes zu uns kräftige, wohlschmeckende Würze. Wir sollen es mit allen Sinnen genießen, wenn wir hineinbeißen: Schmeckt doch die Würze und riecht den Duft, die Gott uns im Leben in seinem Sohn schenken will! Wir sind doch schon jetzt Erlöste!

Mehr aber noch will der Honig aussagen. Es heißt ja: Honig-Lebkuchenherz. In aller Bitterkeit des Lebens ist uns bereits der Honig Gottes geschenkt: Wir sind von Gott geliebt. Erinnern wir uns: In der Wüste haben die Israeliten damals nur überlebt, weil ihnen das Manna geschenkt wurde, das wie Honigkuchen schmeckte. So sind auch wir auf dem Weg durch die Wüste des Lebens in das verheißene Land, das von Milch *und* *Honig* fließt. Wenn wir also den Honiggeschmack wahrnehmen, ist das wie ein Vorgeschmack auf das, was uns erwartet. Das bittere Leben enthält schon das süße Ja seiner Liebe, die von keinem Tod, keiner Untreue und keiner Sinnlosigkeit bedroht ist.

Weil Gott uns sein Herz, seinen Sohn, geschenkt hat, darf das nicht ohne Antwort bleiben: Wir sollen genießbare Menschen werden, die – von Herzen gut – herzlich miteinander umgehen. Darum singen wir heute im Gottesdienst: „Mein Herz will ich ihm schenken!" (GL 140, 1. + 2. Str.). Jetzt aber wollen wir als Glaubensbekenntnis beten (singen): „Gott hat ein Herz für den Menschen. Jesus ist dieses Herz" (= GL 552). Und wenn wir auf den Weihnachtsmärkten oder an einem Tannenbaum Honiglebkuchenherzen sehen, dann wissen wir sofort, was gemeint ist.

(Verkürzt und leicht verändert nach Maria Brunnhuber, Paul Ringseisen, Franz-Rudolf Weinert; gefunden bei letzterem in „Der Weihnachtsfestkreis" – Liturgie und Brauchtum, Matthias-Grünewald-Verlag, Mainz 1993, S. 114-118)

8. Die Botschaft einer Christbaumkugel
(Eine Christbaumkugel, möglichst groß und rot)

Lesungen von Weihnachten.

Vor Weihnachten hängen wir mehr oder weniger gedankenlos solche Kugeln an den Christbaum. In drei Gesichtspunkten möchte ich aufzeigen, welche Botschaft in der Christbaumkugel steckt.
1. Wir sehen an dieser Kugel (Pr zeigt die Christbaumkugel von allen Seiten) nichts Eckiges, Spitzes oder Eingebeultes. Sie hat die vollkommenste Form. Sie weist deshalb auf Gott, der vollkommen ist. Und wir dürfen an Weihnachten mit all unseren Ecken und Kanten, mit all dem, was an uns unvollendet ist, vor diesen Vollkommenen hintreten. Es ist mit uns wie mit dem Jungen, der im Traum vor der Krippe steht und bemerkt, daß seine Hände leer sind. Er will doch dem Kind das Schönste schenken ... (Was würden wir dem Kind als unser Schönstes schenken wollen?) Aber dann sagt das Kind in der Krippe schon: „Bring mir deinen letzten Aufsatz!"
Erstaunt antwortet der Junge: „Mein letzter Aufsatz? Aber da steht doch ‚ungenügend' drunter!" „Ja, du darfst mir das bringen, was nicht genügend

ist! – Und bring mir auch noch deinen Milchbecher!"

„Aber der ist doch zerbrochen!" „Dafür bin ich in die Welt gekommen, daß du mir all das bringen kannst, was zerbrochen ist! – Und ich möchte auch noch den Satz haben, den du dabei der Mutter gesagt hast!"

Da wurde der Junge traurig: „Da habe ich doch gelogen. Ich habe der Mutter gesagt, es wäre ohne Absicht geschehen. Aber ich hatte ihn in Wut auf die Erde geworfen." „Ja, gib mir auch das, was in deinem Leben böse, gemein und verlogen ist. Dafür kam ich in die Welt!" (Ausführlicher siehe „Kurzgeschichten 4", Nr. 12)

Wir dürfen also an Weihnachten vor das Gotteskind treten und all das Bruchstückhafte unseres Lebens vor die Krippe legen.

2. (Pr zeigt und umfaßt die Kugel von allen Seiten) Sehen Sie hier ein Oben oder Unten, ein Vorn oder Hinten, ein Rechts oder Links, einen Anfang oder ein Ende? Gibt es alles nicht! Ich könnte ein Leben lang mit dem Finger über die Kugel fahren und käme an kein Ende. Es ist wie bei Gott: Ohne Anfang und Ende. Ewig. Unbegreiflich.

Darum sehen wir auf Abbildungen Gottvater meist mit einer Kugel: die Weltkugel in der Hand Gottes. Oder er sitzt auf einer Weltkugel. Die Kugel als Symbol für Ewiges, Göttliches.

Könige und Kaiser halten eine Kugel, den sogenannten Reichsapfel, als Herrschaftszeichen in der Hand. Wie viele wollten nicht göttlich sein und ewig regieren?! – Auf manchen Mariendarstellungen hält Maria ihrem Kind einen Apfel entgegen. Es geht nicht darum, daß ihr Kind in den goldenen Apfel beißen soll; sie möchte vielmehr dem Betrachter sagen: Dieses Kind hier, das ich geboren habe, ist der Sohn Gottes. (Hier in unserer Kirche sehen wir in dem alten Deckenfresko Jesus als Weltenrichter, der seine Füße auf die Weltkugel gestellt hat.) Die Kugel am Christbaum sagt uns also auch: In Jesus wurde der geheimnisvolle, ewige Gott sichtbar und greifbar! – Bringen wir es den Kindern noch bei, nicht nur die Krippe zu bestaunen, sondern auch vor diesem göttlichen Kind die Hände zu falten? Verneigen wir noch unseren Kopf? Egal, wie wir Menschen uns einschätzen, ob in der Mitte oder mehr links oder rechts, ob in unserer Gesellschaft mehr oben oder unten angesiedelt, entscheidend ist, ob ich mich auf dieses göttliche Kind in der Krippe einlasse, mich mit ihm verbinde, es stark werden lasse in mir, damit Göttliches in mir Platz ergreifen kann.

3. Im dritten Gedanken möchte ich auf den Mißbrauch der Kugel durch die Menschen eingehen: Wir haben das uralte Symbol des Göttlichen genommen, um – Kanonenkugeln herzustellen! Aus wie vielen Maschinengewehren und Pistolen haben die Kugeln Leid und Tod gebracht! Das Symbol für Vollkommenheit und Ewigkeit wurde zum mörderischen Zeichen umfunktioniert (hier Aktuelles einfügen). Darum gibt es nichts Absurderes als Kriegsspielzeug unter dem Weihnachtsbaum, ob Spielzeuggewehre oder „Game Boys" für Computerspiele, die Krieg und Vernichtung zeigen. Das ist

Gotteslästerung! Da wird ein Gott geohrfeigt, der in seinem Sohn Friede in die Welt bringen wollte. Das tun wir Erwachsene Kindern an! Deshalb schlagen wir uns an der Krippe am besten auch an die Brust und sprechen „mea culpa": Das meiste Leid in der Welt kommt immer noch durch den Menschen!

Zum Schluß wünsche ich uns zu Weihnachten, daß wir in diesen Tagen einmal an einem Weihnachtsbaum ganz nahe an eine solche Kugel herantreten (Pr hält die Kugel jetzt nahe vor sein Gesicht): Wir sehen fast unser Spiegelbild. Wir dürfen uns dabei klarmachen: Aus diesem roten Kugelball der Liebe Gottes komme ich, kommt alles Lebendige. Dieser Gott liebt mich so, wie ich bin, in all meinem Stückwerk; aber auch mein Nachbar kommt aus dieser Liebe und wird von Gott geliebt, wie er ist. Und weil Gott mich liebt und meinen Nachbarn, könnte ich doch auch versuchen, meinen Nächsten so zu lieben, wie er ist, damit endlich mehr Friede in die Welt kommen kann.

(Nach Gedanken von Lore Kufner, geändert und entfaltet; vgl. „FaJu" Dez. 91, „Was uns die Christbaumkugel zu sagen hat")

9. Die Krippe in der Nuß
(Eine halbe Nußschale, in der eine Krippe zu sehen ist)

Lesungen: Jes 11,1-10 (Ein Reis wird aus der Wurzel Isais hervorwachsen, das der Welt Frieden und Gerechtigkeit bringt; Evangelium von Weihnachten).

Manche Weihnachtsbäume werden mit Nüssen geschmückt. Sie verhüllen mit ihrer Schale den Kern, das Leben eines zukünftigen Nußbaumes. Im Jesuskind ist der Kern, das Reis aus der Wurzel Jesse, gewachsen (vgl. Lesung Jes 11), das zu einem mächtigen Baum wurde, unter dem alle Nationen Platz finden. Dieses Kind bringt – erfüllt vom Heiligen Geist – ein Reich des Friedens und der Gerechtigkeit, in dem der Wolf beim Lamm lagert und der Säugling vor dem Schlupfloch der Natter spielen kann. Dieser Jesus zeigt uns den Weg, wie wir die harten Nüsse des Lebens „knacken" können, auch die größte und härteste Nuß: den Tod.

Verschiedentlich arbeiten Künstler eine kleine Krippe in eine halbe Nußschale hinein. Nach außen ist nur die Schale zu sehen (Pr zeigt das „Christkindl in der Nuß" von der verbergenden Schale her). Wenn wir auf die Geheimnisse unserer Welt stoßen wollen, dürfen wir nicht bei der Schale stehenbleiben. Von der anderen Seite her (zeigen!) offenbart diese besondere Nuß ihr Geheimnis: Sie zeigt ihren Kern, die Krippe mit dem göttlichen Kind, mit Maria und Josef, ja mit dem Stern, der jedem Menschen leuchtet, der sich auf die Suche macht.

Die halbe Nuß mit der Krippe, in den Weihnachtsbaum gehängt, sagt uns also immer wieder neu: Bleib nicht bei der Schale von Weihnachten stehen, bei der Hetze und bei den Geschenken, sondern schau auf den Kern, und mache dich auf die Suche nach *dem,* der uns retten kann aus aller Bedrängnis. Wenn er in Macht und Herrlichkeit wiederkommt, darf alle Welt aufatmen.

(Vgl. Nr. 87 die „Mandel"-Predigt, die „Mandorla")

10. Schicksal oder Vertrauen in Gottes Führung?
(Ein Gebetswürfel)

Lesungen von Neujahr.

Auf den ersten Blick sieht dieser Würfel wie einer der Schicksalswürfel aus, mit denen manche an Silvester gerne erfahren möchten: Was bringt das neue Jahr? Wird es ein enttäuschendes oder erfolgreiches?

Manche Menschen fühlen sich regelrecht wie ein Würfel ins Leben hineingeworfen – in Bedingungen, die sie sich nicht haben aussuchen dürfen. Da gibt es doch scheinbar Mächte, die uns ohne unser Verdienst emporheben und Glück bringen, aber auch ohne unser Verschulden abstürzen lassen. Aber wer genau hingeschaut hat, sieht in meiner Hand keinen gewöhnlichen Spielwürfel, sondern einen Gebetswürfel, wie ihn viele christliche Familien für das Tischgebet einsetzen. Dieser Würfel spricht also weniger vom Schicksal oder Zufall, sondern von Gott, von dem *wir* glauben, daß er hinter dem „Spiel unseres Lebens" steht. „Gott würfelt nicht!" sagte einmal der berühmte Physiker Albert Einstein und meinte damit, daß für Gott auch das Kleinste Sinn und Bedeutung hat: Alles, was geschieht, kann uns zu Gott führen. Was nach irdischen Maßstäben Verlust ist, kann im Lichte Gottes betrachtet ein großer Gewinn sein – und umgekehrt.

Wir schauen auch im Jahre .... in guten und in bösen Tagen auf den, der „nicht würfelt", sondern alles, was er geschaffen hat, mit seiner Liebe umfängt und zum Guten lenken will. Wir dürfen deshalb nicht ängstlich und sorgenvoll, sondern betend in die Zukunft gehen. Dann wird auch das kommende Jahr ein „Jahr des Herrn" und ein „Jahr des Heils" für uns werden.

(Verkürzt nach der Bildmeditation „Der Schicksalswürfel" von S. Grän OFM in „Bausteine zur Predigt", Neujahr 1993, Bergmoser + Höller Verlag, Aachen)

11. Kette oder Seil?
(Eine Kette aus verschiedenen Gliedern – ein Stück Seil, z. B. ein Stück Gardinenkordel)

Lesungen: Num 6,22-27 (Der Herr sei dir gnädig); Mt 28,16-20 (Habt Vertrauen, weil ich bei euch bin); Joh 15,9-17 (Bleibt in meiner Liebe).

Wer wünscht sich zum neuen Jahr nicht Glück oder besser: Zufriedenheit? Aber die meisten Menschen machen bei der Erfüllung dieses Wunsches einen entscheidenden Fehler: Sie bauen in ihrem Leben eine Art Kette aus all den Dingen, die ihnen wichtig zum Glück erscheinen. Jedes Glied in dieser Kette hier (zeigen!) könnte – wie eine Karriereleiter – einen Namen tragen: Familie, Gesundheit, Beruf, Erfolg, Geld, Freunde, Reisen ... Jedes dieser Glieder ist ja auch wichtig und gut. Aber wenn nur *ein* Glied bricht (hier evtl. die Kette zerreißen) – und das geschieht oft genug –, dann ist sie zerstört; wegen *eines* zerstörten Gliedes verlieren alle anderen ihren Wert.

Darum rate ich, von diesem Stück Seilhandlauf (oder Gardinenkordel) zu lernen: Hier sind um ein mittleres dünnes Seil – es wird „Seele" genannt – noch vier andere dünne Stränge geschlungen. Wenn hier ein Strang zerreißt – sei es, daß die Gesundheit verlorengeht, die Ehe zerbricht oder Arbeitslosigkeit mich trifft –, dann brauche ich nicht abzustürzen, weil mich noch die anderen Stränge halten.

Was könnte denn die „Seele" des Seiles sein? Das Evangelium hat es verraten: Wir sind in guten und in bösen Tagen in Gottes Liebe geborgen. Er hat uns seit der Taufe an die Hand genommen. An seiner Barmherzigkeit brauche ich nie zu zweifeln. Darum kann ich im Vertrauen auf ihn tastend den nächsten Schritt wagen. – Das neue Jahr ist eine Chance, die „Seele" des Seiles, an dem wir hängen, zu stärken.

(Vgl. Bernard Beuson, Der Weg ins Glück, Knaur, München 1989, S. 15-20; „122", Nr. 70)

12. Die zwei Brennpunkte des Weihnachtsfestkreises
(Krippe und Stern oder Krippe und Krone)

Lesungen vom Fest.

Wer Weihnachten richtig feiern will, müßte zwei Feste begehen. Treffender als das Wort „Weihnachtsfest*kreis*" – weil der Kreis nur einen Brennpunkt hat – ist das Bild einer Ellipse: Sie hat zwei Brennpunkte.

1. Für den ersten Brennpunkt bringe ich diese Krippe mit: Sie erinnert uns an die Hl. Nacht = Gott ist Mensch geworden. Gott wird sichtbar und greifbar. In diesem Kind ist er wirklich Mensch geworden: Es kommt in einem armseligen Stall zur Welt, in einem Futtertrog für Tiere; es braucht Windeln wie jedes Kind, es muß fliehen und wird sofort Asylant; später wird Jesus gemartert und stirbt an einem Pfahl, der für Verbrecher reserviert war; schließlich erfährt er im Tod die große Einsamkeit und ruft sogar verzweifelt: „Mein Gott, warum hast du mich verlassen?!" Gäbe es diesen Jesus nicht, dann wüßte ich nicht, auf wen ich an manchem Krankenbett hinweisen soll. Also: Wir feiern an Weihnachten, Gott ist wirklich Mensch geworden.

2. Um den zweiten Brennpunkt der Ellipse herauszustellen, halte ich diesen Stern hoch (oder Krone). Er erinnert uns an das Fest, an dem Jesus aller Welt als König und Gott erscheint. In Rußland wird diese Seite des Weihnachtsfestkreises so herausgestellt, daß dort jetzt erst Weihnachten gefeiert wird. Wir nennen dieses Fest „Dreikönige", aber richtiger ist die Bezeichnung „Erscheinung des Herrn". Es geht ja gar nicht um die „Könige" (oder Weisen), sondern darum, daß Jesus als das Licht der Welt erschienen ist; ein Stern, der selbst die Sonne als Glanz und Feuer überstrahlt – wie es im Hymnus des Morgengebetes zum Fest heißt. (Ähnlich dürfen wir die Muslime nicht Mohammedaner nennen; denn sie glauben ja nicht an Mohammed – der ist nur Prophet –, sondern an Allah.) Also: Vor Jesus, dem wahren Herrscher der Welt, knien alle Mächtigen der Erde im Staub.
Ihr Sternsinger tragt eine doppelte Botschaft hinaus: Indem ihr für die Ärmsten der Armen sammelt, weist ihr auf den Menschen Jesus, der uns wie ein Bruder an der Seite ist und dem wir in jedem Menschen, der leidet, begegnen können. – Mit eurem Stern, eurem Segen und eurer Königstracht weist ihr auf den Herrscher der Welt, vor dem alle ihre meist selbstgebastelten Kronen einmal ablegen müssen. Zu diesem König sind wir alle unterwegs. Bei seinem Kommen in Herrlichkeit dürfen wir aufatmen.

(Am Fest der Taufe Jesu zusätzlich: Dieser König offenbart seine Herrlichkeit im ersten Wunder, das berichtet wird, nämlich bei der Hochzeit von Kana. Auf die an den heiligen Hieronymus gerichtete Frage „Wie haben denn die Hochzeitsgäste die Unmenge von umgerechnet 600 Liter Wein trinken können?" antwortete dieser: „Noch heute trinken wir von diesem Wein!" Jesu Herrlichkeit wurde bei der Taufe im Jordan offenbart, als der Himmel sich auftat und die Worte zu hören waren: „Dies ist mein geliebter Sohn!" Bei unserer Taufe wurden wir in diese Herrlichkeit hineingenommen, denn dabei erhielten wir Anteil am göttlichen Leben unseres Herrn und Retters.)

(Stark verkürzt und leicht verändert nach Franz-Rudolf Weinert, Der Weihnachtsfestkreis – Liturgie und Brauchtum, Matthias-Grünewald-Verlag, Mainz 1993, S. 94-96)
Zum Thema „Weihnachten" siehe auch in diesem Buch Nr. 22 und 60. Vgl. in diesem Buch die Nr. 41: Die beiden Brennpunkte des Osterfestkreises.

13. Die Zacken des Sterns

(Ein sechszackiger Stern. Eventuell ein transparenter riesiger Stern, auf den das Gesagte als Symbol oder Bild aufgeklebt wird; oder als Zyklus durch den Advent bis zum Fest Erscheinung des Herrn; oder als Sprechspiel, während der Stern zusammengebaut wird)

Lesungen vom Fest.

Jede Zacke am Stern ist ein Hinweis, ein Wegweiser. (Am Stern von unten anfangen, dann den Zacken links und rechts, dann die beiden oberen und schließlich den bezeichnen, der ganz nach oben zeigt.)

Die *erste Zacke* des Sterns weist in unser *eigenes Herz.* Wenn wir den Weg dahin nicht finden, bleiben uns alle anderen verbaut. Wir bejahen zuerst uns selbst, danach erst können wir anderen Hilfreiches schenken. In uns, in unserer Mitte, können wir auch Gott finden.

Die *zweite Zacke* zeigt in die Richtung *Familie.* Hier erfuhren bzw. erfahren wir hoffentlich Liebe, Geborgenheit und auch Gott. Dann fällt es leichter, zu einer guten gemeinsamen Zukunft beizutragen.

Die *dritte Zacke* des Sterns deutet auf die *Mitmenschen,* nah und fern. Wenn wir die Liebe, die wir erfahren haben, weitergeben, bringt sie Früchte. Hier beweist sich auch, ob unsere Liebe zu Gott ehrlich ist. Denn in der Nächstenliebe zeigt sich diese Gottesliebe, und wir haben nur so viel Gottesliebe, wie sie in der Nächstenliebe sichtbar wird.

Die *vierte Zacke* macht auf die *Kirche* aufmerksam und die Gemeinschaft derer, die Gott und seinem Sohn Jesus Christus vertrauen. In einer guten Gemeinschaft fällt alles viel leichter. Wo das Miteinander stimmt, ist Gott noch viel spür- und greifbarer.

Die *fünfte Zacke* des Sterns weist in die *weite Welt,* die oft mit „3. Welt" und „4. Welt" umschrieben wird. Es gibt so viele Kranke, Benachteiligte, Unterdrückte, Unerwünschte. Sie alle sehnen sich nach Liebe, Zuwendung und Gerechtigkeit. Wir, denen es doch äußerlich so gut geht, sind Werkzeuge in der Hand Gottes, um sein Reich sichtbarer werden zu lassen. Damit das Licht des Sterns auch die im Dunkeln trifft!

Die *sechste Zacke* zeigt zum *Himmel.* Gott ist zwar überall für uns da, aber symbolisch schauen wir „nach oben", halten die Hände gefaltet „nach oben". Der Himmel ist unser Ziel. Jesus ist der Stern, dessen Glanz alles in den Schatten stellt. Er brachte Licht in die Welt und ging dann wieder in die Herrlichkeit des Vaters zurück. Diese Herrlichkeit hält er auch für uns bereit. Verlieren wir darum unsere ewige Heimat nicht aus den Augen. Wir danken Gott für diese große Zukunft.

(Geändert und entfaltet nach Adalbert Ludwig Balling, Gott ist unser Freund, Kindermissionswerk Aachen/Herder Verlag, Freiburg 1993, S. 72)

14. Einheit der Christen

(Ein großes Kreuz aus leichtem Karton, das zerrissen werden kann; Schilder: Evangelisch, Orthodox, Katholisch; Filztafel)

Lesungen: Mt 18,19f (Wo zwei oder drei ...); Joh 17,11-15 (Bewahre sie vor dem Bösen); Joh 17,20-24 (Alle sollen eins sein).

Priester: Hier steht ein Junge vor euch – nennen wir ihn Peter. Hören wir uns einmal an, was einige Menschen über ihn zu sagen haben:

Mutter: Ich bin die Mutter von Peter. Ich liebe meinen Sohn. Aber manchmal ist er so frech zu mir, daß ich mit ihm schimpfen muß. Er ist sehr hilfsbereit.

Vater: Ich bin der Vater von Peter. Obwohl er doch schon neun Jahre alt ist, klettert er manchmal auf meinen Schoß. Und dann erzählen wir beide uns Geschichten oder Erlebnisse. – Manchmal schmusen wir, manchmal balgen wir uns wie kleine Jungen. Wir haben viel Spaß miteinander und können über alles reden.

Junge: Ich bin Peters Freund. Wir spielen viel zusammen. Nur verlieren kann er nicht. Da wird er böse, und dann haben wir oft Streit. Der kann ganz schön frech werden. Aber wir vertragen uns auch schnell wieder.

Mädchen: Wir sind zusammen in einer Klasse. Der Peter ist nicht der Fleißigste. Vor Aufgaben für die Klasse drückt er sich. In der Pause hat er viele Ideen für Spiele. Ich gehöre gerne zu seinen Freunden.

Oma: Ich bin Peters Oma. Er kommt mich oft besuchen. Er hilft mir viel: putzen, einkaufen. Er spielt auch mit mir und läßt mich oft gewinnen. Ein prima Junge!

Priester: Jetzt haben wir so viel über den Peter gehört; man könnte meinen, wir reden über mehrere Peter. Jeder sagt etwas anderes, manchmal sogar das Gegenteil. Der Freund sagt: Peter kann nicht verlieren. Die Oma sagt: Das kann er doch.
Mutter und Freund sagen: Peter wird manchmal schön frech. Vater und Oma sagen: Peter ist sehr lieb.
Das Mädchen sagt: In der Klasse ist er manchmal faul. Die Mutter sagt: Er ist sehr hilfsbereit.

Wer hat denn nun recht? – Jeder hat recht!!! Ein Mensch ist nur schwer mit einigen Sätzen zu beurteilen. Jeder erlebt einen Menschen ganz anders. Du findest die Maria prima. Dein Nachbar findet sie albern. Jürgen ist dein bester Freund. Die Clique vom Spielplatz nennt ihn eingebildet. Ein Mensch ist so vielfältig, daß er ganz unterschiedlich wirkt. – Wenn das bei Menschen schon so ist, wieviel mehr bei Jesus Christus! (Das Kreuz an die Filztafel heften.) Da haben sich die Christen oft gestritten. Jeder fand etwas anderes an ihm wichtig:

Ein Kind tritt auf mit dem Schild „Evangelisch!": Wir halten für sehr wichtig, was Jesus *gesagt* hat; das, was in der Bibel steht. Deshalb feiern wir nicht so oft das Abendmahl, sondern lesen in der Bibel und sprechen darüber. (Pr reißt ein Drittel vom Kreuz ab und heftet es etwas abseits an.)

Ein zweites Kind mit dem Schild „Katholisch!": Was Jesus *getan* hat, ist wichtig: Vergebung der Sünden; Gemeinschaft mit den Leuten; feiern und an einem Tisch sitzen; Kranken die Hände auflegen; Hochzeit feiern. Deshalb lesen wir nicht nur in der Bibel, sondern feiern Messe, feiern Versöhnung in der Beichte und spenden die Krankensalbung als Trost für Kranke. Also die Sakramente sind wichtig! (Pr reißt wieder ein Drittel vom Kreuz ab und heftet es etwas abseits an.)

Ein drittes Kind mit dem Schild „Orthodox!": Was Jesus uns als Zukunft versprochen hat, ist wichtig: Daß wir einmal ewig bei ihm leben werden. Daß sein Reich kommt. Das ist herrlich. Und das muß in der Kirche zu spüren sein: Herrliche Bilder, Weihrauch, Gesänge. Trauriges haben wir jeden Tag. In der Kirche muß man spüren: Gott will uns noch etwas ganz Tolles schenken. (Pr reißt das letzte Drittel ab; die Schilder werden neben das Jesusbild geheftet.)

Priester: So unterschiedlich wird über Jesus Christus gedacht. Früher hat man gesagt: „Die anderen liegen falsch. Nur unsere Meinung stimmt!" Heute sagt man: „Jeder sagt etwas Richtiges über Jesus Christus. Und wir müssen aufeinander hören, damit der ganze Jesus erkannt wird!" Wie bei Peter jeder auf seine Art recht hat, so ist es auch bei den verschiedenen Christen: Evangelische, Orthodoxe und Katholiken. Das Zweite Vatikanische Konzil sagt: Alle sind Christen. Und wir Katholiken erkennen sie an als unsere Geschwister im Geiste Jesu. Das ernsthafte Bemühen um Verständigung und Einheit untereinander kann helfen, das Geheimnis Christi immer besser zu verstehen.

(Jetzt werden die abgerissenen Papierstücke wieder eng zu einem Kreuz zusammengeheftet, die Risse aber sind zu sehen. – Beim Beten des Credos und/oder Vaterunsers: Das ist uns wieder gemeinsam: In dieser Woche beten wir Christen um die Einheit im Glauben. Deshalb erzählte ich von den verschiedenen Kirchen. Wir wollen beten, daß der Geist Jesu uns zur Einheit in der Vielheit verhilft.)

(Leicht verändert nach Pfarrei St. Theresia, Düsseldorf-Garath, im gleichnamigen ausformulierten Gottesdienst in „FaJu" Januar 1993; Grafik S. 34: J.B. Gurewitsch, aus: Pfarrbriefmaterial „image". Bergmoser + Höller Verlag, Aachen.)

Fastnacht / Karneval

15. Jesus, der Narr
(Eine Narrenkappe)

Lesungen: 1 Kor 1,26-31 (Gott hat das Törichte erwählt, um die Weisen zuschanden zu machen); Mt 27,27-31a (Verspottung Jesu).

(Pr zieht die Narrenkappe an?) Wer außerhalb von Fastnacht/Karneval solch eine Narrenkappe in der Öffentlichkeit trägt, muß mit Spott rechnen, weil er nicht ernst zu nehmen ist: Er hat den Bezug zur Wirklichkeit verloren.

Jesus trug unsichtbar sein ganzes Leben lang eine Narrenkappe. Schon der greise Simeon warnt die Umstehenden im Hinblick auf den Neugeborenen: Er ist ein Zeichen, dem widersprochen wird! (Lk 2,34). Und Jesus wurde zum „ver-rückten Außenseiter". Bezeichnend, wie sich die engsten Verwandten Jesu später verhalten. Es heißt in der Bibel wörtlich: „Seine Angehörigen machten sich auf den Weg, um ihn mit Gewalt heimzuholen; denn sie sagten: Er ist von Sinnen" (Mk 3,21).

Aber nicht nur die Angehörigen wollten ihn aus dem Verkehr ziehen, auch Petrus nahm ihn beiseite und machte ihm Vorhaltungen, als er vom Leiden sprach (Mk 8,32). Petrus urteilt nach den Grundsätzen des normalen Menschenverstandes, er stellte sich unter einem „Messias" eine politische Größe vor.

Vor allem war Jesus den Priestern nicht akzeptabel. Bis heute ist Jesus für jüdisches Empfinden als Messias nicht annehmbar: Einer, der behauptet, von Gott zu kommen, der sich aber wie ein Wurm zertreten läßt und zum Sklaven wird? Darin steckt so viel an Torheit und Ärgernis, daß man es nicht verstehen kann.

Jesus, der Narr. Ein Ver-rückter. Das läßt sich an vielen Tatsachen aufzeigen: Sohn des Allerhöchsten – zugleich Sohn eines Zimmermanns. – Er, der Heilige und Sündenlose, gibt sich als Freund der Sünder, Zöllner und Dirnen. – Er, der Bußprediger, muß sich als „Fresser und Weinsäufer" schelten lassen. – Er hilft anderen und kann sich selbst nicht helfen. – Er ist Kenner und Einschärfer des Gesetzes, aber übertritt es, wenn sein Herz ihn dazu treibt.

Jesus, der Narr. Er sprengt alle vorgegebenen Schemen. Es war nur folgerichtig, daß auch die römischen Soldaten ihn schließlich verspotteten wie einen Narr: Jesus, der „König der Juden"? Ein König ohne Land, ohne Untertanen, ohne Macht; ein armer, an Größenwahn leidender Irrer, der doch nur aus dem Wege geräumt werden konnte!

Jesus, der Narr! Erkennen *wir* denn seine Weisheit, die aus dem Mann mit der unsichtbaren Narrenkappe spricht, wenn er uns zuruft:

„Wenn dich einer zwingen will, eine Meile mit ihm zu gehen, dann geh zwei mit ihm!" (Mt 5,41; auch Vers 40);
„Liebet eure Feinde und betet für die, die euch verfolgen!" (Mt 5,44);
„Wer unter euch groß sein will, sei euer Diener!" (Mt 20,26);
„Wer mein Fleisch ißt und mein Blut trinkt, der hat das ewige Leben!" (Joh 6,54)?

(Verkürzt und verändert nach Sigfried Grän, Bild + Botschaft, Sonntags-Meditationen zum Lesejahr A, Bergmoser + Höller Verlag, Aachen, o.J., S. 30f; vgl. „99", Nr.16 und „Andere Idee")

16. Lachen oder grinsen?

(Eine Maske, die teuflisches Grinsen zeigt. – Solche Grimassen gibt es im Süddeutschen, in der Schweiz und in Österreich. Notfalls selbst eine anfertigen)

Lesungen: Ps 53,2-5 (Die Narren sprechen: Es gibt keinen Gott); Phil 3, 17-21 (Viele leben als Feinde des Kreuzes Christi); Mt 4,1-11 (ähnlich Lukas 4,1-13: Der teuflische Versucher). (Nach Möglichkeit beim Verlesen des Evangeliums die Maske vor das Gesicht halten.)

(Pr hält die Maske vor sein Gesicht:) Wie gefalle ich euch hiermit? (Gelächter!) Ihr habt genau richtig reagiert. Solche Teufelsmasken, die im Mittelalter schon eine besondere Rolle spielten, sollten die Leute nicht entsetzen, sondern zum Lachen reizen – nach dem Motto: Auf „den", auf diesen Narren, fallen wir nicht herein! Wir haben in der Lesung gehört, wer ursprünglich mit dem „Narr" gemeint war: ein Mensch, der nicht an Gott glaubt. So gibt es heute noch die Narren, die meinen, daß mit dem Tod alles vorbei ist. Paulus drückte das im Sinne dieser Narren sehr kräftig aus: „Laßt uns fressen und saufen, denn morgen sind wir tot" (1 Kor 15,32).
Im Mittelalter errichteten die Narren zur Karnevalszeit das Reich des Teufels und der Hölle auf ihrem sogenannten „Narrenschiff". In diesen sechs Tagen der Antischöpfung ab „Weiberdonnerstag" bis zur Nacht vor dem Fasten übernahm im Kölner Raum das „höllische Dreigestirn" (mit König, Bauer und Jungfrau – wobei ich nicht herausfinden konnte, in welch despektierlicher Form die „Jungfrau" ihre Rolle spielte) die Führung, in Bayern Prinz und Prinzessin. Sie zeigten, wie die Welt unter der Herrschaft des Teufels aussieht: Der Ruf „Helau" hieß – so eine Deutung –, die „Hölle ist auf" und „unter" uns; „Alaaf" bedeutete, „alle Affen sind an Bord" des Narrenschiffes.
Die bunten Flicken auf den Kleidern der Narren hatten eine bestimmte Aussage: Das unbefleckte, weiße Taufkleid, das hochzeitliche Gewand ist durch die Sünde verunstaltet. Die Narrenfarben Gelb und Rot vervollständigten das Bild: Gelb ist die Farbe des Neides, des Zornes und des Fluches; Rot die Farbe

der großen Hure, die in Purpur und Scharlach gehüllt war (Offb 17,4). Im Mittelalter mußten z. B. alle käuflichen Frauen an ihren gelb und rot gefärbten Kleidern zu erkennen sein.

Auch die Glöckchen auf den Kleidern der Narren paßten in diese verdrehte Welt, denn als Gottesleugner kannten sie nicht die wirkliche Liebe. Im Hohenlied der Liebe, 1 Kor 13, heißt es nämlich dem Sinne nach: Du kannst noch so viele gute Dinge vollbringen, wenn du aber die Liebe nicht hast, dann ist das in Gottes Augen wie tönernes Erz oder eine klingende Schelle (in der alten Übersetzung). Die Narren sprangen also mit den Glöckchen herum, um zu demonstrieren: Wir haben nicht die richtige Liebe, wir denken nur an uns selbst.

Einen kleinen Lichtblick gab es in diesem bunten Höllenspektakel: die weißen Handschuhe, die einige trugen. Sie sollten an den Rest des unauslöschlichen Merkmals der Taufe erinnern, der auch in der Sünde nicht gelöscht wird, oder auf den „Brückenkopf des Guten" hinweisen, der in jedem Menschen das Gottebenbildliche widerspiegelt.

Die Kirche erlaubte dieses Teufelsspiel, gebot es aber niemals. Die Menschen konnten sich dieses satanische Treiben des „Fleisches" nach dem Motto ansehen: Man muß die Krankheit kennen, um die Heilmittel zu suchen. Daß manche vermummte Narren nicht beim Spiel blieben, sondern an diesen sechs Tagen in die Sünde eintauchten, wird sicherlich damals wie heute den Protest der Verantwortlichen in der Kirche hervorgerufen haben.

Noch schlägt die Uhr „elf" – elf, die Zahl der Narren. Wenn es aber „zwölf" schlägt, ergeht das Gericht Gottes über den Menschen. Ist er bis zum siebten Tag, dem Tag des Herrn (von Weiberfastnacht an gerechnet also der Aschermittwoch), nicht vom Narrenschiff auf das Schifflein Petri, das von Christus gelenkt wird, umgestiegen, geht er unter. Hat er sein beflecktes „Sündenkleid" nicht abgelegt und das unbefleckte hochzeitliche Gewand angelegt (Mt 22,11-13), wird er verurteilt.

Eigentlich dürfte ich diese Grimasse nicht mit „auf die Kanzel" nehmen, denn hier habe ich Positives zu sagen – erst recht in dem, was ich zeige und sich somit tiefer einprägt. Aber es war ja hier nicht nur diese teuflische Fratze zu sehen, sondern auch mein Gesicht. Und in jedem Gesicht eines Menschen, auch wenn es manchmal grinst und beleidigt, leuchtet ja etwas von der Gottesebenbildlichkeit wider – vor allem, wenn einer lacht. Wer „von innen" lachen kann, ist unbesiegbar für den Satan, den „Durcheinanderbringer" der Welt. Wer das Göttliche nicht im Gesicht eines Menschen zu erkennen glaubt, der soll das Gesicht eines unverdorbenen Kindes betrachten, vor allem seine Augen und sein Lachen.

Wir wissen nicht, wann es für uns „zwölf" schlägt. Wir haben die Chance, in diesen vierzig Tagen vor so mancher Fratze der Welt auf das Schiff Petri zu flüchten, damit wir mit den anderen den Hafen Gottes finden.

Im Lied zum Glaubensbekenntnis schauen wir jetzt auf den, der uns retten kann, z.B. GL, Bistum Köln, 854: Heb die Augen ... zu deinem Heiland *oder:* GL, Bistum Köln, 853: Ecce homo ...

(Nach Aufsätzen aus „Das Zeichen" 2/91. Dazu ein gleichnamiger, ausformulierter Gottesdienst in „FaJu" Febr. 92)

17. Was uns froh machen kann
(Eine gebastelte Blume, bestehend aus zehn Blütenblättern, einem dreiteiligen Stengel und zwei Blättern. Eine Filztafel)

Lesungen: Phil 4,4-9 (Freut euch zu jeder Zeit); Mt 5,1-12a (Die acht Seligpreisungen); Mt 6,25-33 (Sorgt euch zuerst um Gottes Reich).

(Nachdem die SprecherInnen ihren Text vorgelesen haben, heften sie ihren Teil der Blume an.)

Pr: Ein froher Mensch ist wie eine schöne Blume. Beide erfreuen uns, wenn wir ihnen begegnen. Nur, was macht den Menschen froh? – Kinder helfen uns jetzt, darüber nachzudenken. Sie bringen zuerst die zehn Blütenblätter der Blume und nennen dabei ganz natürliche Dinge, die uns helfen können, froh zu werden.

1.: Du wirst froh, wenn du nicht immer zu Hause hockst, sondern ab und zu in die Natur gehst. Wenn du hier Augen und Herz offenhältst, beruhigt sich alles, was in dir durcheinander ist. Wir begegnen in der Schöpfung dem Spiegel des Schöpfers: Ihre Schönheit verändert uns positiv. (Blütenblatt anheften)

2.: Du bist fröhlicher, wenn du genügend Schlaf hast. Unausgeschlafene Menschen sind oft ungemütlich und gereizt. Wahrscheinlich wirken wir Deutsche laut Umfragen auch deshalb so griesgrämig, weil wir uns vor lauter Aktivismus insgesamt zu wenig Zeit für den Schlaf nehmen. – Der Schlaf ist Gottes Freund, vielleicht ist er nach dem Menschen die schönste Schöpfungstat Gottes! (Blütenblatt anheften)

3.: Wo gesungen und musiziert wird, da flieht aller böser Geist. Auch die Lieder im Gottesdienst heben unsere Stimmung. Wer hier von Herzen mitsingt, geht froher nach Hause. (Blütenblatt anheften)

4.: Jetzt dürfen Sie schmunzeln! Der große Gelehrte Thomas von Aquin empfiehlt uns das Baden, wenn wir wieder gute Laune finden wollen. Das klare, reine, helle Wasser wischt nicht nur den Leib, sondern auch die Seele sauber. Wir gewinnen ein Stück unserer ursprünglichen Reinheit zurück. Darum wird das Bad der Taufe auch „Wiedergeburt" genannt. (Blütenblatt anheften)

5.: Das Fasten ist bei Christen heutzutage ziemlich verpönt, aber wie viele Menschen schwören auf das Heil-Fasten! Sie fühlen sich dabei freier und froher. Die Ärzte wissen, daß Verstopfung Schwermut verursachen kann.

„Herr, schenke mir eine gute Verdauung!" betete einmal der heilige Thomas Morus. Wer mäßig ißt, sich viel bewegt und sich nicht verweichlichen läßt, spürt die Leichtigkeit seiner Seele: Und Humor stellt sich ein. (Blütenblatt anheften)

6.: Unordnung verursacht Hast, die für Aufregung sorgt und Ärger bringt. Deshalb sagt schon der Volksmund: „Ordnung ist das halbe Leben!" Ordnung strahlt Ruhe und Frieden aus. Sie wirkt beruhigend auf den Menschen. (Blütenblatt anheften)

7.: Wer zuviel arbeitet, vergrämt langsam, und seine besten Gefühle verkümmern. Darum brauchen wir ab und zu einen freien Tag. Auch ein Schüler sollte wenigstens einen Tag lang in der Woche überhaupt nicht an die Schule denken müssen. Selbst Gott ruhte am siebten Tag von seinem Werk aus. Darum ist uns der Sonntag geschenkt, der in erster Linie meint: Heilige den Tag des Herrn, und mach heute nicht das, was dich die ganze Woche fordert! (Blütenblatt anheften)

8.: Seine Fehler einem anderen einzugestehen macht immer leichter und froh. Seine Schuld zu bekennen ist nicht angenehm, aber die Frucht ist süß. Vielleicht entdecken wir auch wieder einmal die Beichte: Sie kann uns von Lasten befreien und froh machen. (Blütenblatt anheften)

9.: Froh wird – so sagen Dichter –, wer Kindern, Blumen und Sternen in die „Augen" schaut. Sie sind uns vom Paradies übriggeblieben. Hier spiegelt sich die Sonne Gottes wider.
Diese Freudenquellen sind kostenlos: Also: Kindern, Blumen und Sternen in die „Augen" schauen!

10: Ein geiziger Mensch war schon immer ein freudloser Mensch. Schenken und Sich-Verschenken sprengen die engen Grenzen unseres Ichs. Wer also von Herzen schenkt, egal was und wem, der wird froh. (Blütenblatt anheften)

Pr: Wir sehen: Die Blüte der Blume ist fertig. Aber es fehlen noch ihr Stiel und ein paar Blätter. Durch sie schöpft die Blüte Kraft. Wir hören also jetzt, was noch wichtig ist, wenn wir frohe Menschen sein wollen.

11: Ich bringe den ersten Teil des Blumenstiels. Dieser Teil will sagen: Denke positiv! Wir sind doch Gottes Ebenbilder! Selbst im Verbrecher ist noch ein „Brückenkopf des Guten". Wer „ja" zum Leben sagt, der wird froh! (Stiel anheften)

12: Mein Teil des Stiels bedeutet: Sage täglich ein freundliches Wort – oder schreibe es jemandem. Gute, ehrliche Worte sind wie Sonnenstrahlen, deren Glanz auf uns zurückfällt. – Gute Worte hören wir auch immer in Gottes froher Botschaft. Wenn wir uns dafür öffnen, wirkt die Freude in uns weiter. (Stiel hinzufügen)

13: Dieser letzte Teil des Stiels rät uns: Sage Negatives von anderen nicht weiter. Es reizt zwar, Negatives breitzutreten, aber es dehnt sich dabei die

Unzufriedenheit in uns aus. Es ist mutiger, manchmal den Mund zu halten: Damit helfe ich letztlich mir selbst, weil ich so leichter froh werden kann. (Stiel anheften)

14: Ich bringe ein Blatt der Blume. Es will sagen: Wo keine Liebe spürbar wird, da herrschen „Hölle" und Verzweiflung. Wo aber Liebe ist, da sind Gott und „Himmel" gegenwärtig, weil Gott die Liebe ist. Herzenstiefer Humor ist nichts anderes als echte, große Liebe. (Blatt anheften)

15: Das zweite Blatt und der letzte Teil unserer Blume bedeutet: Wer Gott ganz vertrauen kann und dabei seine Hände nicht in den Schoß legt, der spürt, wie sein Innerstes ruhig und froh bleibt. (Blatt anheften)

Pr: Eine schöne Blume ist vor unseren Augen entstanden. Sie kann auch *in uns* wachsen: Wenn wir etwas von dem, was wir gehört haben, beherzigen. Dann können wir nicht nur an Karneval Freude und Humor verbreiten.

(Das Sprechspiel ist nach dem Büchlein „So wirst du froh" von Benedikt Reetz gestaltet. In diesem Büchlein sind auf S. 3-8 „19 Hausregeln für guten Humor" von Prälat Wolker mit einem Kommentar versehen. Verlag „Kultur in der Familie", Volksfeststr. 15, A-4020 Linz, [14]1992.)

Fastenzeit / Passion

18. Jesus in den Versuchungen
(Ein Brot, das Bild eines Stars, ein Zepter, ein Kreuz)

Lesungen: Mt 4,1-11 (ähnlich Lk 4,1-13: Die Versuchungen in der Wüste).

Jesus kam in die Welt, um sie zu retten. Aber auf welche Art und Weise? Wir hörten von drei Versuchungen, die Menschen auf „irdischem" Wege zu erlösen: In der Seele Jesu steigen verlockende Visionen auf, die größeren Erfolg versprechen. Er muß dazu Stellung nehmen!

(Pr zeigt das Brot) Der Satan stellt Jesus vor Augen: Wenn du alle Steine in Brot verwandeln kannst, dann wird mit einem Schlag diese von Hunger gequälte Welt zu einem Schlaraffenland. Die Menschen werden dich dankbar verehren, weil das goldene Zeitalter beginnt: Alle wären glücklich. Aber Jesus lehnt ab. Er weiß, daß satte Menschen noch keine erlösten Menschen sind. Wir sehen es ja in unserem Land, in dem es genug Brot gibt: Die Unzufriedenheit und Undankbarkeit sind bei uns größer als anderswo.

(Pr legt das Brot weg. Dann zeigt er das Bild eines Stars, auf dessen Person er kurz eingehen kann) Der Versucher bietet Jesus eine zweite Rolle an, die des Showmasters, des Stars, der die Massen durch sensationelle Wunderdarbietungen begeistert („stürze dich von den Zinnen des Tempels ..."). Er wird die Fan-Gemeinde, die ihm blind ergeben ist, anziehen wie eine Kerze die Motten. Aber Jesus will nicht blenden oder als Rattenfänger auftreten. Wir sehen ja, in welche Sackgassen Sektenanhänger geraten. (Pr zerreißt das Starbild. Dann nimmt er das Zepter) Da zaubert Satan ein drittes Bild vor Jesu innerem Auge: Jesus als der große Welteroberer („alle Reiche der Welt werden dir gehören"), der Messias-König, der die einstige politische Größe Israels wiederherstellen wird. Aber Jesus will auch nicht als mächtiger Nationalheld die Massen beeindrucken. (Pr legt das Zepter ab oder zerbricht es) Welchen Weg will Jesus denn gehen, um die Menschen zu retten? Wie sieht seine Alternative aus, nachdem er die verführerische Bilderwand Satans niedergerissen hat? (Pr nimmt das Kreuz) Jesus entscheidet sich für einen Weg, der schwer ist: für den Weg des Kreuzes. Das Kreuz zeigt die Richtungen dieses Weges an: Seine Längsachse zeigt die Richtung zu Gott. Den Vater will er lieben, ihm will er gehorchen, auch wenn dieser ihm den Kelch des Leidens hinhält. Und der Querbalken des Kreuzes weist auf den Mitmenschen; auf die Liebe zu all denen neben ihm, besonders zu den Verachteten, Bloßgestellten und Abgeschobenen. Jesus geht also den Weg der Liebe; einer Liebe, die er in guten und bösen Tagen zeigt.

Auch wir stehen in den Versuchungen, etwas gelten zu wollen, bewundert zu werden, Macht auszuüben und im Leben die Wege zu gehen, die irdischen Erfolg bringen. Wer aber den stillen Weg der Liebe zum Vater und den Menschen gehen will, der weiß, an wen er sich halten muß. (Das Kreuz sichtbar hinlegen)

(Verkürzt und verändert nach Sigfried Grän, Bild + Botschaft, Sonntags-Meditationen zum Lesejahr A, Bergmoser + Höller Verlag, Aachen, S. 40f)

19. Nicht zwei Herren dienen!

(Eine Spirale – auf dünnem Papier aufmalen und ausschneiden; in der Mitte mit einem Faden versehen, an dem Pr sie hält)

Lesungen: Lk 16,10-13 (Welcher Macht dienen wir: Gott oder dem Mammon?); „Lesung": „Kurzgeschichten 1", Nr. 222: Übersteigerte Wünsche machen unzufrieden.

Ihr könnt nicht Gott dienen und dem Mammon! (Pr zeigt die Spirale, die er an einer kleinen Kordel hält, so daß sie durchhängt.)
Es ist im Leben wie mit dieser Spirale: Am Anfang ist alles noch klar und übersichtlich. Hier (Pr zeigt auf den Anfang der Spirale) herrscht noch Ruhe. Hier kann ich aus einfachem Herzen Gott danke sagen, der mir das Leben geschenkt hat und von dem ich abhänge. Am Ende der Spirale habe ich mich weit vom Ursprung entfernt, kann ich wie aus einem Karussell herausgeschleudert werden, beeile ich mich in wahnwitzigem Tempo: Ich bin Sklave meiner Wünsche geworden, ich diene dem Geist des Geldes, dem Mammon!
Wie gerate ich vom ruhigen Anfang in solch einen Strudel, der mir die Sinne raubt? Es fängt ganz klein an: Ich möchte so viel Taschengeld wie der Tino von nebenan. Ich möchte ein Moped, dann das Auto, dann die Segeljacht oder die Weltreise. Immer mehr. Für diese Wünsche muß ich mich krummlegen, arbeiten, arbeiten, arbeiten. Folglich bin ich übermüdet und möchte mich am Wochenende ausschlafen; dafür wird Gott doch Verständnis haben! Und schon entferne ich mich immer weiter vom Ursprung, gerate in den Sog meiner meist überflüssigen Wünsche und habe schließlich keine Zeit und keinen Nerv mehr, das Erreichte zu genießen.
Diese Versuchung gab es zu allen Zeiten. In einem Märchen der Brüder Grimm ist es aufgeschrieben worden: Das Märchen „Vom Fischer und seiner Frau": Der Fischer hat einen Butt geangelt. Der bittet um sein Leben, er sei ein verwunschener Prinz. Der Fischer schenkt ihm das Leben. Zu Hause erzählt er davon seiner Frau. Die wird hellhörig. „Mann, lauf zurück zum Meer, und leg dem Butt einen Wunsch vor, er erfüllt ihn dir bestimmt. Sag ihm, du hättest gerne eine kleine Hütte. In diesem stinkenden Loch ist es ja nicht auszuhalten!"

Der Mann spürt, daß das Ansinnen seiner Frau nicht recht ist. Aber er wird von ihrem Dauergerede zum Meer getrieben und spricht dann unter anderem die Worte, die manche noch auswendig kennen: „Meine Frau, die Ilsebill, will nicht so, wie ich es will." „Geh nur hin", sagt der verwunschene Prinz, „sie hat die Hütte schon!"

Und dann beginnt die Spirale der Wünsche, geht es Schlag auf Schlag. Zuerst wartet sie noch vierzehn Tage, dann will sie ein Schloß, weil ihr Hütte, Hof und Garten zu klein sind. Sie bekam das Schloß und wollte bereits am nächsten Morgen Frau Königin sein; am gleichen Tag Kaiserin. Die Gier läßt sie nicht mehr schlafen: Sie will *sofort* Papst werden. Und als sie die herrliche Sonne aufgehen sieht, da will sie auch darüber das Sagen haben: Sie will werden wie Gott. – Was geschieht jetzt? Der Butt sagt: „Geh nur hin, sie sitzt schon wieder in dem alten Loch!"

Interessant auch, wie sich in diesem Märchen die Natur, das Meer, verhält: Von Mal zu Mal wird es unruhiger, dunkler, gewittriger – bis die See kocht und explodiert ... Auch heute „kocht" die Natur bereits. Es ist eine Minute vor zwölf. Der „Wachstumsgott" ist letztlich ein weiterer Bogen in der Spirale, der uns immer weiter vom wahren Gott und von der Gerechtigkeit wegtreibt. Unsere Ansprüche kosten immer mehr Natur und immer mehr Menschen das Leben.

Es gibt nur einen Weg, wenn wir uns retten wollen: den Weg zurück zur Einfachheit, zum Nein-Sagen gegenüber den Ansprüchen. Wie der Weg genau aussieht, kann keiner sagen. Würde ich nämlich dazu aufrufen: Verzichten wir ab sofort auf Autos, dann stehen morgen die Beschäftigten der Autoindustrie vor meiner Haustür und beklagen sich über ihre Arbeitslosigkeit ... Der Fischer in der „Lesungs"-Geschichte deutet aber die Richtung an: „Dann können Sie den ganzen Tag hier sitzen und glücklich aufs Meer hinausblicken!" meint der Tourist. „Aber das tue ich doch jetzt schon!" gibt der Fischer zur Antwort.

An den Punkt des Nachdenkens gelangen wir häufig durch eine Grenzsituation: Ich werde mir bewußt, wieviel ich schon oder noch habe, bin aber dabei innerlich nicht zufrieden. – Oder fragen Sie sich in der Zerrissenheit und Hetze einer Woche: Ist das Leben nur Arbeit mit kurzen Pausen der Erholung, um nur wieder arbeiten zu können?

Es gibt einzig den Weg zurück „nach innen", nach „oben". Du kannst nicht Gott dienen *und* dem Diktat des Geldes.

(Familienmeßkreis St. Pankratius, Bergheim-Paffendorf)

20. Eisige Kälte aufbrechen

(Eine gemalte Eislandschaft mit einem Veilchen und viele gemalte, ausgeschnittene Veilchen; eine Sonne)

Lesungen: Mk 9,2-10 (Jesu Gesicht wurde wie eine Sonne, die Eisberge der Angst schmelzen kann; ähnlich Mt 17,1-9 und Lk 9,28b-36: Jesus läßt die

Jünger in eine Welt schauen, in der sein strahlendes Licht die Eiswüste geschmolzen hat).

Seht ihr das Veilchen in der weiten Eislandschaft? Und darunter das kleine Rinnsal? Ich möchte euch dazu das Märchen vom Veilchen am Nordpol erzählen. Ihr kennt euch ja mit Märchen und Fabeln aus – mit den Tieren oder mit den Veilchen sind wir Menschen gemeint. –
Die Eisbären schnupperten ungewöhnlichen Duft. Sie spürten, da war etwas ganz Neues. Und dann entdeckten sie es: Ein Veilchen, das vor Frost zitterte, durchdrang mutig mit seinem Duft die eisige Luft um sich herum. Alle wurden sie davon angezogen, dieses Wunder zu sehen: die Seehunde, die Walrosse, die Wölfe, die Möwen. Seid ihr schon Menschen begegnet, die einem Seehund gleichen – oder einem Walroß – oder einem Wolf – oder einer Möwe? Sie staunten: Das ewige Eis erzitterte und brach an der Stelle, wo das Veilchen duftete, als wolle es die unendliche Eiswüste auftauen. Während das Veilchen schließlich an Überanstrengung starb, dachte es: „Es mußte doch einer mit Duften anfangen! Eines Tages wird das Eis auftauen, und es werden hier Millionen Veilchen blühen. Hier wird man wieder leben können, Häuser bauen, und Kinder werden hier spielen." (Nach Gianni Rodari, siehe „Kurzgeschichten 1", Nr. 54)
Überlegt doch einmal: Ein kleines Veilchen, das selbst vor Frost zittert, das an Überanstrengung stirbt, das aber an einer kleinen Stelle die Welt verändert hat ...
Wir brauchen noch Milliarden solcher Veilchen! Ihr, liebe Kinder, habt eine Veilchenblüte bekommen. Ihr könnt, wir können an einer kleinen Stelle die Welt verändern. Nehmt euren Stift und schreibt in Geheimschrift einen guten Vorsatz auf euer Veilchen. Aber nur *eine* gute Idee hinschreiben, die ihr dann ernst nehmt. Ich stelle jetzt einige Fragen und bitte die Jugendlichen und Erwachsenen, die Fragen in ihre eigene Welt zu übertragen und sich auch *etwas* vorzunehmen.
Wo begegne ich Kälte? Wo möchte ich am liebsten davonlaufen? Wo bin *ich* ein Eisberg – für meine Geschwister, für meinen Lehrer, für meinen Nachbarn, für meinen Partner? Wie kann ich etwas ändern, etwas auftauen ...? Wo entsteht immer wieder eine eisige Atmosphäre? Wenn ich die Hausaufgaben vor mir herschiebe? Wenn ich mich in der Schule nicht konzentriere und irgendwann dann die schlechte Arbeit wie einen Eisklumpen in der Schultasche nach Hause trage? Wenn ich keine Ordnung halte und andere damit ärgere? Wenn ich zu lange vor dem Fernseher oder dem Computer hocke und dadurch Wichtiges unterbleibt? Hat sich Eis zwischen mich und Gott geschoben durch Bequemlichkeit, vielleicht schon Gleichgültigkeit?
Eisberge können schmelzen: Wenn ich mehr Mitarbeit anbiete, freundlicher bin, seltener „keine Lust" sage, mehr teile (Misereor-Opferkästchen) ... Mit wem muß ich unbedingt sprechen, damit die Mißverständnisse nicht noch

größer werden? Muß ich dem Gespräch mit Gott und dem Hören auf ihn nicht mehr Zeit einräumen? Das Veilchen in deiner Hand kann so wirkungslos bleiben wie ein flüchtiger Friedensgruß, wie ein gleichgültiges Gebet ... Ich muß schon etwas daraus machen, aus dem kleinen Vorsatz, an *einer* Stelle das Eis zum Schmelzen zu bringen.

Erinnern wir uns an das Evangelium: Jesus ließ die Jünger auf dem Berge schauen, wie einmal die Sonne Gottes alle Eisberge der Welt weggetaut haben wird. Aber bis dahin ist es ein weiter Weg: Es kommt auf Milliarden Veilchen an, die dabei helfen.

Darum, Kinder, geht jetzt nach oben zu der Wand, und gebt euer Veilchen mit dem guten Fastenvorsatz ab, damit es andere ganz über die Eiswüste verteilen und aufkleben (oder sie tun es selbst, wenn die Wand nicht zu hoch ist).

(Zu den Fürbitten wird die Sonne angeheftet = Gott muß uns dabei helfen, so viel Eis zu schmelzen.)

(Dazu ein gleichnamiger, ausformulierter Gottesdienst in „FaJu" Febr. 94)

21. Aus dem Schatten ins Licht
   (Symbole: siehe Text)

Lesungen: Eph 5,8-16 (Lebt als Kinder des Lichtes); Phil 2,12-18 (Leuchtet als Lichter in der Welt); Joh 8,12 und Mt 5,14-16 (Sich an der Sonne orientieren, dann werden wir zum Licht).

Pr: Ob auch wir noch blind sind für das wirkliche Licht der Welt, das *allen* Menschen leuchten will?

1. Sprecher: (mit gemalter Sonne) Wir alle brauchen Licht, um zu leben. Ohne Licht fühlen wir uns unwohl. Wenn Wolken über einen längeren Zeitraum die Sonne verdecken und es trübe und düster ist, schlägt uns das auf die Stimmung. Wie schön ist es dagegen, wenn dann wieder die ersten Sonnenstrahlen zu sehen sind! Jesus, der die Kranken heilt, die Blinden sehend macht und den Armen das Reich Gottes zusagt, ist wie die Sonne, ist das Licht der Welt, das Licht, in dem das Wirken Gottes offenbar wird. Aber Jesus sagt auch „Ihr seid das Licht der Welt". Wie können wir dem gerecht werden? (Sonne an den Altar heften)

2. Sprecher: (mit einer Kerze) Nein, eine Sonne bin ich bestimmt nicht. Aber ein kleines Licht kann ich sein – wie diese Kerze:
Wenn ich einem anderen helfe, vielleicht irgendeinem auf der Straße, vielleicht in der Schule oder am Arbeitsplatz, vielleicht auch jemandem weit weg, den ich gar nicht sehe, ...
Wenn ich anderen freundlich begegne, lächle, statt „rumzunörgeln" ...

Wenn ich jemandem zuhöre, dem sonst keiner zuhört ...
Wenn ich ... – was wünschen Sie sich denn gerade von Ihrem Mitmenschen?
– Ein kleines Licht kann ich sein – wie diese Kerze. Und Sie? (Kerze auf den Altar stellen)

3. *Sprecher: (mit Neonstab oder Leuchtreklametafel)* Es gibt eine ganze Menge Lichter, die täglich auf uns einwirken. Nicht alle strahlen so ein warmes Licht aus wie die Sonne oder die Kerze. Unzählige Lichter, grell wie dieser Neonstab (bzw. diese Reklametafel), versuchen uns in ihren Bann zu ziehen. „Leute, kauft dies und das!" – Schnell wird es unentbehrlich. – „Hinein ins Vergnügen!" – Vergnügen bis zum Umfallen. – „Ein paar Stunden Vergessen, ein paar Stunden Glück für nur 150 Mark!" – Glück? – Da fällt es manchmal schwer, das richtige Licht noch zu sehen. (Neonstab vor den Altar legen)

4. *Sprecher: (mit Schattenriß, bedrohlich)* Oft sehe ich nur noch Schatten: Ist nicht die Welt insgesamt schlecht? Immer näher rücken die unzähligen Kriege, die ständig grausamer werden. Immer mehr Menschen verhungern. Entwicklungshilfe? Ein Tropfen auf den heißen Stein, wenn nicht gar schädlich. Und unsere Umwelt verwandeln wir langsam, aber sicher in einen stinkenden, giftigen Müllhaufen. (Schattenriß auf die Stufen legen und die kleine Kerze vom Altar nehmen)
Aber dazwischen wachsen doch immer wieder ein paar Blumen. Dazwischen gibt es doch immer wieder ein paar Menschen, die sich die Hand geben. Dazwischen ist doch immer wieder einer, der weiß, wie man Brot backt für viele. Kleine Lichter, die mir zeigen, was Licht ist. Kleine Lichter, an denen ich mich freue. Unzählige kleine Lichter!
(Kerze wieder auf den Altar oder einen Leuchter stellen)

(Ulrike Fell, Elsdorf/Rhld. Dazu ein gleichnamiger, ausformulierter Gottesdienst in „FaJu" Febr. 94, in dem der Akzent auf Indien liegt)

22. Das Licht gegen die Angst

(Eine Orientierungsleuchte – wie sie in Kinderzimmern Verwendung findet; eventuell auf einer großen Wand ein Poster mit beängstigenden Bildern und Berichten aus Zeitungen und Illustrierten)

Lesungen: Ps 27 (Der Herr ist mein Licht und mein Heil); Jona 3,1-5.10 (Kehrt um und wendet euch ab von euren bösen Taten); Röm 8,35-39 (Wir können alles durch den überwinden, der uns geliebt hat); Mk 1,14f (Kehrt um und glaubt an die gute Nachricht).
(Als „Lesung" nahmen wir die Kurzgeschichte von Peter Spangenberg „Die Maus mit der großen Seele", siehe „Kurzgeschichten 2", Nr. 163; auf sie bezieht sich auch der Anfang der Predigt.)

Liebe kleine und große „Mäuse" mit einer großen Seele, die so oft in Angst und Sorge hin- und hergeworfen wird! (Pr zeigt die Orientierungsleuchte und erfragt ihre Bedeutung.)

Dieses Glimmerlicht im Dunkel eines Kinderzimmers – bei mir ließ die Mutter oder der Vater früher immer einen Spalt die Tür offen, damit das Licht aus dem Flur hereinleuchten konnte –, dieses schwache Licht nimmt euch Kindern die Angst vor der Dunkelheit: Ihr wißt, da ist noch Vater oder Mutter ..., die euer Rufen hören können. Für viele Erwachsene weist so ein schwaches Licht noch auf einen anderen hin, der uns die Angst nehmen kann: auf Gott. An Weihnachten hätte ich gesagt: Gott ist für uns Menschen wie ein Stern in der Nacht, der uns sagt, wir sind nicht allein.

Ihr Kinder sollt ruhig wissen, daß auch wir Erwachsene Angst haben: Angst vor einer unheilbaren Krankheit, vor Arbeitslosigkeit; davor, daß die Kinder einmal zu früh aus dem Haus gehen wollen; Angst, einmal ganz allein dazustehen. Diese Angst gehört zum Leben: Das fängt schon bei der Geburt an, wenn das relativ große Köpfchen des Babys durch den engen Geburtskanal soll. Vorher Wärme und Geborgenheit, und dann wird es in ein fremdes Leben hinausgestoßen: Der erste Schrei des Neugeborenen ist ein Angstschrei. Ihr wißt, wie viele Ängste später hinzukommen: Angst vor einem schlechten Zeugnis; Angst vor Strafe; Angst, ausgelacht zu werden; Angst, daß sich Vater und Mutter nach einem Streit nicht mehr einigen können ...

Angst gehört zum Leben wie der Schmerz zum Körper, der uns etwas sagen, signalisieren will. Dieses Alarmsignal darf ich nicht durch Tabletten (Valium) ruhigstellen wollen. Dieses Signal sagt mir: Es fehlt etwas, ich muß etwas dagegen unternehmen. Ich darf aber nicht gebannt auf diese Angst schauen: Sie wird dadurch immer größer wie ein Riese, der all meine Kräfte lähmt, vor dem ich nicht davonlaufen kann. Jesus ruft uns heute zu: Kehrt um! Hört meine Frohe Botschaft! Ihr seid nicht alleingelassen! Glaubt an das Licht im Dunkeln, es gibt euch eine Richtung an, an der ihr euch orientieren könnt!

Jesus will nicht so sehr vor uns oder über uns leuchten. Am besten ist es, wenn er *in* uns leuchtet. Denn wenn er in mir wohnt, habe ich viel mehr Gottvertrauen, weil ja in mir die Angst kleiner wird und die Kräfte wachsen können. Ein Selbstvertrauen, das auf Jesus baut, ist unbesiegbar.

Darum will ich gar nicht mehr viel sagen, sondern noch einmal die Einladung Jesu wiederholen: Kehrt um! Laßt euch von Gottes Licht erfüllen. Dann könnt ihr ganz anders leben!

(Wenn die „Mauer der Ängste" aufgestellt wurde, stellt der Prediger jetzt die Osterkerze mit einem erklärenden Wort davor und zündet sie an.)

(Familienmeßkreis St. Pankratius, Bergheim-Paffendorf)

23. Gleichnis Autobatterie

(Eine Autobatterie)

Lesungen: Sir 2,8-15 (Weh dem schlaffen Herzen, weil es nicht glaubt); Lk 13,22-24 (Bemüht euch mit allen Kräften); Lk 14,25-35 (Vom Ernst der Nachfolge).

Wir wollen im Winter morgens wegfahren, drehen den Zündschlüssel wie gewohnt, aber der Wagen springt nicht an. Dringender Termin, kein Nachbar erreichbar ...

Es liegt an der Batterie! Aber was nützt die Erkenntnis, wenn sie leer ist? Wie schnell passiert es: Öl und Reifen haben wir kontrolliert, nicht aber die Batterie! Sie arbeitet so still im Verborgenen und ist so leicht zu übersehen. Auch unser Glaube arbeitet im Verborgenen, aber auch er braucht eine „Regelinspektion" (= „Wartung"), wenn er nicht eines Tages versagen soll. Vergleichen wir einmal die Autobatterie mit unserem Glauben:

Die Batterie ist für das Auto lebenswichtig, nur mit ihr kommt der Motor in Gang.

Glaube als wichtiger Zünder und Antrieb für das Leben. (Geht er verloren, nisten sich oft Süchte und Aberglauben ein.)

Sie ist von außen nicht zu sehen und zu hören und ein relativ unscheinbares Zubehör im Motorraum.

Unsichtbar.

Der Motor kann die schwache Batterie wieder füllen.

Tätige Nächstenliebe kann den Glauben wieder stärken.

Die Batterie eines anderen Wagens kann den Motor über ein Startkabel wieder in Gang bringen oder freundliche Helfer, die schieben.

Andere können einen schwachen Glauben wieder motivieren = „in Bewegung setzen".

Die Batterie muß vor Hitze geschützt werden, damit sie nicht eintrocknet.

Glaube leidet sehr unter dem „Heiß"hunger nach Konsum und Luxus.

Die Batterieflüssigkeit läßt bei großer Kälte die Batterie nicht gefrieren.

Die Nähe derer, die glaubend mit unterwegs sind, bewahrt den Glauben vor Erstarrung.

Der „Lebenssaft" der Batterie ist eine Säure.

Der Glaube reift in Kreuz und Leid, in „sauren Wochen" (Goethe).

Wird der Wagen nicht gebraucht,

Wie die Muskeln des Körpers muß

leert sich allmählich die Batterie.

Die Batterie ist durch ein Kabel, das keinen Wackelkontakt haben darf, mit dem Motor verbunden.

der Glaube „gebraucht" werden, damit er lebendig und stark bleibt.

Mancher Glaube hat einen „Wackelkontakt" zum Gottesdienst oder zum Alltag.

Auch unser Glaube braucht die Wartung, die „Regelinspektion", damit er uns nicht im Ernstfall abhanden kommt.

(Felicitas Hestermann; dazu ein gleichnamiger Gottesdienst in „FaJu" Januar 94)

24. Unser Lebenspuzzle

(Ein Puzzle 80 x 100 cm aus Sperrholz oder mittels Thermosäge eine Styroporplatte in Puzzleteile zerschneiden und auf eine Art Staffelei legen. Denkbar ist, eine farbliche Gestaltung, ja Beschriftung, der ca. 20 Puzzleteile vorzunehmen; eventuell ein Blankopuzzle als Erinnerung für jeden: Verlag Neues Buch, Hanauer Str. 1, 61130 Nidderau-Ostheim)

Lesungen: Siehe unten an angegebener Stelle.

(Die vier Puzzleteile für „Vater", „Mutter", „Familie", „Zuhause" liegen auf)
Das Leben ist manchmal wie ein großes Puzzlespiel. Es baut sich aus Menschen und Begegnungen auf. Wenn alles zueinander paßt, entsteht etwas großes Ganzes, an dem wir Freude haben können.
Da wird aus VATER und MUTTER (auf Staffelei zeigen!), wenn sie sich gut verstehen, eine FAMILIE, die zusammenhält. Im ZUHAUSE fühlt sich der Mensch geborgen.
(Jetzt weitere Puzzleteile auflegen und exakt einfügen.) Eine gute SCHULBILDUNG ist wichtig wie auch eine qualifizierte BERUFSAUSBILDUNG. Alles muß passen. Auch die FRAU und der MANN, die sich gut verstehen und heiraten. Auch eine WOHNUNG wird gefunden, der FREUNDESKREIS wächst ... Da entsteht etwas, worauf jeder stolz sein kann. Jetzt wird ein KIND geboren, das GEBORGENHEIT und VERTRAUEN braucht ... usw.
Ein Musterbeispiel. Zu schön, um wahr zu sein. Bei vielen Menschen sieht das Lebenspuzzle auch nicht so aus: Für viele ist es ein einziger Scherbenhaufen (hier wird das fast fertige Puzzle umgekippt; dann beginnt ein Neuaufbau auf

einem total leeren Brett; die neuen Teile werden mit vielen Lücken grob aneinandergelegt).

Ein Chaos. Hier paßt kaum etwas zusammen: VATER und MUTTER längst GESCHIEDEN: Die FAMILIE zerstritten. Von GEBORGENHEIT keine Spur. Die SCHULAUSBILDUNG gerät ziemlich schief, mit ARBEIT läuft wenig. Nichts klappt. Ein FREUND als Lichtblick. Eine FREUNDIN schließlich als Hoffnungsschimmer. Ein KIND wird geboren. Aber das Geld reicht nicht. Täglich Ärger. Gedanke an endgültige TRENNUNG. Das Kind wird hin- und hergeschoben: Ohne Halt und Geborgenheit. Ergebnis: Mehr Lücken als Erfüllung. Lebenspuzzle als wirres Durcheinander; weit entfernt vom Traum des Lebens. Wegwerfen?

Evangelium: Vorwort: Jesus sagt: Es stimmt. Vieles fehlt. Aber du bestehst nicht nur aus Fehlern. Richtig: Vieles ist schiefgelaufen, aber manches läßt sich wieder geraderichten.

Mt 9,9-13 (Jesus kann auch den Zöllner Matthäus brauchen); Lk 19,1-10 (Zachäus findet wieder Anschluß); Joh 8,3-11 (Die Ehebrecherin wird nicht verurteilt).

Schau also nicht auf die Löcher, das Schiefgelaufene im Leben. Du hast auch gute Seiten, Liebenswertes. Du brauchst den Mut nicht aufzugeben. Entdecke deine Stärken, und bau sie aus! Bring das, was schiefgelaufen ist, nach Möglichkeit wieder in Ordnung. Sieh die Fehler ein, vieles kann wiedergutgemacht werden. (Während einer Meditationsmusik wird das Puzzle in Ordnung gebracht, fehlende Teile werden eingefügt und exakt ineinandergesteckt, aber doch noch einzelne Lücken und Unstimmigkeiten lassen!)

Leben ist nicht nur Leben, wenn es ideal ist. „Es gibt erfülltes Leben – trotz vieler unerfüllter Wünsche!" (Dietrich Bonhoeffer). Im Namen Jesu wünsche ich die Kraft, unser Lebenspuzzle in Ordnung zu bringen. Und ich wünsche Geduld, trotz aller Fehler und Lücken die Hoffnung auf ein erfülltes Leben nicht aufzugeben.

(Dr. Gerhard Vidal, Ludwigshafen; als gleichnamiger, ausformulierter Gottesdienst in „FaJu" Jan. 94)

Zum Thema „Fastenzeit" siehe auch in diesem Buch Nr. 2, 16, 44, 63.

25. Jesus sprengt den Rahmen

(Ein Holzrahmen, ca. 5 cm breit, in den der Kopf des Predigers paßt. In der Diagonalen ist der Rahmen links oben und rechts unten auseinandernehmbar. Die beiden rechten Winkel werden in der Predigt so weit übereinander verschoben, bis sie ein Kreuz ergeben)

Lesungen: 1 Kor 12,12-18.26-27 (Wenn ein Glied leidet, leiden alle); Lk 6,20-26 (Selig die Armen! Weh euch, ihr Reichen!); Lk 10,25-37 (Der barmherzige Samaritan).

(Pr hält den Rahmen als „Fenster" vor seinen Kopf) Oft sehen wir die Welt aus einem zu kleinen Fenster. Denken wir an den Fernseher. Vielleicht kann er uns daran erinnern: Du siehst jetzt nur einen kleinen Ausschnitt aus der Welt – und der kann mit Hintergedanken ausgesucht sein.

Manchmal ist unser Ausblick so eng, als ob wir ein Brett vor dem Kopf hätten (Pr hält das obere Rahmenstück vor die Stirn), oder wir machen uns ein vorschnelles Bild von den anderen. Das hört sich dann so an (Pr steckt bei jeder Aussage seinen Kopf in den Rahmen wie in ein geöffnetes Fenster, danach zieht er den Kopf zurück und schaut auf den Boden = Fenster zu):

„Die Kinder werden immer lauter und frecher!"

„Die Alterspyramide erdrückt uns bald!"

„Den Geisteskranken am besten die Spritze!"

„Was? Hunderttausend verhungern täglich weltweit?"

„Die mit ihrem Umweltschutz!"

„Diese homosexuellen Spinner!"

„*Die* Frauen!"

„*Die* Männer!"

„Furchtbar: Aidskrank! Da kann man ja nicht hinsehen!"

„Stimmt das wirklich: 300.000 werden bei uns jährlich abgetrieben?"

(Je nach Thema Aussagen entfalten oder konzentrieren)

Fenster zu! Abgehakt. Ich bin informiert. Fertig! ---

Der Rahmen ist zu klein. Es muß etwas Neues her! Der Rahmen muß gesprengt werden! Schaut mal!

(Pr nimmt den Rahmen auseinander und schiebt ihn langsam übereinander, bis ein Kreuz daraus entsteht)

Jesus Christus in der Mitte schafft neue Freiräume – für mich, für dich, für die Menschen ... (Pr zeigt alle Richtungen um das Kreuz, die sich unbegrenzt weiten). Er will die Öffnung! Er gibt uns den Blick frei über den Tod hinaus. In der Bergpredigt läßt er uns weit in die Zukunft blicken: Freuen dürft ihr euch, wenn ihr ... (Mt 5,1-12).

Paulus hat die unbegrenzte Weite in der Lesung deutlich aufgezeigt: Christus ist unser Haupt, wir sind die Glieder. Wenn ein Glied leidet, leiden alle anderen mit! „Das Auge kann nicht zur Hand sagen: Ich bin nicht auf dich angewiesen. Der Kopf kann nicht zu den Füßen sagen: Ich brauche euch nicht ...!" Im Wirtschaftsleben haben wir es schon verstanden: Ein Volk, das stirbt, ist kein Handelspartner mehr. Wir können aber ohne Partner wirtschaftlich nicht überleben. Und wenn wir z. B. nicht gemeinsam gegen die Zerstörung der Ozonschicht angehen, dann reißt uns das Loch alle ausnahmslos in den Abgrund. (Weitere Beispiele)

Jesus sprengt den Rahmen. Ich kann nicht *überall* positiv verändern; ich würde mich verzetteln. Aber ich bin überall mit betroffen, wenn es um Kinder, um Alte, um Ausländer, um Hungernde ... geht – wir alle sind eine Menschheitsfamilie. Jesus ist für alle Menschen gestorben. Es kommt darauf

an, daß ich mich verantwortlich fühle, mich an *einer* Stelle engagiere ...
Christen sind anders, weil Christus anders war. (Pr stellt oder legt das Kreuz
vor den Altar)
(Manchmal muß ich fragen: Hat die Kirche aus den Kreuzbalken, dem Symbol
der Hoffnung, nicht doch wieder die engen Guckfenster gezimmert, an denen
wir uns den Kopf stoßen?)

(Die Idee „Vom Rahmen zum Kreuz" entwickelte der evangelische Pfarrer Ernst Sieber in
einem Fernsehinterview im Süddeutschen Rundfunk am 2.2.92 auf die Frage „Warum
gehen Sie als ‚Hoffnungsträger' in die Politik?"; Text stark verändert)

26. Vom Rahmen zum Kreuz

(Ein auseinandernehmbarer Holzrahmen, der zum Kreuz wird: genauere
Anweisung siehe unter Nr. 25)

Lesung: Mt 11,28-30 (Kommt alle zu mir, die ihr euch plagt ...).

Wir brauchen im Leben einen Rahmen. (Pr hält den Holzrahmen neben sich)
Er kann uns eine feste Sicht geben und Halt schenken. Denn bei allem, was
uns heutzutage überflutet, bietet er eine gewisse Sicherheit. Aber wenn uns
Unvorhergesehenes überfällt, dann zerbricht ... (Pr nimmt den Rahmen
auseinander) oft dieser Lebensrahmen – durch einen Unfall, eine schwere
Krankheit, Schulversagen, Arbeitslosigkeit, Scheitern der Ehe, den Tod eines
lieben Menschen. Wenn sich jetzt keiner um uns kümmert und wir keinen
Ausweg sehen, dann stehen wir in Gefahr, allen Halt zu verlieren oder uns an
Strohhalmen festzuklammern: an Süchten und Geld, an Aberglauben und
Scharlatanen.
Aus diesem zerbrochenen Rahmen kann aber ... (Pr verschiebt den Rahmen
zum Kreuz) ein Kreuz entstehen: Es bietet sich *jedem* an als letzter Halt vor
dem Abgrund. Manch einer bekommt erst jetzt, da sein Lebensrahmen
zerbrochen ist, den Blick wieder frei für das Kreuz. Er ringt um einen Glauben,
der alles verändern kann. Dabei darf er die Stimme vernehmen: „Kommt alle
zu mir, die ihr euch plagt und schwere Lasten zu tragen habt. Ich werde euch
Ruhe verschaffen!"
Jesus hält uns am Kreuz seine Arme entgegen (hier eventuell auf ein
passendes Kreuz zeigen) – wie im Gleichnis der barmherzige Vater den
verlorenen Sohn mit ausgebreiteten Armen empfing. Jesus möchte uns in die
Arme schließen und halten, egal, wie wir zu ihm kommen:
Den, der einsam ist oder behindert – der meint, daß ihn niemand liebt – der in
Angst lebt – den Gewalt erdrückt – der schuldig ist – den aller Lebensmut
verlassen hat. Jedem ruft er zu: „Kommt alle zu mir, die ihr euch plagt und
schwere Lasten zu tragen habt. Ich werde euch Ruhe verschaffen!"
Keiner kommt im Leben am Kreuz vorbei. Und wenn es uns trifft, meinen wir

oft, uns werde ein besonders schweres, ja das schwerste aufgebürdet. So erzählt eine Legende: Alle Menschen waren mit ihren Kreuzen unterwegs. Sie mühten sich ab mit ihrer schweren Last. Einem war es zu lang. Er sägte kurzerhand ein Stück ab. Nach langer Pilgerschaft kamen alle an den letzten Abgrund. Keine Brücke führte ins jenseitige Land, das endlich Frieden versprach und Freude und Gottes sichtbare Nähe. Schließlich legten alle nach kurzem Zögern ihre Kreuze darüber. Und siehe: Sie paßten gerade. Der aber ein Stück abgesägt hatte, um es leichter zu haben, der stand nun betroffen da und verzweifelt („Kurzgeschichten 1", Nr. 47).

Wer also seine Last durchträgt und sich in seinen Schwierigkeiten am Kreuz festhält, spürt auf einmal, wie ihm geholfen wird. Der Glaube an den Gekreuzigten sprengt den engen Rahmen unseres Blickes: Neue Freiräume öffnen sich. Es ist wie mit einem Fensterkreuz: Es weitet den Blick für neue Richtungen (jetzt die vier Richtungen des Fensterkreuzes anzeigen). Wir spüren wieder Geborgenheit. – Wir sehen wieder einen Sinn. – Die Schatten der Angst und Schuld weichen zurück. – Die Last drückt nicht mehr so schwer, weil einer mitträgt.

Wer sich in seinem Leben Jesus anvertraut, darf sich von ihm in die Arme schließen lassen. Auch uns ruft er zu: „Kommt alle zu mir, die ihr euch plagt und schwere Lasten zu tragen habt. Ich werde euch Ruhe verschaffen!"

(Die Ur-Idee des auseinandernehmbaren Rahmens zum Kreuz stammt vom Schweizer Pfarrer Ernst Sieber, obiger Text vom Familienmeßkreis St. Pankratius, Bergheim-Paffendorf. Er war die Predigt eines vom ZDF am 4. Juli 1993 aus dieser Kirche übertragenen Gottesdienstes)

27. Passion – mit Kerzen erzählt

(Zwölf brennende Kerzen um eine brennende Jesuskerze = Osterkerze. Vielleicht können Sie einen Hobbyschmied gewinnen, dafür einen Kerzenkranz zu schmieden)

Hinweise:
1. Das Sprechspiel soll die Passion ersetzen.
2. Die zwölf Kerzen im Sprechspiel stehen für die Jünger und uns.
3. Dieses Sprechspiel kann auch in der Ölbergnacht oder am Karfreitag eingesetzt werden, wenn wenigstens einige Kinder anwesend sind.
4. Das Sprechspiel greift den alten Brauch des Auslöschens der Kerzen am Gründonnerstag auf, ursprünglich Symbol für die Flucht der Jünger.
5. Die Fortsetzung dieses Sprechspiels in seiner positiven Umkehrung finden Sie unter „Ostern" bzw. der nächsten Nummer.

Pr: Ihr seht im Altarraum zwölf brennende Kerzen, die um die Jesuskerze gruppiert stehen. Die Zahl Zwölf verrät schon, wer gemeint ist ... Die Jünger stehen aber auch stellvertretend für viele Menschen. Beim Einzug Jesu in Jerusalem waren die Menschen begeistert. Sie riefen Jesus zu:

„Hosanna dem Sohne Davids!" Sie feierten in Jesus den König, der sie endlich retten sollte. In dieser gehobenen Stimmung wären die Jünger für Jesus sicher durchs Feuer gegangen. Aber ihr wißt, daß die Begeisterung für ihn nicht lange anhielt. Bald riefen dieselben Menschen: „Kreuzige ihn!" Einige Kinder (und Jugendliche) werden uns jetzt berichten, warum es um Jesus immer einsamer und kälter wurde.

1. Im Abendmahlssaal wusch Jesus den Jüngern die Füße. Zu solch einem niedrigen Dienst durfte nicht einmal ein Sklave gezwungen werden. Petrus versteht diesen „unteren Weg" Jesu zunächst nicht und wehrt ihn ab. – Wie oft möchten wir Menschen lieber den anderen die Köpfe und nicht die Füße waschen! Das Dienen fällt uns schwer. – Herr, erbarme dich! (Eine der Jünger-Kerzen wird jetzt gelöscht, und zwar diejenige, die der Gemeinde am nächsten ist. Diese Aufgabe kann das jeweilige Kind nach dem gesprochenen Text übernehmen, oder ein Kind steht eigens für diese Aufgabe mit einem Löschhorn hinter dem Kerzenkreis.)

2. Judas verläßt den Abendmahlssaal und geht in die Nacht hinaus, um Jesus für 30 Silberlinge zu verraten.
Um des Geldes willen wird auch heute immer wieder Verrat geübt. Auch wir werden schuldig, wenn wir um der Karriere willen oder aus Bequemlichkeit die Botschaft Jesu verraten. – Herr, erbarme dich! (Eine weitere Kerze wird gelöscht)

3. Jesus schwitzt am Ölberg Blut – vor lauter Angst. Er bittet die Jünger, mit ihm zu wachen und zu beten. Aber immer wieder schlafen sie ein.
Auch heute verschlafen Menschen die Chance, anderen in ihrer Not und Angst nahe zu sein. – Herr, erbarme dich! (Eine weitere Kerze wird gelöscht)

4. Jesus wird gefangengenommen; da zieht Petrus sein Schwert und schlägt auf einen Knecht des Hohenpriesters ein. Jesus sagt zu Petrus: „Stecke dein Schwert in die Scheide. Wer zum Schwert greift, wird durch das Schwert umkommen!"
Genauso versuchen auch heute immer wieder Menschen, Probleme mit dem „Schwert" zu lösen. Auch wir setzen manchmal auf Gewalt. – Herr, erbarme dich! (Eine weitere Kerze wird gelöscht)

5. Jesus wird am Ölberg gefesselt und abgeführt; seine Jünger verlassen ihn alle und fliehen.
Wie oft lassen Menschen in der Not einander allein und denken nur daran, sich selbst in Sicherheit zu bringen. – Herr, erbarme dich! (Eine weitere Kerze wird gelöscht)

6. Im Vorhof des Hohenpriesters der Juden sitzt Petrus und wärmt sich an einem Kohlenfeuer. Dreimal verleugnet er dabei Jesus und sagt: „Ich schwöre es, und wenn ich tot umfalle: Ich kenne diesen Menschen nicht!"
Menschen verleugnen ihren guten Freund und kennen ihn nicht mehr,

wenn es für sie vorteilhaft erscheint. – Herr, erbarme dich! (Eine weitere Kerze wird gelöscht)

7. Vierzig Peitschenhiebe weniger einen prasseln auf den Rücken des gefesselten Jesus: Jesus wird gegeißelt.

Wie viele Menschen stehen heute wehrlos und ohnmächtig da, wenn die Geißel einer Krankheit oder einer Katastrophe sie trifft! Wir nehmen das oft nur zur Kenntnis oder schauen weg. – Herr, erbarme dich! (Eine weitere Kerze wird gelöscht)

8. Die Soldaten flechten eine Krone aus Dornen und drücken sie Jesus ins Haupt. Sie beugen vor ihm verhöhnend die Knie, spucken ihn an und schlagen ihm ins Gesicht.

Menschen verspotten und quälen einander. Um so unbarmherziger, je schwächer ein Opfer ist. Auch wir haben gesündigt, indem wir nur dabeistanden und nichts dagegen unternahmen. – Herr, erbarme dich! (Eine weitere Kerze wird gelöscht)

9. Jesus trägt das schwere Kreuz auf den Kalvarienberg. Dreimal bricht er unter der Last des Holzes zusammen.

Wie oft packen Menschen nicht zu, wenn ein anderer unter seinem Kreuz zusammenzubrechen droht. Auch wir wurden schon schuldig. – Herr, erbarme dich! (Eine weitere Kerze wird gelöscht)

10. Jesus wird aufs Kreuz gelegt und mit Nägeln festgenagelt. – Wie viele Menschen werden heute aufs Kreuz gelegt und auf ihre Fehler und Sünden festgenagelt!

Auch wir haben Vorurteile und Verdächtigungen gerne weitererzählt. – Herr, erbarme dich! (Eine weitere Kerze wird gelöscht)

11. Jesus ruft am Kreuz „Mich dürstet" und bekommt einen Schwamm voll Essig gereicht.

Auch heute dürsten viele Menschen nach einem guten Wort, nach Zuneigung und Gerechtigkeit. Aber sie bekommen nur Essigschwämme mit Bitterkeit, Abneigung und himmelschreiendem Unrecht. – Herr, erbarme dich! (Eine weitere Kerze wird gelöscht)

12. Jesus schreit am Kreuz heraus, wie verlassen er sich fühlt: „Mein Gott, mein Gott, warum hast du mich verlassen?"

Wie furchtbar sterben manchmal Menschen und fragen laut: „Warum?" – Herr, erbarme dich! (Die letzte Kerze im Kreis wird gelöscht)

Pr. (zeigt auf die Jesus-Kerze): Es ist dunkel und kalt um Jesus geworden. Seine Jünger damals verstanden die Welt nicht mehr und dachten: „Jetzt ist unser Traum vom Retter Israels zu Ende!" – Auch heute gibt es viele, die sagen: „Es ist alles sinnlos. Am Ende steht der Tod." Wir sehen aber, die Jesus-Kerze brennt. Er, der gesagt hat: „Ich bin das Licht der Welt", sein Weg ist mit dem Tod am Kreuz nicht zu Ende. Das Licht des wirklichen Königs dieser Welt brennt immer, auch wenn unsere Augen es nicht sehen.

In guten und in bösen Tagen ist er uns nahe. Wir wollen jetzt unseren Glauben an *den* bekennen, dessen Licht auch in unserem Tode nicht erlischt.

(Eine Idee von Frau B. Messerschmidt, D-46499 Hamminkeln, ausgearbeitet; zuerst veröffentlicht in „PuK" 3/93, S. 278-281)

Ostern

28. Ostern – mit Kerzen erzählt
(Zwölf gelöschte Kerzen um eine brennende Jesuskerze)

Hinweise:
1. Dieses Sprechspiel ist die Fortsetzung des Entwurfs vom Palmsonntag, in diesem Buch Nr. 27: Beim Erzählen der Leidensgeschichte wurden nach und nach alle Kerzen gelöscht – bis auf die Jesuskerze.
2. Denkbar ist, daß die Jesuskerze auch Karsamstag über gebrannt hat – wir löschen sie ja auch nicht mehr an Christi Himmelfahrt. Im Dunkel der Osternacht könnte auch das Licht der Jesuskerze auf die neue Osterkerze übertragen werden, dann entfiele das Entzünden der Osterkerze vor der Kirchentüre, zumal dort in der Regel nur ein kleiner Teil der Gemeinde Augenzeuge ist. Jedenfalls brennt die Kerze in der Mitte der gelöschten zwölf Kerzen, wenn das Sprechspiel beginnt.
3. An die zwölf Kerzen *können,* noch zusammengerollt, gelbe, breite Bänder aus Taft oder Kreppapier gebunden sein, die am Ende des Sprechspiels von den Sprechern oder Sprecherinnen entfaltet werden.

Pr: Die zwölf verloschenen Kerzen um die brennende Jesuskerze erinnern uns an die Leidensgeschichte und an die zwölf Jünger und all die Menschen, die angesichts des Leidens und Sterbens Jesu versagt haben: Da wurde verleugnet, verraten und geschlagen; da wurde unterlassen, allein gelassen und weggelaufen. Nur das „Licht der Welt" brennt gegen alle Dunkelheit und Verzweiflung. Es kann neues Feuer entzünden! (Die SprecherInnen entzünden vor oder nach ihrem gesprochenen Text jeweils die Jünger-Kerzen an der Osterkerze. Dasselbe ist auch mit einem Docht denkbar – aber eben von der Osterkerze her.)

1. Einige Frauen harrten aus unter dem Kreuz. Sie sind es auch, die sich am Ostermorgen bei Sonnenaufgang dem Grabe Jesu nähern. Sie hören als erste, daß Jesus lebt. Sie laufen zu den Jüngern, um zu berichten: Jesus ist auferstanden!
Und so rufen auch wir: „Halleluja. Der Herr ist auferstanden!" (Kerze entzünden)
2. Johannes war der einzige Jünger, der Jesus unter dem Kreuz die Treue gehalten hat. Er läuft mit Petrus zum Grab. Sie erfahren am leeren Grab, daß Maria Magdalena und die Frauen sich nicht getäuscht haben, und sagen: „Wahrhaftig, er ist auferstanden!"
Und so sagen auch wir weiter: „Christus, das Licht, hat Nacht und Tod besiegt. Halleluja!" (Kerze entzünden)
3. (Nimmt eine Jünger-Kerze) Diese Kerze habe ich am Licht der Jesuskerze entzündet. Das tote, erstarrte Wachs wird wieder lebendig. So bekommt jeder, der gestorben ist, vom ewigen Licht neues Leben geschenkt.

Wir sagen es der ganzen Welt: „Jesus lebt – und auch wir werden leben!"
(Kerze entzünden)

4. Thomas, der gezweifelt hat, geht ganz nahe an den auferstandenen Jesus heran und legt seine Finger in die Wunden der Hände und seiner Seite. Da springt das Licht des Glaubens auf ihn über wie die Flamme der Jesuskerze auf diese Kerze.
Komm, Herr, schenke auch uns das Licht des Glaubens an deine Auferstehung! (Kerze entzünden)

5. Es gibt so viel Angst in der Welt. In einer Krankheit oder Not kann der Weg eines Menschen wie in eine stockdunkle Nacht eintauchen. Der auferstandene Jesus Christus wirft Licht auf unseren Weg.
Mit Jesus finden wir leichter neue Hoffnung und einen Ausweg. (Kerze entzünden)

6. Wir alle sehnen uns danach, anerkannt zu sein, Vergebung zu erfahren und Frieden mit Gott zu spüren. Ganz nahe am Licht der Jesuskerze spüren wir aufsteigende Wärme. Sie verhindert, daß wir innerlich erfrieren.
Herr, wir danken dir für dein Licht, das uns erlöst hat. (Kerze entzünden)

7. Eine Kerze leuchtet und wärmt; dabei verzehrt sie sich: Ihr Leben ist ein einziges Dienen – wie Jesus den unteren Weg ging und uns so ein Vorbild war.
Herr, hilf uns, weniger zu herrschen, zu raffen und zu richten; statt dessen im Dienst an der Welt uns selbst zu finden und zu verzehren! (Kerze entzünden)

8. Alle Finsternis und Verzweiflung dieser Erde kann nichts gegen das Licht des auferstandenen Christus ausrichten.
Christus, du Sieger über Schuld und Tod: Erbarme dich aller Menschen! (Kerze entzünden)

9. Es ist besser, ein Licht anzuzünden, als über die Dunkelheit der Welt zu schimpfen.
So wie Jesus zum Licht der Welt wurde, können wir selbst Träger dieses Lichtes werden. Der Auferstandene ruft uns zu: „Ihr seid das Licht der Welt!" (Kerze entzünden)

10. Ja, geteiltes Licht brennt heller.
Wir nehmen vom Lichte Jesu und bringen es zu den Menschen: Jesus Christus, leuchte in unseren Familien, in unserer Gemeinde und in alle Welt! (Kerze entzünden)

11. Die beiden Jünger erkennen im Dorf Emmaus, daß Jesus mit ihnen zu Tische sitzt und das Brot bricht.
Jesus, entflamme auch unsere Herzen, wenn wir miteinander auf dem Wege sind, in der Hl. Schrift lesen oder das Brot miteinander brechen! (Kerze entzünden)

12. Petrus fängt am Pfingstfest neues Feuer und trägt mit den anderen Jüngern die freudige Nachricht in die ganze damalige Welt.

Jesus, mache auch uns zu begeisterten Christen, die andere anstecken! (Kerze entzünden)

Pr: Seht ihr, alle Kerzen brennen jetzt wie eine feurige Sonne: Wir feiern das Fest der Feste, das Fest gegen die Kälte und Angst der Welt, den Sieg über Sünde und Tod! Die Strahlen dieser Sonne möchten die ganze Welt erleuchten und wärmen. Halleluja: Dank sei Gott für die Sonne Jesus Christus und für das ewige Leben!

Jetzt entfalten Kinder und Jugendliche die gelben Bänder, um sie während der Musik (oder länger) zu halten, so daß der Eindruck einer strahlenden „Sonne" entsteht.

(Eine Idee von Frau B. Messerschmidt, D-46499 Hamminkeln, ausgearbeitet; zuerst veröffentlicht in „PuK" 3/93, S. 297-299)

29. Labyrinth und Rose

(Das Andachtsbild von Sieger Köder, „Labyrinth und Rose" für jeden Besucher.

© Sieger Köder. Als Schmuckkarte [Doppelkarte mit Umschlag] und als Meditationsbildchen [Nr. 335] erhältlich.

Bestelladressen: Schwabenverlag AG, Senefelderstr. 12, D-73760 Ostfildern [nur Kunstkarten]; Rottenburger Kunstverlag VER SACRUM, Reiserstr. 2, D-72108 Rottenburg [Kunstkarten und Meditationsbildchen])

Lesungen: Kol 3,1-4 (Sucht im Labyrinth eures Lebens die Mitte; 2. Lesung, Ostersonntag); Lk 24,13-35 (Zwei Jünger sind im Labyrinth ihres Lebens traurig auf der Suche, finden dann aber in Emmaus die Mitte; Evangelium vom Ostermontag).

Der Priester und Maler Sieger Köder hat ein Labyrinth gemalt, das sich an dem in der Kathedrale von Chartres orientiert. Letzteres mißt 12 m im Durchmesser. Wenn es von den Gläubigen im Mittelalter auf den Knien „abgebetet" wurde, dann legten sie bis zur Mitte eine Strecke von 200 m zurück.

Auf dem Andachtsbild wächst aus der steinernen Mitte ein blühender Rosenstrauch. Und darüber ist das Rosettenfenster im Westen der Kathedrale zu sehen; eine Rosette, wie sie fast alle großen Dome und Kathedralen haben. Anhand dieses Bildes darf ich fünf mögliche Wege aufzeigen, die ein Mensch oder Christ im Leben gehen kann.

1. Ich starre im Labyrinth meines Lebens nur auf die Dornen des Rosenstrauches: die Dornen als Zeichen des Fluches, weil die Erde das Paradies verloren hat (Gen 3,17-19a). In dieser Gefahr stehen Menschen, die sagen: „Alles ist sinnlos! Warum zur Mitte aufbrechen, wenn sie sich doch als Sackgasse erweist? Da resigniere ich lieber oder versuche, noch irgendwie das Beste aus diesem Leben zu machen!"

2. Wer weitergeht, kann bis zum Dornbusch kommen, der brannte und doch nicht verbrannte, dem Zeichen der Gegenwart Gottes (Ex 3,1b.5a). Gott erwählte diesen hinderlichen Dornbusch (weder den edleren Feigen- oder Maulbeerbaum noch den Weinstock, die auch alle in der Wüste anzutreffen sind), an dem ich mir unversehens die Haut aufritzen und meine Kleidung zerreißen kann. Darf ich das nicht folgendermaßen deuten?: Es kann in dieser Welt nichts so „tief unten" sein, daß Gott nicht noch da wäre (vgl. „Kurzgeschichten 4", Nr. 94)! Wer so weit seinen Blick öffnet, weiß, daß er in jedem Augenblick seines Lebens in Gottes Gegenwart leben darf. Dann ist er übrigens noch kein Christ.

3. Ein Christ schaut weiter: Bis auf Christi Dornenkrone, mit der er mir das Zeichen des Fluches und der Gegenwart Gottes bis ins bitterste Leid voranträgt: Wir haben in Jesus einen Bruder zur Seite, der alles noch so Schlimme auch schon getragen hat. Er bleibt als letzte Antwort, wenn ich vor unmöglichem Leid und brüllendem Schmerz stehe und keine Antwort mehr weiß – außer: auf ihn hinzuweisen.

4. Ostern feiern wir, daß Jesus eine Liebe gezeigt hat, die zwischen den Dornen Rosen möglich macht, gegen deren Duft auch Tod und Teufel keine Chance haben. Die vermeintliche Sackgasse ist geöffnet: Eine andere Welt steht jetzt schon offen für alle, die an Jesus Christus glauben.

5. Zuletzt der Blick, der uns das Gehen im Labyrinth unseres Lebens leichter macht. Wir schauen dazu auf unser Bild, das wir bekommen haben: In der Kathedrale von Chartres gibt es in der Westwand dieses Rosettenfenster, das 12 m im Durchmesser mißt, also genau das Maß des Labyrinths hat. Die Rosette zeigt den wiederkommenden und richtenden Christus. Dieses Fenster, um 90 Grad gesenkt, deckt also genau das Labyrinth ab! Der mittelalterliche Architekt dieses großartigen Bauwerkes wollte damit ausdrücken: Egal, wie weit wir auf unserem Weg zur Mitte des Labyrinths gekommen sind, die Barmherzigkeit Gottes wird alles zudecken. Wenn die Sonne im Westen untergeht und auf dieses Rosettenfenster scheint, fällt ein überirdisches, wunderbares Licht auf das Labyrinth. – Das Grün der Blätter des blühenden Rosenstrauches möchte uns sagen: Geh in Hoffnung

und Zuversicht auf den menschgewordenen Gottessohn weiter. Du bist ja schon erlöst! Sein Licht der Barmherzigkeit wird deine Sünden und Fehler zudecken.

(Dieses überirdische Licht aus diesem Fenster kann übrigens nur der erkennen, der *in* der Kathedrale steht. Solange einer nur *um* die Kathedrale [= die Verkündigung der Erlösung durch die Kirche] herumgeht, wird ihn diese gute Nachricht nicht erreichen können.)

(Dazu ein kompletter Fastenzeit-Zyklus in „FaJu" Febr. + März 95)

30. Nichts „läuft" für Christen ohne den Auferstandenen

(Ein großes Wagenrad [aus Styropor], darauf werden Christusbild, rote Kerze, Feuerflamme, schwarzes Kreuz, Missionsbild und große Rose geheftet)

Lesungen: Von Ostern oder 1 Kor 15,14-22 (Christus ist auferweckt worden); Mt 28,16-20 (Tauft alle).

1. (mit Bild des auferstandenen Christus)
   Wir feiern (in diesen Tagen) wieder das Fest der Feste: Christus ist auferstanden. Paulus schreibt im ersten Korintherbrief (15,14): „Wenn Christus nicht auferweckt worden ist, dann ist unsere Verkündigung leer und euer Glaube sinnlos."
   Darum hefte ich dieses Christusbild auf die Mitte des Wagenrades.
2. (mit einer roten Kerze – aus Karton geschnitten)
   An Ostern feiern wir die Mitte unseres Glaubens: Leid und Tod haben nicht das letzte Wort. Wir feiern zwar Weihnachten viel intensiver; aber wäre Christus nicht von den Toten auferstanden, hätten wir auch sein Geburtsfest schon längst vergessen. (Heftet die Kerze auf die Felge des Rades)
3. (mit einer lodernden Feuerflamme – aus Karton geschnitten)
   Das Kommen des Heiligen Geistes am Pfingstfest hat zwar alle Türen aufgestoßen, aber auch dieses Fest lebt von Ostern. Darum hefte ich auch diese lodernde Feuerflamme auf die Felge, den äußeren Kreis des Wagenrades.
4. Ein Wagenrad will gerollt sein: Die Botschaft vom auferstandenen Christus sollen wir in alle Welt tragen. Darum wurden am Pfingstfest die ängstlichen Jünger wachgerüttelt. Darum sind auch wir gefirmt worden, um zu unserer Taufe „ja" zu sagen und endlich mutig zu werden, Christus in der Öffentlichkeit zu bekennen.
5. (Bild mit Missionsstation/Missionaren)
   Wer die Botschaft vom Auferstandenen weiterträgt, erfüllt den letzten Wunsch Jesu: „Geht zu allen Völkern, macht alle Menschen zu meinen

Jüngern; tauft sie ... Und seid gewiß: Ich bin bei euch alle Tage bis zum Ende der Welt!" (Mt 28,19). Darum ist die Mission ein Gradmesser dafür, wie sehr die Gute Nachricht uns am Herzen liegt. – Ich hefte auch das Bild einer Missionsstation auf die Felge des Wagenrades.

6. (ein dunkles Kreuz)
   Keiner kommt im Leben am Kreuz vorbei. Und wenn es uns trifft, dann meinen wir, ein besonders schweres, ja das schwerste werde uns zugemutet. Vor allem Leid und Tod verdunkeln unser Leben. Aber auch sie werden vom Auferstandenen aus der Mitte überstrahlt. (Heftet das Kreuz auf die Felge)

7. (eine große Rose aus Papier)
   In Domen und Kathedralen heißt das Fenster zum Westen das „Rosenfenster". Es enthält die Konturen eines Wagenrades. In der Mitte des Rosenfensters thront der wiederkommende Christus. Er drückt aus: Gott liebt seine Welt und möchte uns in seine himmlischen Wohnungen holen. – Darum hefte ich diese große Rose – Zeichen der Liebe – auf eine Speiche unterhalb des Bildes des Auferstandenen.

31. Symbole bringen uns dem Geheimnis von Ostern näher

(Zeichnen und ausschneiden: große Sonne; Mond; eine Frühlingsblume; Osterkerze; einen Krug, aus dem Wasser fließt; die Schilder „Halleluja" und „Jesus lebt"; Flanelltafel)

Lesungen von Ostern, besonders Mk 16,1-8 (Als eben die Sonne aufging: Er ist auferstanden!).

Pr: „Die Frauen flohen vom Grab; denn Schrecken und Entsetzen hatte sie gepackt." So hörten wir im Evangelium. Da war also kein vorschnelles Halleluja, das die Trauer über den Tod Jesu verdrängte. Wenn wir dem Tod begegnen, erfüllt auch uns kein voreiliger Jubel. An Ostern glauben zu können ist ein Lern- und Suchprozeß, mit dem wir nie fertig werden. Aber in Symbolen und Bildern können wir uns an das Geheimnis des Festes herantasten. Viele davon finden wir in der Schöpfung. Wenn Kinder und Jugendliche sie uns jetzt nahebringen, brauchen wir nur unser Herz für die Bedeutung zu öffnen:

1. (mit einer großen Sonne): Als erstes Symbol nenne ich das Wunder der Sonne. Am westlichen Himmel scheint sie blutrot zu sterben, wenn sie in das Dunkel der Nacht wie in ein Grab untertaucht. Im Evangelium hieß es: „Sie kamen in aller Frühe zum Grab, als eben die Sonne aufging." Die Sonne kehrt an jedem Morgen als Licht der Welt zurück und macht uns Mut, vom Schlafe aufzustehen. So wie die Nacht am Ende des Lebens einem neuen Morgen weichen wird. (Sonne auf Flanelltafel heften)

2. *(mit einem Mond):* Mein Symbol ist der Mond. Wir feiern Ostern immer am ersten Sonntag nach dem Frühlingsvollmond. Das Lichtgestirn der Nacht erhebt sich am Westhimmel aus dem Grab der Dunkelheit zu neuem Leben und zu seiner vollen Schönheit. (Mond auf die Sonne heften oder – auch die folgenden Gegenstände – wie „Sonnenstrahlen" um die Sonne)

3. *(mit einer Frühlingsblume, z.B. Osterglocke):* Auch der Frühling ist nach der Kälte und Starre des Winters wie eine Wiedergeburt des Lebens. Das neue Leben sprießt überall hervor – nach dem Grab des Winters. (Blume anheften)

4. *(mit gebastelter Flamme oder Osterkerze):* Ich bringe eine der ältesten und staunenswertesten Erfahrungen eiszeitlicher Menschen: Es ist möglich, totes, trockenes Holz so zu reiben, daß Wärme und Licht daraus entstehen. Es ist möglich, harte, kalte Steine so aneinanderzuschlagen, daß Funken des Lichtes daraus entspringen. – Nichts kann anscheinend so tot sein, daß es sich nicht zurückverwandeln ließe ins Leben. Darum wurde früher das Feuer für die Osterkerze aus Steinen geschlagen ... (aufheften)

5. *(mit einem Krug, aus dem Wasser fließt):* In der Osterliturgie spielt das Wasser eine große Rolle: Alles Leben auf Erden kommt aus dem Wasser. Es ist das Symbol fur Geburt und auch für die Wiedergeburt in der Taufe. (aufheften)

6. *(mit Schild „Halleluja"):* Wer dem Geheimnis von Ostern auf die Spur kommen will, ahnt in seinem Herzen und sieht in der Natur, daß Leben stärker ist als der Tod und daß Liebe einen längeren Atem hat als Haß und Trauer. (Schild anheften)

7. *(mit Schild „Jesus lebt"):* Wir hören die Botschaft von Ostern: Weil Jesus lebt, haben wir Hoffnung in aller Verzweiflung, Freude trotz aller Traurigkeit, Licht in aller Finsternis und Leben in aller Todesbedrohung. (Schild anheften)

Pr: Diese Botschaft wird nicht nur verkündet, viele Menschen haben sie schon bezeugt: durch ein Vertrauen, das unerschütterlich ist; durch eine Zuversicht, die über den Horizont unserer Welt schaut; durch Lebensmut und Lebensbejahung. – Halleluja: Christus ist auferstanden! Das gilt auch unserem Leben!

(Nach einem Aufsatz von Ulrich Katzenbach, Frankfurt a.M.)

32. Ostersymbole

(Eine große Sonne, ein schwarzes Tuch, ein Ei, ein Schmetterling, ein Osterlamm, eine Siegesfahne, ein Osterhase, ein blühender Zweig, ein Osterbrot – zum Aufheften)

Lesungen von Ostern; das Evangelium erst an der angegebenen Stelle vortragen.

Pr: Kinder und Jugendliche möchten uns mit Symbolen das Geheimnis von Ostern etwas aufschlüsseln:

1. *(mit großer Sonne):* Drei Jahre lang war Jesus durch die Dörfer und Städte gezogen. Seine Jünger hatten erfahren, wieviel Sonnenstrahlen von ihrem Meister ausgegangen waren. (Sonne aufheften)

2. *(mit schwarzem Tuch):* Dann kamen die Enttäuschungen und die Katastrophen: Weil so viele Menschen an Jesus hingen, wurde er den Mächtigen zu gefährlich. Sie brachten Jesus um. Die Jünger flohen. Sie glaubten, jetzt sei alles aus. (Schwarzes Tuch über die Sonne decken)

Pr: liest das Evangelium von Ostern vor.

3. Jesus stand von den Toten auf. Die Jünger damals und wir heute haben allen Grund, froh zu sein und das Halleluja zu singen. (Während das schwarze Tuch wieder abgenommen wird, singen wir ein Halleluja-Lied oder einen – Kanon.)

4. *(bringt ein Ei, aus dem sich vielleicht ein Küken seinen Weg bricht):* Es ist schwer, das Geheimnis von Ostern verständlich zu machen, weil nur die Augen des Herzens und die des Glaubens erfassen können, was geschehen ist. Aber es gibt hilfreiche Symbole, manches zu erklären. Ich bringe zum Beispiel ein Ei (zeigen!): Aus diesem „toten" Gegenstand kann plötzlich ein lebendiges Küken springen – wie Jesus aus dem Grab plötzlich zu neuem Leben aufstand. – Wir malen das Ei Ostern mit Farben der Freude an, Freude darüber, daß wir weiterschauen dürfen als nur bis zu den „Eierschalen" unserer Welt. (Ei anheften: entweder auf die Sonne oder daneben, so daß alle Symbole schließlich wie ein Strahlenkranz wirken.)

5. *(mit einem Schmetterling):* Wer hätte es je für möglich gehalten, wenn unsere Augen es nicht immer wieder in der Natur beobachten könnten?: Nach der Raupe auf ihren Stummelfüßchen, die immer nur ans Fressen denkt, folgt der „Sarg" der Verpuppung. Aber unter den Strahlen der Sonne kann ein Schmetterling mit wunderbaren Flügeln dem Grab entfliehen. Der Schmetterling ist das Symbol der Auferstehung in aller Welt. (Schmetterling anheften)

6. *(mit einem Osterhasen):* Weil der Hase im Frühjahr die ersten Jungen wirft und sich äußerst schnell vermehren kann, wurde der Osterhase ebenfalls zum Symbol für neues Leben. (Hase aufheften)

7. *(mit einem blühenden Zweig):* Überall bricht neues Leben aus der Erde, den

Sträuchern und den Bäumen. Ist es nicht ein Wunder, daß dieser im Winter so tote Zweig jetzt herrliche Blüten zeigt? Ein Gleichnis für die Auferstehung: Der Tod hat nicht das letzte Wort. (Zweig anheften)

8. *(mit einem Osterlamm):* Das Blut des Lammes auf den Türpfosten brachte den Israeliten in Ägypten die Befreiung aus der Knechtschaft; das Blut des Osterlammes auf dem Kreuzesstamm rettet uns aus Schuld und Tod. (Osterlamm anheften)

9. *(mit einem Siegesfähnchen – wie es oft im gebackenen Osterlamm steckt):* Jesus mit der Siegesfahne umschreibt das Geheimnis: Jesus ist Sieger über den Tod. Wie sich früher die Treuesten und Tapfersten um die Fahne versammelten, so wollen wir uns um Jesus scharen; denn er will uns zum Vater führen. (Fahne anbringen)

10. *(mit einem Osterbrot):* In vielen Kirchen wird heute das Osterbrot gesegnet und miteinander geteilt. Immer, wenn wir Mahl halten, dürfen wir Gemeinschaft erfahren und uns stärken für den weiten Weg zu Gott.

Pr: Die vielen Ostersymbole umgeben die Sonne wie Strahlen. Sie alle sagen uns: Freut euch, Christus hat den Tod besiegt und uns neues Leben geschenkt. Wir danken ihm dafür von ganzem Herzen.

(Z.T. nach Kindermeßkreis Pfarrverband Schwalmtal, Franz Kursawa)

33. Das Osterbäumchen
(Zwölf ausgeblasene bunte Eier an einem symbolisierten Lebensbaum; Kresse im Topf, der den „Lebensbaum" hält)

Lesungen von Ostern.

Dieser Lebensbaum mit zwölf bunten Ostereiern geht auf eine Stelle in der Hl. Schrift zurück. Im letzten Buch, in der Offenbarung des Johannes, steht im Kapitel 22,2: Auf beiden Seiten des Stromes, der vom Throne Gottes und vom Lamm ausgeht, stehen Bäume des Lebens, die zwölfmal im Jahr Früchte tragen. Also weder ein Bezug auf die zwölf Apostel noch auf die zwölf Tore der himmlischen Stadt Jerusalem, sondern zwölf Monate lang, d.h. *immer,* tragen diese Bäume Früchte.

Dieser Baum des Lebens – durch die sprossende Kresse noch verstärkt – strahlt in seiner Buntheit Freude aus. Er erinnert an die Bäume des Paradieses in ihrer Fülle. Er nährt die Hoffnung, daß am Ende der Zeit diese Fülle, die verlorenging, uns noch unvorstellbar größer wieder zurückgeschenkt wird.

Von einem Baum kam der Tod, von einem Baum sollte das Leben kommen. Zu dieser Kernaussage erzählt eine mittelalterliche Legende: Adam, der seine Schuld bereute, schickte in der Sterbestunde seinen Sohn Seth zur Paradiesespforte, um Öl der Barmherzigkeit vom Baum des Lebens zu erbitten. Doch Gott verweigerte es, ließ Seth aber durch einen Engel einen verdorrten Zweig vom Baum der Erkenntnis von Gut und Böse geben – mit der Offenbarung: „Wenn dieser Zweig Früchte bringt, wird Adam gesunden." Inzwischen war Adam aber gestorben, und Seth pflanzte den Zweig auf sein Grab. Dieser Zweig erwuchs zu einem mächtigen Baum, aus dessen Holz das Kreuz von Golgota gezimmert wurde.

Von einem Baum kam der Tod, von einem Baum sollte das Leben kommen. Solch ein stilisierter Lebensbaum ist des öfteren auf Grabsteinen zu sehen: Das Holz des Kreuzes Christi schlägt aus und trägt Blätter und Früchte.

Ein Baum ist immer auch Symbol für den Menschen: Er steht wie der Mensch aufrecht auf der Erde, wächst, trägt Früchte und ist sterblich. Darum ist der Baum vielen Völkern heilig. (In der Oberpfalz baten die Holzfäller einen Baum, den sie fällen mußten, vorher um Verzeihung.) Die Heilige Schrift vergleicht die Menschen oft mit Bäumen: „Der Gerechte ist wie ein Baum, an Wasserbächen gepflanzt, der seine Frucht trägt zur rechten Zeit" (Psalm 1,3). So können auch wir uns in diesem Osterbäumchen sehen: Wer seine Kraft schöpft aus dem Wasser, das vom Throne Gottes und dem Lamme ausgeht, der kann zu jeder Jahreszeit, ja ein ganzes Leben lang, Früchte bringen, Leben schenken und Hoffnung verbreiten.

Zum Kapitel „Ostern" siehe auch in diesem Buch die Nr. 26, 62, 86.

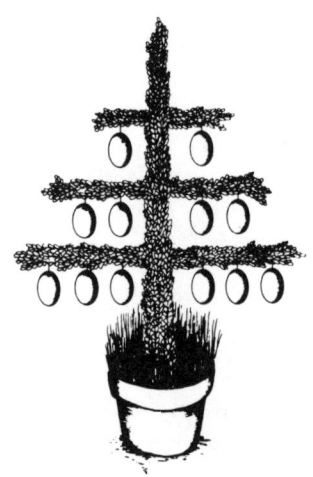

Eucharistie / Gründonnerstag / Fronleichnam

34. Vom Licht und vom Brot des Lebens
(Eine Monstranz, die wie eine Sonne aussieht)

Lesungen: 1 Kor 11, 23-26 (Das ist mein Leib für euch); Joh 6, 51-58 (Brot vom Himmel); Joh 8,12 (Ich bin das Licht der Welt).

Es gibt in der Hl. Schrift viele „Ich-Worte" Jesu: Ich bin das Brot, ich bin die Tür, ich bin der Gute Hirt, ich bin der Weg, die Wahrheit und das Leben; ich bin die Auferstehung und das Leben.

Diese Monstranz hier zeigt ein anderes Ich-Wort Jesu: „Ich bin das Licht der Welt." Einer Sonne ähnlich wurde sie angefertigt. Die Strahlen gehen nach allen Seiten. In der Mitte der Sonne: das Brot des Himmels, das wir heute in besonderer Weise feiern. In dieser Monstranz verdichten sich also viele Worte Jesu: „Ich bin das Licht – ich bin das Brot – ich bin das Leben!"

Viele Menschen haben das an ihrem Leibe erfahren: der Blinde, dem Jesus sagte: „Sei sehend!"; ein weiterer Blinder, der sich dann gar nicht mehr von der Sonne seines Lebens trennen wollte, und ein Lahmer, der von Jesus die Worte hörte: „Steh auf und geh!"

Bei jedem Kommunionempfang dürfen wir diese Worte auch hören, so beladen oder mit leeren Händen wir uns auch fühlen.

Wir wissen von der Sünderin, die die Worte vernahm: „Deine Sünden sind dir vergeben!" Auch diese Worte dürfen wir in uns aufnehmen, wenn wir das Brot des Lebens wie eine winzige Sonne in unsere Hand gelegt bekommen.

Jahrhunderte haben gezeigt, wie Menschen, die in Jesus *das* Licht gefunden hatten, anders gelebt und gearbeitet haben und auch anders gestorben sind. Sie haben dieses Licht auch nicht für sich behalten. Sie gaben es bewußt weiter an ihre Kinder und die Menschen in ihrer Umgebung, bis in die Mission.

Wenn wir also heute mit der Monstranz und dem Brot aus der Kirche in die Welt draußen gezogen sind, dann darf das symbolisch gesehen werden: Tragt die Sonne in eine Welt hinaus, in der es so viel Dunkelheiten gibt. Tragt das Brot des Himmels auch zu den Menschen, die in allem Reichtum innerlich leer geworden sind und nach Sinn und Zielen suchen, die die Seele befriedigen. Tragt das Leben in die Welt hinein, denn Christus will allen das Leben in Fülle geben – wie eine Sonne, ohne die es kein Leben auf der Erde gäbe – wie Brot, Grundlage für unser Leben ...

(Z.T. nach Anton Schlembach, Speyer)

35. Fünf Brote und zwei Fische
(Ein Brot und ein gemalter Fisch)

Lesungen: Mt 14,13-21 (Speisung der Fünftausend).

Brot und Fisch wurden vermehrt, um die Menschen satt zu machen. Die beiden Symbole „Brot" und „Fisch" helfen uns, das Geschehen von damals auf unser Leben auszudeuten:
(Pr zeigt das Brot) Wenn wir *Brot* sehen, fällt es uns nicht schwer, an Jesus Christus zu denken. Durch die häufige Feier der Eucharistie sind wir es gewohnt, eine Verbindung zwischen Brot und Jesus, dem „Brot des Lebens", herzustellen: Jesus opfert sich für die Menschen, er läßt sich von uns aufzehren wie eine Speise. Diesen Zusammenhang sah auch schon der Evangelist Matthäus, denn er schildert das, was Jesus bei der wunderbaren Brotvermehrung tat, mit ähnlichen Worten wie den Ablauf einer eucharistischen Mahlfeier: „Jesus nahm die Brote, blickte zum Himmel auf, sprach den Lobpreis, brach die Brote und gab sie den Jüngern" (Mt 14,19b). Das Brot will uns also an den erinnern, der für uns zum Brot, zur lebenserhaltenden Nahrung in der „Wüste" unseres Lebens wurde.
Jesus will aber auch für uns *Fisch* sein. Die frühen Christen sahen in Jesus den Fisch, weil er im Wasser, dem Element der Taufe, lebt. Die ersten Christen wurden bei ihrer Taufe vollkommen untergetaucht, gewissermaßen im Wasser ertränkt, um dann aus dem Wasser wiedergeboren zu werden. Hier begegneten sie Christus, dem „geistlichen Fisch", der in die Tiefen des Todes und der Unterwelt hinabgetaucht ist, um alle gefangenen Seelen zu befreien und sie ins Reich des Lichtes heraufzuführen.
In der Taufe wurden sie dem sterbenden und auferstandenen Meister gleich, der in seiner Person Tod und Wiedergeburt, Vernichtung und Auferstehung, Karfreitag und Ostern verkörpert.
Diese beiden Symbole Brot und Fisch sollen auch unser Leben bestimmen: bereit sein, sich wie Brot für andere verbrauchen zu lassen; fähig werden, wie ein Fisch ohne Angst bis in den Tod hinabzutauchen, um verwandelt zu neuem, ewigen Leben aufzutauchen.

(Verkürzt nach Sigfried Grän, Bild + Botschaft, Sonntags-Meditationen zum Lesejahr A, Bergmoser + Höller Verlag, Aachen, S. 100f)

Pfingsten / Kirche

36. Der Geist weht, wo er will
(Löwenzahn in verschiedenen Phasen)

Lesungen: Joël 3,1-5 (Über die Welt ist der Geist Gottes ausgegossen); Joh 20, 19-22 (Er hauchte sie an).

Hinweis: Die Postkarte Nr. 7293 im Kunstverlag D-82488 Ettal zeigt eine Pusteblume in einer Sonne (s. Bild).

Vorbereitung: Der Löwenzahn wird in folgenden Abbildungen oder Entwicklungsstadien benötigt: Eine Wiese voller Löwenzahn (dazu MISSIO-Leuchtbox-Folie Nr. 18/2 einsetzen oder Dia Nr. 1 aus der Serie Dia-Meditation Nr. 9 „Sinn des Lebens" im Impuls-Studio, Ottweiler Str. 6, D-81737 München; hier finden Sie auch Dias mit den folgenden Motiven:) ein aufgeblühter Löwenzahn, verblühter Löwenzahn, Löwenzahn als Pusteblume und ein leerer Fruchtstand. (Die vorzeigbare Form des Löwenzahns, der besonders um Pfingsten in allen Entwicklungsstadien draußen zu finden ist, hat den Vorteil, die Pusteblume „live" in den leeren Fruchtstand zu verwandeln. Das ist besonders für Kinder eindrucksvoll.)

Der Wind wird uns heute zum Symbol für den Heiligen Geist und der Löwenzahn zum Gleichnis für den Menschen.

1. Wiese mit Löwenzahn: Wir sehen, die Wiese ist übersät mit Löwenzahn – wie die Erde mit Menschen. Der Löwenzahn ist anspruchslos und wächst auf jedem Boden. Seine Wurzeln sitzen tief und zäh im Erdreich. Auf den ersten Blick sehen alle Blüten gleich aus. Aber es ist wie beim Menschen: Jeder ist einmalig, kein Fingerabdruck stimmt mit den Milliarden anderer überein. Überall hat der Wind, Gottes Geist, den Löwenzahn wie den Menschen hingeweht. Nicht auszudenken, wenn er uns in Bangladesch oder in sonst einem Hungergebiet angesiedelt hätte. Ein „Warum?" diesbezüglich kann keiner beantworten. Aber wichtig ist: Jeder von uns ist einmalig in seinen Veranlagungen, die uns auch der Geist Gottes gab. Und dieses unverwechselbare Eigene sollen wir in diese Welt einbringen und nicht zur billigen Kopie eines Idols werden: Uns selbst einbringen auf der „Wiese der Menschheit"!

2. *Weit geöffnete Blüte:* Die Löwenzahnblüte bleibt nachts geschlossen. Sie ist angewiesen auf die Sonne; ohne sie würde die Erde ohnehin in klirrender Kälte erstarren. Wenn die Sonne scheint, entfaltet der Löwenzahn seine Blüte wie eine kleine Sonne. Auch wir Menschen sind angewiesen auf die Sonne: auf die Zuneigung der Menschen und das Vertrauen auf die Güte Gottes. (Die Flammen in dieser Sonne Gottes berühren ein anderes Symbol des Hl. Geistes, das der Feuerflammen!) Dann kann ich alles hergeben. Es nützt nichts, groß zu lamentieren: Stünde ich doch in einer reichen Familie oder an einem günstigeren Ort. Da, wo ich stehe, hat Gottes Geist mich hingestellt, und hier soll ich blühen und die Sonne Gottes widerspiegeln. Erst in diesem Weitergeben werden wir zufrieden. Hier liegt das Geheimnis des Lebens: sich hingeben. Das erst führt uns in die Zufriedenheit und in unsere eigene Mitte.

3. *Verblühter Löwenzahn:* Schneller, als wir meinen, ist der Löwenzahn, sind wir alle verblüht. Ist dann alles vorbei? Noch etwas Gelb in der Blüte erinnert ans Gestern. Es ist gefährlich, zurückzuschauen und im Gelb vergangener Tage zu schwelgen. Wer beweglich bleiben will, schaut nach vorne – mit seiner Situation, wie sie ist –, und öffnet sich für neue Verwandlungen, die zur Reife führen. Dann kann – fast unmerklich – etwas Wunderbares passieren.

4. *Pusteblume:* Wir sehen das Wunder, daß auch im Alter Neues wachsen kann. Wir sind „weiß" geworden, das pralle Gelb ist verschwunden. Wenn wir nicht werden wie die Kinder: Sie übersehen die Falten und das weiße Haar. Enkelkinder leben in herzlichem Miteinander zu Oma und Opa. Sie ziehen sich magisch an … In der Reife des Lebens lernen wir das Loslassen – so wie diese kleinen Fallschirme mit dem kostbaren Samenkorn auf der Pusteblume bereit sind zum Fortfliegen. Der Wind kann sie kilometerweit forttragen. Wir hörten eben im Evangelium: „Er hauchte sie an!" Und: „Ich sende euch!" Der Hauch, der Atem, der Wind ist Symbol für Gottes guten Geist. So hauche ich jetzt kräftig die Blume an, damit der Same fortgetragen wird. (In alle Richtungen pusten) So ähnlich wird alles fortgetragen, was wir in die Welt entsenden: Jeder gute Gedanke, jedes Gebet, jedes wohlwollende Wort, jede hilfreiche Tat wirken weiter in die Welt hinein und schlagen irgendwo auf der Wiese der Menschheit Wurzeln. Das in den Wind Gesäte lebt noch irgendwo, wenn wir vielleicht schon längst nicht mehr leben. Der Geist Gottes weht es hin, wohin *er* will.

5. *Leerer Fruchtstand:* Alles ist nun fortgeflogen. Der leere Fruchtstand wird bald verwelken. Und doch ist auch er noch schön; die Linien auf ihm sind ein kleines Wunder, wie uns auch die Linien im Gesicht eines alten Menschen beeindrucken können. Wenn wir im Leben an der Stelle angekommen sind, wo wir mit leeren Händen dastehen, muß es uns genügen zu wissen, daß irgendwo das Gesäte wächst, aufgeht und Früchte

bringt. Am Ende des Lebens rettet uns das Vertrauen auf die Güte Gottes. Und es wird uns im Gericht die Entscheidung für den Geber aller Gaben erleichtern, wenn wir um das Gute wissen, das wir gesät haben.

Der einfache Löwenzahn kann uns Antwort geben auf die Frage nach dem Sinn des Lebens und bei der Suche nach dem Geheimnis des Geistes Gottes, der weht, wo er will. So komm, Heiliger Geist, erfasse auch uns, lehre uns loszulassen, trage uns, und hilf uns, diese Erde zu bereichern.

(An oben genannter Dia-Serie habe ich mich von der Idee her und nur zum Teil vom Text her orientiert.)

37. Ich will Feuer auf die Erde werfen ...
(Ein Brennglas)

Lesungen: Apg 2,1-4 (Es erschienen Zungen wie von Feuer); Lk 12,49-50 (Ich bin gekommen, Feuer auf die Erde zu werfen).

Mit diesem Brennglas kann ich Sonnenstrahlen bündeln und ein Feuer entfachen. Dieser Vorgang soll uns zum Gleichnis werden: Die Sonnenstrahlen Gottes, die in Jesus erkennbar wurden, bieten sich jedem Menschen an. Jeder Mensch besitzt auch in sich ein solches Brennglas, d. h. die Fähigkeit, die Geschenke Gottes aufzufangen und damit zu arbeiten, also die Welt „in Brand zu setzen" – aber nicht um sie zu zerstören, sondern um den Geist Gottes spürbar zu machen. Wenn unsere Sinne sich für dieses Angebot Gottes öffnen und möglichst in Einklang gebracht werden, dann sollte der Wunsch Jesu einfach zu erfüllen sein, die Welt zu entzünden. Leider ist aber das Handeln von Christen oft wirkungslos, und der Ungeist macht unserer Welt zu schaffen. Was machen wir falsch?
Halten wir die Lupe schief vor die Sonne und können deshalb ihre Kraft nicht richtig einfangen? (Ähnlich: Wenn ich das Segel meines Lebensschiffes nicht in den Wind Gottes halte, treibt er mich auch nicht voran.)
Ist unsere Lupe nicht klar und rein? (Unsere Gesinnung überprüfen: Bin ich wahrhaftig, „reinen" Herzens, „durchlässig" oder „besetzt"?)
Konzentrieren wir die Energie Gottes im Brennglas, oder halten wir das Brennglas so weit weg, daß sich die Kraft zerstreut? (= Lasse ich mich *konzentriert* auf Gott ein?)
Halten wir das Brennglas still, oder fahren wir hin und her? (= Ist bei uns Stille gefragt?)
Halten wir das Brennglas lange genug, bis der Funke zündet? (= Ausdauer?)
Fällt der Brennpunkt auf nasses Laub oder frisches Gras? (= Stimmen die Voraussetzungen?)
Kurz: Die Vorgaben Gottes erfordern auch unser Mittun und Geschick! Das

Feuer kann sich entzünden, wenn alles zusammenkommt: Die Sonnenstrahlen im Brennpunkt still und lange genug durch ein klares Brennglas im richtigen Winkel einfangen und auf trockenes Laub und Holz halten, dann ...

Bedenken wir zum Schluß, was uns Gott im Brennglas für Möglichkeiten geschenkt hat: Ein Streichholz verbraucht sich in dem Moment, wo es Feuer abgibt, aber ein Brennglas ist allezeit in der Lage, Gottes Energie umzuwandeln – wenn wir Gebrauch davon machen und nicht ermüden!

(Nach Bernhard Benson, Der Weg ins Glück, Droemersche Verlagsanstalt, München 1989, S. 115-125)

38. Begeisterung gefragt
(Ein Feuerzeug)

Lesungen: Apg 2,1-11 (Alle wurden vom Hl. Geist erfüllt); Mt 4,18-22 (Folgt mir nach, ich werde euch zu Menschenfischern machen); Joh 20,19-23 (Er hauchte sie an: Empfangt den Hl. Geist).

Gespräch zwischen Pr und drei Jugendlichen:

Pr: Ich habe hier ein Gasfeuerzeug. Das ist für mich eine Art Bild für unser heutiges Thema „Begeisterung"!

1: Das halte ich für ein seltsames Zeichen; das verstehe ich nicht ganz, wenn ich ehrlich bin.

2: Ja, wenn ein solches Feuerzeug brennen soll, dann muß da zuerst ein Funke überspringen; eine Sache also, die die Flamme der Begeisterung auslöst. Diese Flamme kann nur brennen, solange Gas ausströmt. Also im Menschen muß auch etwas sein, was der Begeisterung Nahrung gibt. Und schließlich erlischt die Flamme sofort, sobald mein Finger das Ventil des Feuerzeuges losläßt. Begeisterung fällt also nicht vom Himmel, sondern ich muß selbst auch aktiv werden, damit die Begeisterung für meinen Glauben nicht nachläßt.

3: Der Funke beim Feuerzeug ist ja eigentlich eine ganz kleine Sache, oft sieht man ihn überhaupt nicht. Erst seine Wirkung, nämlich die Flamme, wird sichtbar und spürbar.

Pr: Mit den Ursachen meiner Begeisterung ist das manchmal ebenso. Besonders auch mit der Begeisterung für Jesus, für den Glauben. Den Glauben und mein Wissen über Jesus habe ich von meinen Eltern, durch die Erziehung. Ohne daß ich mich selbst zum Glauben entschieden hätte, haben meine Eltern mich mit dem christlichen Glauben vertraut gemacht. Weil sie überzeugt waren, daß das für mich gut ist, haben sie mich taufen lassen und mich christlich erzogen.

3: Aber nicht nur Eltern sind wichtig für die Begeisterung, die ich für den Glauben habe. Immer, wenn ich einen Menschen treffe, von dem ich spüre, daß er sich aus seinem Glauben heraus für andere einsetzt, immer, wenn ich jemand treffe, der mich beeindruckt, dann hilft mir das neu, über den Glauben nachzudenken und mich damit auseinanderzusetzen. Manchmal sind das Menschen, die mir sehr nahestehen – Verwandte, Oma und Opa, Freundinnen oder Freunde.

1: Es können aber auch Menschen sein, die den Glauben ganz strikt ablehnen. Auch solche Menschen können mir helfen, über den Glauben nachzudenken. Wenn jemand meinen Glauben anzweifelt und mich ganz kritisch fragt, warum ich zum Beispiel noch zur Kirche gehe, kann das helfen, meinen Glauben noch bewußter und deutlicher zu erklären und ihn entschiedener zu leben.

2: Manchmal sind es aber auch ganz kleine Ereignisse, die mir zeigen, wie wichtig mir mein Glaube ist: ein Text, der mich anspricht, eine Stelle aus der Bibel, die mir in einer bestimmten Situation hilft, mit Erfahrungen des Alltags zurechtzukommen; eine schwierige Situation, die ich gemeistert habe im Vertrauen darauf, daß Gott mir schon den richtigen Weg zeigen wird: Das alles sind einzelne Funken, die meine Begeisterung neu auslösen können.

3: Das hört sich so an, als würde die Begeisterung so einfach vom Himmel fallen, ganz unabhängig von der einzelnen Person. Da frage ich mich natürlich, warum nicht alle gleich begeistert sind?

2: Beim Feuerzeug braucht es auch das Gas von innen, damit die Flamme brennt. Das ist auch bei der Begeisterung so. Um begeistert zu sein, brauche ich auch so etwas wie Besinnung, den Blick nach innen.

1: Genau, denn sich zu begeistern, ohne nachzudenken, kann gefährlich sein. Wie viele, oft gerade junge Menschen, sind von Dingen begeistert, die eher zum Schaden sind. Wenn ich zum Beispiel an die Rechtsradikalen denke, die sich oft vorschnell begeistern für radikale Parolen, ohne zu bedenken, wie sehr sie sich und anderen damit schaden können. Begeisterung kann dann auch zu Gewalttätigkeiten und Straftaten führen.

Pr: Wer also von einer Sache oder einer Überzeugung – wie es zum Beispiel der Glaube an Jesus sein kann – begeistert ist, der muß trotzdem immer wieder überlegen, ob er auf dem richtigen Weg ist und ob das, was er tut oder denkt, auch wirklich im Sinne Jesu ist. Begeisterung braucht also auch immer die Besinnung, wenn sie nicht ganz schnell abflachen und erlöschen soll.

2: Ja, die innere Überzeugung ist auch wichtig. Erst wenn ich wirklich innerlich davon überzeugt bin, daß etwas wichtig für mich ist, kann ich auch dauerhaft begeistert sein. Wenn ich mir selber aber nicht sicher bin, dann wird mich jede Kritik noch mehr verunsichern. Heute werde ich davon, morgen hiervon und übermorgen wieder von etwas anderem begeistert sein. Und jedesmal, wenn mir jemand etwas Neues erzählt, wird meine alte Überzeugung ins Wanken kommen. Begeisterung wird dann zum

Strohfeuer, das zwar sehr hell brennt, aber dafür um so schneller erloschen ist.

1: Begeisterung ist aber doch nicht nur eine Privatsache, für die ich allein zuständig bin. Damit Begeisterung wach bleibt, brauche ich auch die Unterstützung einer Gemeinschaft. Wenn ich etwa in meiner Klasse nur Leute treffe, die nichts von Glaube und Kirche halten, dann tut es meiner Begeisterung gut, wenn ich in der Gemeinde oder in einer Jugendgruppe auch erlebe, daß andere genauso gläubig sind wie ich.

2: Leider erfahre ich das in der Gemeinde nicht immer. Die Gottesdienste und Treffen sind oft alles andere als begeisternd. Manchmal schreckt mich die Gemeinschaft eher ab, als daß sie mir hilft, begeistert zu sein.

3: In einer Gemeinde gibt es eben ganz unterschiedliche Erwartungen und Erfahrungen: Leute, für die es wichtiger ist, über den Glauben zu diskutieren und sich so damit auseinanderzusetzen; Leute, denen es wichtiger ist, mit anderen zu feiern, und solche, denen es wichtig ist, in einem Gottesdienst Ruhe und Zeit zur Besinnung zu finden.

1: Und für alle müßte es in einer wirklich christlichen, begeisterten Gemeinde einen Platz geben. So würde ich mir eine Gemeinde wünschen: Mit vielen Gruppen, die alle einander tolerieren; mit Menschen, die nicht über andere urteilen, egal, ob diese alt, jung, dumm, klug, arm oder reich sind. – Eine solche Gemeinde würde mich begeistern.

3: Damit sind wir aber wieder bei dem Feuerzeug: Ich muß das Ventil geöffnet halten; selbst etwas tun, damit die Flamme brennt. So ist es auch mit der Begeisterung in einer Gemeinde. Ich muß selbst etwas tun, damit das, was ich mir wünsche, in Erfüllung gehen kann.

Pr: Ich darf zusammenfassen: Begeisterung ist Geschenk und wird von außen ausgelöst (= *Funke*). Sie ist aber auch Anspruch an mich selber: Ich muß an meiner eigenen Grundeinstellung arbeiten (= *Gas*). Sie ist schließlich auch Aufgabe für die Gemeinde: Jeder ist mitverantwortlich, daß in einer Gemeinde ein Klima herrscht, in der Begeisterung aufkommen kann (= *Ventil muß offenbleiben*).

(Peter Dörrenbücher, Ulla Gaspar, Anke Zimmer und Anne Zimmermann, D-53505 Altenahr. Dazu ein gleichnamiger, ausformulierter Gottesdienst in „FaJu" Juni 93)

39. Getragen von Feuer und Wind
(Ein gebastelter Heißluftballon)

Lesungen: Apg 2,43-47 (oder 4,32-35: Die Urgemeinde ließ die Umgebung aufhorchen); Apg 19,1-7 (Die ersten Firmungen); Mt 14,22-33 (Mangelndes Vertrauen läßt abstürzen und versinken); oder als „Lesung": „Kurzgeschichten 5" Nr. 138 (= Der Ballon).

Pr: Wir schauen auf unseren Heißluftballon und hören von zwei Sprechern, was wir als Christen von ihm lernen können.

1: So ein Ballon ist geschaffen zum Fliegen. Am Boden liegt er leer und schlaff und ist nicht zu gebrauchen.

2: So liegen manche Kirchengemeinde und mancher Christ am Boden. Eine leere Kirche – welche Faszination übt sie aus? Eine schlaffe Gemeinde – welche Sehnsucht kann sie wecken? Ein Christ, der müde am Boden liegt – wozu ist er zu gebrauchen? Menschen gehen gelangweilt weiter. Wie kann der Ballon – zum Fliegen geschaffen – abheben?

1: Zum Fliegen kommt der Ballon, wenn er über Feuerstöße mit heißer Luft gefüllt wird und bereit ist, sich dem Wind anzuvertrauen.

2: Feuer und Wind sind Symbole für den Heiligen Geist. Wer sich vom Feuer des Heiligen Geistes erfüllen läßt und sich dem Wind Gottes anvertraut, der braucht sich nicht zu wundern, was alles mit ihm geschieht. Denn der Wind weht, wo er will; und weht auch dahin, wo *er* will.

1: Es dauert oft lange, bis der Ballon richtig gefüllt ist und an den Leinen reißt, um abzuheben. Aber jetzt ist seine Bestimmung zu erkennen.

2: Ja, die Geduld fehlt uns manchmal, mit uns und der Gemeinde. Das bloße Kritisieren und die schönsten Reden helfen nicht weiter.

1: Bevor der Ballon abhebt, muß er mit Feuerstößen noch einmal richtig angeheizt werden. Und dann: Die Leinen werden gekappt, der Ballon erhebt sich in die Lüfte. Wir fliegen.

2: Wer kappt schon ohne Herzklopfen die Leinen? Wer verläßt gerne den sicheren Boden unter den Füßen und vertraut sich ganz der Luft an? Erfüllt *uns* hier der Geist Gottes so, daß er uns „abheben" läßt? Sind wir bereit, die Sicherheit des Bekannten loszulassen, um Neues zu erfahren?

1: Wer nicht hoch genug fliegt, bleibt in den Baumgipfeln hängen. Entweder werfen wir genügend Ballast ab oder geben immer neue Schübe heißer Luft in den Ballon.

2: Manche Christen fallen nach kurzem Höhenflug wieder herunter. Manche Gemeinde stürzt ab, weil sie sich zu wenig auf die neuen Schübe des Heiligen Geistes eingelassen hat. Welchen Ballast müssen wir abwerfen, um nicht zum Gelächter der Mitmenschen hängenzubleiben?

(Hier kann Meditationsmusik gespielt werden, um den „Ballast" auf Zettel zu schreiben, die später auf den Ballonkorb geheftet werden.)

1: Wer hoch genug fliegt, sieht Gewohntes aus neuer Perspektive. Er bekommt einen weiteren Horizont und erkennt größere Zusammenhänge.

2: Mit den Augen Gottes gesehen und von den Flügeln des Hl. Geistes getragen, sieht die Welt anders aus. Wir stoßen uns nicht an jedem Maulwurfshügel. Wir fühlen uns freier und ahnen neue Ufer.

1: Ein Ballon ist Spielball des Windes. Wir haben nie die Sicherheit, wohin die Fahrt genau geht.

2: Das ist das Faszinierende an Gottes Geist, daß er zu allen Zeiten Menschen erfüllt hat und aufbrechen ließ. Sie standen meist quer zur Gesellschaft und zur Leitung der Kirche. Erst nach vielen Jahren wurde ihr Werk geschätzt und der Hl. Geist darin erkannt. – Wie gehen wir mit Querdenkern in unserer Gemeinde um? Sind wir eine „harmlose" Gemeinde – zu sehr den Landeplätzen verhaftet?

1: Nur durch die Gemeinschaft mit anderen wird das Wagnis einer Ballonfahrt möglich: Wir brauchen Freunde bei der Vorbereitung zum Start; die Verbindung über Sprechfunk sichert uns ab; im Fahrzeug unten wird die Fahrt begleitet; nach der Landung wird der Ballon verpackt und wieder zurückgefahren; die Erfahrungen werden ausgetauscht und neue Pläne geschmiedet.

2: Auch wir brauchen die christliche Gemeinde: Menschen, die uns helfen, Gott näherzukommen; Männer und Frauen, die uns unterstützen, die mit ihren Glaubenserfahrungen weiterhelfen; die uns mit ihrem Gebet und Gesang tragen, damit wir hier – manchmal – etwas abheben können.

Pr: Ich darf noch einmal zusammenfassen: Vom Ballon aus, der von Feuer und Wind getragen wird, sehe ich die Welt aus einem anderen Blickwinkel. So sollten auch wir Christen sein: die Sehnsucht bei anderen wecken, unsere Sichtweisen kennenzulernen. Unsere Kirche ist heute deshalb so wenig faszinierend, weil es darin zu wenige gibt, die sich von Feuer und Wind tragen lassen.

Oder: Lassen Sie sich einmal entführen: Wir sitzen in einem Ballonkorb und betrachten von oben unsere Erde. Jetzt sieht alles anders aus: Hohe Mauern, Abgründe, Wasserflächen lassen sich mühelos überqueren. All das vermögen auch der Glaube und die Liebe: Sie überwinden alle Hindernisse. Die Bibel sagt: Sie können Berge versetzen. Es kommt nur darauf an, ob wir uns dem Wind und dem Feuer anvertrauen und im Vertrauen auf Gott alles wagen.

(Nach Ideen von Ulrike Fell, Elsdorf/Rhld., entfaltet.
Ein gleichnamiger ausformulierter Gottesdienst in „FaJu" April 94)

40. Geschenke des Heiligen Geistes

(Ein Krug mit Wasser und eine Schale; Chrisamöl; Kerze mit großem Docht; ein Windrad; Salzstreuer; Magnet und Nägel und Büroklammern; eine gebastelte Tür, die sich öffnen läßt)

Lesungen: Joël 3,1-5 in Auszügen (Ich gieße meinen Geist über alles Fleisch; wer den Namen des Herrn anruft, wird gerettet); Joh 20,19-22 (Jesus sagte „Friede sei mit euch" und hauchte sie an).

(Sieben Kinder bringen nacheinander die aufgezählten Gegenstände, sprechen jeweils ihren Text und stellen sich vor dem Altar im Halbkreis auf.)

Pr: Ohne den Heiligen Geist läuft nichts Gutes in der Welt, auch nicht in der Kirche. Einige Kinder und Jugendliche werden uns dies anschaulich machen. Achtet einmal darauf, wie viele Geschenke des Heiligen Geistes uns gezeigt werden.

1. *Kind (bringt einen Glaskrug mit Wasser und eine Schale):* Ich bringe Wasser. Ohne Wasser gibt es kein Leben. (Jugendliche/r gießt etwas Wasser in die Schale – nahe am Mikrofon!) Menschen und Tiere müssen jeden Tag trinken. Auch Pflanzen vertrocknen schnell ohne Wasser. Deutlich wird dies besonders in der Wüste, wo nur in den Oasen Leben möglich ist. – In der Taufe wurden wir mit dem Wasser des Heiligen Geistes getauft. Dadurch sind wir lebendige Mitglieder der Kirche, die wachsen und reifen sollen.

2. *Kind (bringt Chrisam):* Ich bringe Chrisam. Mit diesem Öl wurden wir alle in der Taufe gesalbt und später noch einmal bei der Firmung. Die Worte dabei lauten: „Sei besiegelt durch die Gabe Gottes, den Heiligen Geist." Dadurch empfingen wir Kraft, unseren Glauben öffentlich zu bekennen und in der Kirche mitzuarbeiten, z. B. beim Dienst am Altar als Ministrant oder beim Vorbeten. Dazu gehört auch das Austragen von Pfarrnachrichten oder kirchlichen Zeitschriften.

3. *Kind (bringt eine brennende Kerze mit großem Docht):* Ich bringe Feuer. Es wärmt und leuchtet. An *einem* Feuer kann man viele andere Feuer entzünden. So lassen auch wir uns vom Heiligen Geist manchmal anstecken und zu guten Taten begeistern. Dafür gibt es viele Möglichkeiten: Zum Beispiel basteln in unserer Pfarrei Jugendliche jedes Jahr vor Weihnachten für Alte und Kranke. – Kürzlich haben Tausende Menschen Lichterketten gebildet, um gegen Ausländerhaß zu demonstrieren. Das ist aber nur ein Anfang. (Pfarreigenes einfügen)

4. *Kind (bringt ein Windrad):* Ich bringe ein Windrad. Dieses Kinderspielzeug funktioniert nur, wenn Wind weht. (Kind bläst und setzt das Windrad in Bewegung.) Wind bringt frische Luft und hat Antriebskraft. Er kann nicht nur Segelboote und Surfer vorantreiben, sondern auch große Windmühlen-

räder für die Stromerzeugung bewegen. – Ähnlich wirkt der Heilige Geist in der Kirche: Seit dem letzten Konzil weht in ihr ein frischer Wind: Laien bereiten Kinder auf die Erstkommunion vor, Jugendliche auf die Firmung, Eltern auf die Taufe ihrer Kinder, helfen beim Gottesdienst mit und vieles mehr.

5. *Kind (bringt einen Salzstreuer):* Ich bringe Salz. Ohne Salz schmeckt alles schal. Was wären Pommes ohne Salz? Mit Salz kann man aber auch Nahrungsmittel, z. B. Salzheringe, haltbar machen oder Glatteis zum Schmelzen bringen. – Wir bringen als Christen Würze und Geschmack in unsere Gemeinschaft und in die Gesellschaft! Wir können helfen, die tödliche Kälte zwischen Menschen aufzutauen.

6. *Kind (bringt einen Magnet und Nadeln / Büroklammern):* Das ist ein Magnet. Selbst in diesem kleinen Magnet steckt große Anziehungskraft. Im Nu kann ich damit Gegenstände aus Metall auflesen. Hier führe ich den Magnet über Büroklammern und Nadeln. Diese Anziehungskraft wird von Nadel zu Nadel weitergegeben. – Auch der Heilige Geist ist wie ein Magnet. Durch ihn werden wir zum Guten hingezogen, und mit seiner Hilfe können wir andere magnetisieren und mitziehen.

7. *Kind (zeigt eine gebastelte Tür, die sich öffnen läßt):* Ihr seht hier eine Tür. Sie ist geschlossen. Aber sie gehört geöffnet (Tür öffnen!), damit Gastfreundschaft möglich wird: für Andersdenkende, Andersgläubige, auch für Menschen mit anderer Hautfarbe, besonders für alle, die in Not sind. Gottes Geist macht uns bereit, offen zu sein für alle Menschen.

Pr: Es waren *sieben* Symbole, die von der Wirkkraft des Heiligen Geistes erzählten. Ohne den Geist Gottes geschieht nichts Gutes, auch nicht in der Kirche: Er ist unsere große Hilfe gegen so viel Ungeist in der Welt – wenn wir uns für seine Geschenke öffnen.

(Familienmeßkreis St. Pankratius nach Formulierungen von Rosemarie Köster, Bergheim-Paffendorf)

41. Die beiden Brennpunkte des Osterfestkreises
(Ein gebastelter Torrahmen, dessen Tür sich öffnen läßt; dahinter Bild einer Pfingsttaube)

Lesungen vom Fest.

Wer Ostern richtig feiern will, muß zwei Feste begehen. Wir sagen zwar „Osterfest*kreis*", aber treffender wäre das Bild einer Ellipse, weil sie zwei Brennpunkte hat:
1. Für den ersten Brennpunkt bringe ich dieses Tor mit, das sich öffnen läßt:

Auf russischen Ikonen sprengt Jesus, der Sieger, die „Pforten der Unterwelt", befreit (hoffentlich) alle Menschen aus dem Reich des Todes und führt sie in das Reich seines Vaters. Schon im Buch der Psalmen wird Gott besungen, der eiserne Riegel aufsprengen kann (Ps 107,16). (Siehe z. B. „Bausteine für Familiengottesdienste", Lesejahr B, Abbildung Seite 72: Die weiße Doppeltür ist so aufgestoßen, daß Schlösser, Schrauben und Nägel wild durcheinanderfliegen. Kunstkarte Nr. 92, auch als Andachtsbild und Poster, Verlag Aurel Bongers, Postfach 100264, D-45602 Recklinghausen)

2. Der zweite Brennpunkt des Osterfestkreises (oder besser: der Osterellipse) ist das Pfingstfest. Dazu zeige ich *wieder* dieses Tor und öffne es jetzt (der Geist in Gestalt einer Taube mit Heiligenschein wird sichtbar oder ein Wirbelsturm, der Türen aufreißt, oder eine Feuerflamme): Pfingsten ist das Fest der offenen Türen. Gottes Geist reißt die Türen auf, hinter denen die verängstigten Jünger saßen. Der Geist treibt sie in alle Welt hinaus, um die Gute Nachricht weiterzusagen. – Es ist der Geist, der auch schon an Ostern wirkte. Es heißt oft in der Hl. Schrift „Jesus wurde auferweckt" (vgl. z. B. am Beginn der Apostelgeschichte: 2,24.32; 3,15.26; 4,10 usw.).

Bereits im Advent singen wir: „Macht hoch die Tür", was bedeutet: Macht auf die Tore eurer Herzen, wenn dieser Hl. Geist eine Chance bei uns haben soll. Dann öffnet sich die Tür zu erfüllterem Leben – jetzt schon und am Ende des Lebens zum „Leben in Fülle".

(Vgl. in diesem Buch Nr. 12: „Die zwei Brennpunkte des Weihnachtsfestkreises")

Zum Thema „Pfingsten" siehe in diesem Buch auch die Nr. 30 und 47.

42. Flagge zeigen

(Eine blaue, gelb-weiße, rote, violette und grüne Flagge; eventuell auf Papier gemalt; eine Vase zum Hineinstellen)

Lesungen: Apg 4,1-20 (Wir können nicht schweigen über das, was wir gesehen und gehört haben); Mt 10,16-39 (ähnlich Lk 12,4-12: Wer sich vor den Menschen zu mir bekennt).

Fünf Sprecher gehen nacheinander jeweils mit einer farbigen Flagge nach vorne. Wenn sie fertig sind, lassen sie ihre Flagge dort, stellen sie z. B. in eine große Vase.

Pr: Eine alte christliche Erfahrung behauptet: Das Blut der Märtyrer ist Same für neue Christen. Vielleicht werden in unserem Lande zur Zeit deshalb so wenige vom Christentum angesprochen, weil wir uns zu wenig zu unserem Glauben bekennen. Wir können bei den folgenden fünf Fahnen bedenken, wie sehr wir „Flagge zeigen".

1. *Sprecher (bringt eine blaue Flagge):* Wo Menschen sich zu etwas bekennen, zu einer Sache stehen, da sagen wir, sie „zeigen Flagge", sie halten die Fahne für etwas hoch. Ich trage hier eine blaue Flagge, denn Blau ist die Symbolfarbe für „Glauben". Deshalb soll diese Flagge stellvertretend dafür stehen, daß ich meinen Glauben hochhalte.
    Oft habe ich jedoch nicht den Mut, diese Flagge zu zeigen. Ich schaffe es einfach nicht, meinen Glauben klar und offen zu bekennen,
    – wenn ich vermute, mein Gegenüber ist sicher anderer Ansicht,
    – wenn ich fürchte, es könnte jemand darüber lachen,
    – wenn ich dadurch vielleicht – sei es in der Schule, beruflich oder gesellschaftlich – irgendeinen handfesten Nachteil zu erwarten habe.
    Schnell stecke ich dann die Flagge weg, verstecke sie, und wenn sie schon jemand bemerkt hat ..., nun, ein Tuch kann man gut als Lappen benutzen. So finde ich schnell eine Ausrede, ja, verleugne meine Flagge, meinen Glauben, den ich doch hochhalten wollte.

2. *Sprecher (bringt eine „Kirchenflagge", gelb/weiß mit aufgemalter Kirche):* Eigentlich habe ich keine Schwierigkeiten, meinen Glauben zu bekennen. Die Fahne halte ich durchaus hoch. Nur, dabei bleibt es dann meistens auch. Aber reicht das? Reicht es zu *sagen:* „Ich bin Christ"? – Worte sind Schall und Rauch, wenn die Taten nicht folgen. „Flagge zeigen" ist mehr als mit Worten bekennen. „Flagge zeigen" heißt auch – die Worte wahr machen. „Flagge zeigen" heißt – den Glauben leben, so gut ich es eben kann.

3. *Sprecher (bringt eine rote Flagge):* Wenn jemand seine Überzeugung offen bekennt, aktiv für seinen Glauben eintritt ..., finde ich das oft ziemlich lächerlich. Es reizt mich, wirkt auf mich wie ein rotes Tuch, eben eine *rote* Fahne. Statt mit Respekt reagiere ich dann oft mit Spott, vielleicht sogar mit Verachtung; jedenfalls ist es das, was ich nach außen zeige. Und Sie? Was halten Sie beispielsweise von jemandem, der seinen Urlaub für ein paar Besinnungstage im Kloster nutzt, statt sich schöne Stunden im Schwimmbad zu machen und „den lieben Gott einen guten Mann sein zu lassen"? – Übergeschnappt? Oder „heiliger als der Papst"?
    Was denken Sie, wenn zum zwanzigsten Mal zwei Zeugen Jehovas vor Ihrer Tür stehen? – Verrückte? Wie reagieren Sie, wenn einer seine Freizeit im „Dritte-Welt"-Kreis oder als ehrenamtlicher Helfer im Krankenhaus verbringt? – Bewunderung? Oder vielleicht auch: „Wenn der so dumm ist, sich ausnutzen zu lassen ..."? Vielleicht zeige ich selbst deshalb so selten Flagge, weil ich fürchte, die anderen könnten darauf so reagieren, wie ich selbst es oft tue.

4. *Sprecher (bringt eine violette Flagge):* Violett, die Farbe der Passion, des Leidens. Ich will diese Flagge hochhalten, stellvertretend für alle, die irgendwo auf der Welt wegen ihres Glaubens verfolgt werden. Weil sie offen für ihren Glauben eintreten, weil sie „Flagge zeigen", werden sie ins

Gefängnis gesperrt, gefoltert und umgebracht. – So wie man einst Jesus verhaftet, gefoltert und umgebracht hat, weil er „Flagge zeigte".

5. *Sprecher (bringt eine grüne Flagge):* Als es noch keine Funkgeräte u.ä. gab, war es in der Seefahrt üblich, bei Seenot mit Flaggen „SOS" zu signalisieren. Wenn ein Schiff in der Nähe war, konnten die in Seenot Geratenen dann auf dessen Hilfe hoffen. Können die in Not Geratenen heute noch auf unsere Hilfe hoffen? Wenn wir, die wir fast immer bestens informiert sind, nicht auf ihre „SOS"-Signale reagieren, wer dann? – Ohne unsere Hilfe sind sie dem Untergang geweiht. Auch das ist eine Möglichkeit, selbst „Flagge zu zeigen". Grün ist die Farbe der Hoffnung. Darum will ich der violetten Flagge des Leidens die grüne Flagge der Hoffnung entgegenhalten, der Hoffnung für all die, die in Not sind.

Pr: „Flagge zeigen", ein Weg, die Menschen nachdenklicher zu machen.

(Ulrike Fell, Elsdorf/Rhld.; dazu ein ausformulierter, gleichnamiger Gottesdienst in „FaJu" Juli 93; u. a. mit Beispielen zur violetten Flagge)

43. Kirche im Vierfarbendruck: eine missionarische Kirche

(Ein Plakat, das die Ortskirche oder den Petersdom zeigt, in vier Farben [s.u.] gemalt oder in den entsprechenden Farben angedruckt; dazu ein Vierfarbdruck)

Lesungen: 2 Kor 4,5-10.16 (Wir verkündigen Christus als den Herrn); Mt 28,16-20 (Der Auftrag des Auferstandenen).

Beim Wort „Kirche" befallen heute auch aktive Christen Gefühle wie Reserve und Unverständnis. Doch in dem Maße, wie wir von „Kirche" nicht mehr begeistert sind, werden wir sie auch nicht mehr missionarisch in unsere Umgebung tragen. Es ist typisch für unsere Zeit, mit dem Vergrößerungsglas auf die Grauzonen unserer Kirche zu schauen, aber heute möchte ich auf die vielen bunten Farbtupfer der Kirche hinweisen, die zusammengenommen ein lebendiges, frohes Bild ergeben. Unsere Gesellschaft braucht diese Kirche, weil sie ihr Wesentliches zu sagen und zu schenken hat.
(Plakat zeigen) Es ist wie mit diesem Plakat im Vierfarbendruck! Ein buntes, einladendes Bild: Viermal hintereinander mußte der Drucker das Plakat in die Presse legen, um die vier Farbschichten schwarz, blau, rot und gelb nacheinander und übereinander aufzudrucken. So wäre auch Kirche, mit *einer* Farbe dargestellt, verarmt und falsch.

1. Zuerst achten wir jetzt auf den Grau- oder *Schwarzdruck:* Er gibt dem Bild die Konturen. Das heißt bei der Kirche: Sie hat eine feste Organisation und Ordnung. Jesus wollte das „Amt" in der Kirche. Aber alle Autorität hat sich

an Jesus zu orientieren, der seinen Jüngern die Füße wusch. Pure Macht in einem Amt macht blind und bringt der Kirche die Schatten und Grauzonen, die schlimme Wirklichkeiten heraufbeschworen haben (Hexenverbrennung, Judenverfolgung ...). Wir wünschen uns heute hörende Amtsinhaber, die sich in unserer Zeit z. B. fragen müssen, ob der Zölibat höher steht als der Auftrag Jesu, überall sein Opfermahl in der Gemeinschaft der Glaubenden zu feiern, oder ob das Abblocken der Frau vom Priesteramt wirklich stichhaltig begründet ist. Sonst wird Kirche – wie bei vielen Bischofsernennungen der letzten Zeit sichtbar wurde – in Mißachtung des Rufes „Wir sind das Volk" das letzte autoritäre System, das in unserer demokratischen Gesellschaft wie ein Saurier in einer modernen Großstadt wirkt: höchste Zeit zum Aussterben! Andererseits ist Vorsicht angebracht, ob der Papst nicht doch in manchen heißen Problemen eine richtigere Sicht hat und zu Recht manche Fragen nicht von einer augenblicklichen Mehrheit von Christen lösen lassen will. Wir machen es uns jedenfalls zu leicht, wenn wir die Gründe an der gegenwärtigen Misere der Kirche nur beim Papst suchen: Denn die evangelischen Christen haben keinen Papst, keinen Zölibat, aber „Priesterinnen", und trotzdem sind die Kirchen dort nicht voller. – Wir schauen noch einmal auf den Schwarzdruck: Immerhin hat die Organisation Kirche zweitausend Jahre überlebt. Wir wünschen uns ein dienendes Amt, das Vertrauen ausstrahlt, Mut macht und Türen öffnet.

2. Wir betrachten den *Blaudruck* als zweite Schicht: Er bedeutet den *Glauben* an einen, der mehr ist als Mensch, den Glauben an den Sohn Gottes, der die Mitte der Kirche ist und deshalb die Kirche im Innersten unüberwindbar macht. Wir denken bei dem Blau aber auch an die *Treue* zum Glauben der zahlreichen Christen,

   – die in den gewählten Gremien wie Kirchenvorstand und Pfarrgemeinderat in zahlreichen Stunden zum Wohle der Pfarrei zusammenkommen;
   – an alle, die bei der Vorbereitung der Taufeltern und Paten helfen,
   – die monatelang die Erstkommunionkinder oder Firmlinge begleiten,
   – die Kleinkinder-, Familien-, Jugend- und Seniorengottesdienste vorbereiten,
   – die unsere wöchentlichen Ministrantengruppen jahrelang begleiten,
   – bis hin zu unseren zuverlässigen Ministrantinnen und Ministranten, Vorbeterinnen und Vorbetern sowie Kommunionausteilerinnen und Kommunionausteilern,
   – die Instrumentalgruppen, Singschola und den Kirchenchor und
   – nicht zu vergessen all die, die treu Sonntag für Sonntag uns hier Gemeinschaft erfahren lassen.

3. Der *Rotdruck* als dritte Schicht weist uns auf das *Herz* des Erlösers, aus dem die Kirche lebt. – Die Kirche schaut auf den *Heiligen Geist,* der sie antreiben will, wenn sie die Segel in Seinen Wind setzt; den verbindenden Geist, der uns zu einem Wort der Versöhnung mahnt. – Das Rot erinnert

uns an die vielen *Märtyrer* und um des Glaubens willen Gefolterten sowie an die Leidenden unserer Tage. – Es zeigt auf die *Liebe* der zahlreichen Helferinnen in der Caritas, die so oft von Haus zu Haus gehen und geschwisterliche Kirche spürbarer machen. In den Blick kommt dabei das „unsichtbare Netz" unserer Pfarrei, die Nachbarschaftshilfe, die auch die Kranken nicht vergißt; die tausend stillen Einsätze, die unsere Welt positiv verändern. Hier wird eine Liebe spürbar, die auch Verständnis und Herz zeigt für alle, die anders sind als wir oder bei uns eine neue Heimat suchen. Vergessen möchte ich beim Rotdruck auch nicht die großen Kollekten, die das Elend in der Welt mildern helfen oder die Mission in der Welt unterstützen.

4. Zuletzt der *Gelbdruck,* der etwas von der „Sonne" des Himmels in die Kirche holt: Wir kommen sonntags zusammen, um in die *Gemeinschaft mit den Heiligen* und unseren Verstorbenen einzutauchen, die durch ihr fürbittendes Gebet die Welt heller machen, als wir erahnen. Es ist die Kirche des *Gebetes,* die

   – z. B. im Pilgern zum Grab des hl. Matthias und hl. Jakobus mit wehen Füßen unterwegs ist,
   – in Bibelkreisen auf das Wort Gottes hört,
   – in Andachten, Morgen-, Abend- und Tischgebeten, Früh- und Spätschichten unsere Gemeinschaften durchdringt.

   Das Gelb der Gebetsgemeinschaften, vermischt mit dem Blau des Glaubens und der Treue, ergibt übrigens Grün, die Farbe der Hoffnung: Gottes Reich soll jetzt schon sichtbarer werden.

5. Diese vier Farbschichten zusammengelegt ergeben das bunte Bild der Kirche, in der wir uns zu Hause fühlen können – auch im Jahr des Herrn 1995. Solch eine lebendige Kirche ist *missionarisch:* Sie wirkt in die Welt hinein. Wir dürfen als Christen wieder mehr Selbstbewußtsein entwickeln, denn wir haben der Welt Wesentliches zu sagen, um ihren „inneren Hunger" zu stillen, ihr Sinn und Ziel und damit Orientierung zu geben.

(Nach einer Idee des Innsbrucker Bischofs Reinhold Stecher im „Anzeiger für die Seelsorge" 10/92, S. 447-450, weitgehend verändert und gekürzt; z. B. kam ich zu einer völlig anderen Deutung der Farben)

44. Als Christ in einer „winterlichen" Kirche
(Ein Pullover, ein Paar Bergschuhe, ein Regenschirm)

Lesungen: 1 Petr 2,4-10 (Wir lehnen uns, da wir lebendige Steine sein möchten, am Eckstein Jesus Christus an und damit an die Kirche, dem „fortlebenden Christus"); Mk 1,35-39a (Alle suchen dich. Heute aber suchen so viele Christus nicht mehr über seine Kirche); Joh 21,9.15-17 (Dreimal fragt Jesus: Liebst du mich, Petrus? – Lieben wir Jesus in seiner Kirche?).

Wie sollen wir auf die negative Großwetterlage in der Kirche reagieren? Vielleicht übersehe ich manchen „Föhneinbruch", aber wir müssen doch momentan von einer „winterlichen" Kirche sprechen: Mancherorts werden die Kirchen immer leerer, und das geht nicht nur aufs Konto von einigen kirchenfeindlichen Medien, die unsere Kirche am liebsten zerstört sähen. Es gibt auch genügend innerkirchliche Selbsttore, Starrsinn, Fundamentalismus und mangelndes Einfühlungsvermögen. Aber darüber möchte ich mich nicht auslassen. Ich habe vielmehr drei Gegenstände mitgebracht, an denen ich klarmachen möchte, wie wir den Wettersturz in der Kirche am besten überleben.

1. Zunächst ziehen wir uns einen wärmeren *Pullover* an (Pullover zeigen). Damit meine ich: Immer, wenn in den vergangenen Jahrhunderten Eiswinde über die Kirche fegten, wenn Verweltlichung und Machtmißbrauch blühten, dann hat es große Heilige gegeben, die sich in Spitälern und Armenhäusern um leidende Menschen kümmerten. Im Pullover der Gottes- und Nächstenliebe haben sie überlebt, und alles andere, was damals gewaltsam errichtet wurde, hat der Sturm der Zeit längst hinweggefegt. Extremisten, Fundamentalisten, Progressisten und Fanatiker haben sich oft auf Zweit- und Drittrangiges konzentriert, z. B. auf die Frage nach dem Zeitpunkt des Weltuntergangs oder ob in der Liturgie auch Wort für Wort eingehalten wird; aber die Liebe, die überzeugende Liebe fehlte. Sie nur wärmt uns – auch hier in der Gemeinde und in jedem Gottesdienst. Darum danke ich allen in der Schlechtwetterperiode der Kirche, die z. B. im „Dritte-Welt"-Kreis, in der großen Meßdienerschar, ja überall in den Gremien und Gemeinschaften trotz aller Anfeindungen und Schwierigkeiten die Liebe versuchen. Ja, die „Trotzdem-Liebe" allein hilft uns, die seit Golgota alle Kaltfronten ausgehalten hat.

2. Dann braucht jeder festere *Schuhe mit gutem Profil* (zeigen!), damit wir auf vereisten, rutschigen, steilen Wegen noch einen festen Tritt haben. Mit dem Profil meine ich eine bessere Bildung des Glaubens und des Gewissens. Ich muß mich verteidigen können, über meinen Glauben Bescheid wissen, meine Gewissensbildung schärfen. Zu viele laufen in ihren religiösen Kinderschuhen herum oder wagen in „Sandalen" die Diskussion mit ihren Jugendlichen. Manche tragen die Filzpantoffeln der Interesselosigkeit oder stolzieren in Stöckelschuhen falscher Frömmigkeit umher. Wie viele kommen zur „Schriftlesung", wenn wir das Buch der Bücher aufschlagen? Wer kommt zur religiösen Weiterbildung, wenn sie angeboten wird?

3. Zuletzt brauchen wir noch einen *Regenschirm*. Wenn es richtig gießt, hilft uns nur, in Geduld zu warten. Aber Geduld ist nicht die ausgeprägteste Tugend unserer Zeit. Die Psychologen bescheinigen uns zu wenig Frustrationstoleranz. Es ist wie mit dem Unkraut im Weizenfeld: Wer zu ängstlich, übereifrig, ungeduldig ans Zupfen geht, reißt zu leicht den Weizen aus. Also, den Regenschirm aufspannen! Gelassenheit zeigen! Es kommt auch wieder die Sonne durch.

Darum, liebe Allwetter-Mitchristen, warten wir also im warmen Pullover der Gottes- und Nächstenliebe, in festen Schuhen der Glaubens- und Gewissenbildung und mit dem großen Regenschirm der Geduld und Gelassenheit auf die Zeit, in der die Wolken wieder die Sonne durchlassen!

(Nach Reinhold Stecher, Bischof von Innsbruck)

45. Licht in der Welt
(Eine große, schwarze Fläche = Dunkelheit, darauf mit Leuchtfarbe kleine Lichtpunkte = Glühwürmchen)

Lesungen: Jes 58,7-10 (Wer anderen hilft, zündet ein Licht in der Dunkelheit an); Eph 5,8-12 (Lebt als Kinder des Lichtes); Phil 2,12-18 (Leuchtet als Kinder in der Welt); Mt 5,14-16 (Ihr seid das Licht der Welt).

„So soll euer Licht vor den Menschen leuchten!" haben wir gerade gehört. Der kleine Lichtpunkt Glühwürmchen, der an lauen Sommerabenden an uns vorbeihuscht, kann uns dazu etwas sagen:
1. Es gibt zweitausend verschiedene Arten von Leuchtkäfern in der Welt, in Deutschland nur drei. So ein Glühwürmchen bringt seine Energie zum Leuchten, indem die Fettkörper in seinem Gewebe, die Licht- und Fotostoffe enthalten, sich verbrauchen und reproduzieren. Das Wunderbare: 80 % seiner Energie kann dieses faszinierende Geschöpf in Leuchtkraft umsetzen. Es ist durch und durch Licht. Licht ist sein Leben. Und was sind wir? Letzter Funke im Weihrauchfaß? Trübseliges Kirchenlicht, von Neid und mangelnder Ehrlichkeit wie von Ruß zersetzt? Abgebrannte Kerze von vorgestern? Kostspieliger Armleuchter, der nutzlos herumliegt? – Wir weisen das natürlich weit von uns. Aber hier in der Kirche weiß ich Leute, die ähnliches von Ihnen sagen, und umgekehrt Sie vielleicht von einem anderen. Wie kommt das? Warum ist das so?
2. Jesus erwartet von uns nicht das ganz Große. Wir brauchen nicht die leuchtende Stadt auf dem Berge zu sein. Jesus spricht oft von ganz kleinen Dingen: vom Senfkorn, vom Salz, von der kleinen Münze, von der Flamme auf dem Leuchter. Es genügt ihm, wenn wir *etwas* von seinem Licht durchleuchten lassen: ein Funke auf dem Weg, ein freundliches Licht aus *einem* Fenster unseres Hauses – ein klein wenig „Glühwürmchen" sein!
3. Warum leuchten die Tierchen? Damit sie sich erkennen und zueinanderfinden! (Nach neuesten Erkenntnissen leuchten übrigens beide Geschlechter, aber nicht im Gleichtakt. Beide leuchten in je eigenem Rhythmus. Sie ergänzen einander in diesem Wechselspiel. – Das wäre auch das richtige Miteinander zwischen Mann und Frau: daß sich beide in der je eigenen Leuchtkraft ergänzen!)
Sie leuchten also, damit sie sich finden. Und wodurch sind wir in der Welt

als Christen erkennbar? Oft arbeiten Mitchristen nebeneinander, und keiner gibt sich als solchen zu erkennen, keiner läßt ein Lichtsignal aufblinken, so daß es beim anderen funken kann: Ach, da ist ja noch einer unterwegs! Ein Lichtpunkt, der mir zeigt, daß ich mit meinem kleinen Licht nicht allein stehe. – Warum zeigen wir im Restaurant beim Gebet vor dem Essen – wenn es überhaupt noch vorkommt – denn nicht offener, wes Geistes Kinder wir sind?

4. Um den Johannistag am 24. Juni nennt man die Leuchtkäfer Johanniswürmchen. Sie erinnern an Johannes den Täufer, den Vorläufer von Jesus. Johannes wirkte sogar wie eine Fackel: Er sollte Zeugnis geben von dem Licht; hinweisen auf das größere Licht, das noch kommt. – Es ist gekommen. Darum die Frage an uns: Geben wir noch Zeugnis vom Licht der Herrlichkeit, die wir erwarten?

5. Das Licht der Glühwürmchen können wir „demütig" nennen: Mitten in der schwarzen Nacht erinnert es durch sein Funkeln an die Sonne, an das Licht des Tages. Es ist wie eine Erinnerung an das unsagbar größere Licht. Die Glühwürmchen haben im Sommer nur eine kurze Zeit zum Leuchten. Ihr Leben ist flüchtig: Entweder sie leuchten jetzt oder nie. Auch wir wissen nicht, wie lange wir die Chance haben, etwas Licht in die Welt zu tragen. Darum unser Auftrag: Jetzt ein wenig Glühwürmchen sein!

(Stark verkürzt nach Winfried Pilz, Unter uns Kamelen, „Tierische" Predigten für junge Christen-Menschen, Bonifatius-Verlag, Paderborn 1991, S. 83-92)

Siehe auch in diesem Buch die Nr. 51 und 60.

SONNTAGE IM JAHRESKREIS

Gemeinschaft / Pfarrfest

46. Unsere Pfarrei – wie ein Omnibus

(Die Silhouette eines Omnibusses steht im Altarraum; eventuell für jeden eine „Fahrkarte" mit der Aufschrift: „Gute Fahrt mit der Pfarrei N.N.!")

Lesungen: Röm 12,9-21 (Wie Fahrgäste miteinander umgehen sollen); Joh 15,9-17 (Jesus Christus, der Chef des Busunternehmens „Kirche", nennt seine Angestellten und Mithelfer nicht Knechte, sondern Freunde).

Pr: Das Wort „Omnibus" kommt aus dem Lateinischen und heißt übersetzt „für alle". Eine Pfarrei ist vergleichbar mit einem Omnibus; sie ist für alle Menschen da, die in ihrem Bereich wohnen. Die Pfarrei also – wie ein Omnibus. Wir wollen uns diesen Vergleich von verschiedenen Sprechern und Sprecherinnen vorstellen und ausmalen lassen.

(Es wäre schön, wenn die einzelnen SprecherInnen aus *allen* Altersgruppen genommen würden.)

1. Spr.: Die Pfarrei sollte im übertragenen Sinne kein Rennwagen sein, aber auch keine Privatlimousine, sondern ein umweltfreundlicher Omnibus. Er öffnet seine Türen für alle, die an den Haltestellen des Lebens warten und einsteigen wollen.

2. Spr.: Jeder darf einsteigen: Jugendliche und Familien, Frauen und Männer, Fortschrittliche und Traditionsgebundene, Engagierte und Fernstehende, Glückliche und menschlich Gescheiterte, Angesehene und Außenseiter, Brautpaare und geschiedene Wiederverheiratete, treue Insider und unruhige Sucher. Unsere Pfarrei: Ein Omnibus für alle. Das wäre ihr Trumpf!

3. Spr.: Zwei Personengruppen erfordern die besondere Aufmerksamkeit der Businsassen: Zunächst die Säuglinge in den Kinderwagen. Da braucht es hilfreiche Hände, die mitanpacken und hochhieven, und Mitfahrer, die Verständnis zeigen, wenn das Geschrei losgeht. Ebenso erleichtert eine stützende Hand manchem Senioren und Behinderten das Zusteigen. Besondere Sitze sind für sie reserviert.

4. Spr.: An bestimmten Haltestellen des Lebens müssen sich die Türen besonders weit und lange öffnen, weil dort die Menschen für das Religiöse empfänglich sind: bei der Taufe und Erstkommunion, in den Stunden des Hochgefühls einer Hochzeit wie in Zeiten der Trauer.

5. *Spr.:* Der Busfahrer, meist noch der Priester, sitzt vorne ziemlich allein. Aber er muß nicht einsam sein, weil er ja für alle da ist. Er kann an den Haltestellen unter die Leute gehen, über Mikrophon etwas Aufmunterndes sagen, die gefahrene Wegstrecke im Lichte der Bibel erläutern oder den Einsteigenden den ersten positiven Eindruck vermitteln.

6. *Spr.:* Der Pfarrer oder der/die Leiter/in der Pfarrei haben auch darauf zu achten, daß immer genügend Benzin im Tank ist. Wenn der Treibstoffanzeiger in die gefährliche Zone rutscht und das Alarmlämpchen aufleuchtet, darf dieses Warnsignal nicht übersehen werden, damit der Bus nicht plötzlich stehenbleibt. Jeder muß sich fragen: Gibt es zuviel Freizeitbetrieb, zu viele Aktionen? Steht die Mitfeier der Eucharistie an den Raststellen noch im Mittelpunkt, das Hören auf Gottes Wort und die gute Gemeinschaft der vielen untereinander?

7. *Spr.:* Der Tank muß auch schon deswegen gefüllt sein, weil heutzutage an den Omnibus unversehens noch ein Anhänger angekuppelt wird, also eine zweite und/oder dritte Pfarrei. Das erfordert zusätzliche Fahrkunst durch die engen Gassen und Kurven, die ein Gemeindeleben mit sich bringt.

8. *Spr.:* Der Chef des Busunternehmens Kirche ist Jesus Christus. Er sitzt nicht in irgendeinem fernen himmlischen Büro, sondern im Bus. Er greift schon mal helfend ins Lenkrad, ermutigt und beruhigt ständig die Fahrgäste; jedenfalls alle, die auf seine Stimme hören. Er hilft auch unsichtbar in den Tunneln der Enttäuschung, auf dem Glatteis schwieriger Fragen und in unübersichtlichen Kurven des Schicksals.

Pr: Dieser Chef wartet auch am Ziel. In dieser frohen Gewißheit dürfen wir heute das Pfarrfest feiern: Der Herr, unsere Mitte, ist bei uns und möchte uns alle zu seinem Vater nach Hause holen.

(Nach einer Predigt des Innsbrucker Bischofs Reinhold Stecher in KIM 1/92. Zum selben Thema ein gleichnamiger, ausformulierter Gottesdienst in „FaJu" Mai 1993)

47. Zusammenklingen!
(Verschiedene Jagd- und Waldhörner)

Lesungen: 1 Kor 12,12-27 (Der eine Leib und die vielen Glieder); Joh 15,5-11 (Mit Jesus, unserer Mitte, vereint bleiben: Dann sind wir stark).

1. Ich zeige ein großes und ein kleines Jagdhorn und meine: Jeder von uns ist wie so ein Jagdhorn. Wir haben Schätze, Fähigkeiten in uns, die wir zum Klingen bringen und mit denen wir unsere Welt bereichern können. Solch ein Horn kann noch so schön aussehen, es ist nutzlos, wenn es nur herumliegt. – Ohne Wirkung waren z. B. auch die Jünger zwischen

Himmelfahrt und Pfingsten, weil sie sich voller Angst versteckten. Also: Unseren Ton in die Welt einbringen.

(Ein Jäger bläst einen *starken* Ton; erwähnen: Mit den Lippen muß der Naturton gesucht werden – also eine hohe Meisterschaft.)

2. Seht ihr: Ein Horn wirkt wie ein Verstärker. Das wird möglich durch seine Form und, was noch wichtiger ist, durch die Luft, die ich hineinblase. – Die Luft, der Atem, ist Symbol für den Heiligen Geist. Jedem Menschen ist dieser Geist geschenkt. Jeder kann sich einbringen. (Ein anderer bläst einen anderen Ton)

Merkt ihr: Ein anderer Ton. So wie jeder von uns anders aussieht und unterschiedliche Begabungen hat. Wir hören noch mehr dieser Verschiedenheiten:

(So viele blasen jetzt nacheinander, wie *verschiedene* Hörner da sind. Dazu fachmännisch die genaue Bezeichnung jedes Horns angeben.)

3. Seit der Taufe und der Firmung sind wir als Christen berufen, die gute Nachricht von einem barmherzigen Gott, der uns seinen Sohn an die Seite gestellt hat, in die Welt „hinauszublasen" und zu bezeugen. So wie es Petrus an Pfingsten tat; er „blies" so begeistert, daß sich nachher dreitausend Menschen taufen ließen. Die wollten alle dazugehören. – Wir hören jetzt das Solo einer bekannten Melodie, die von den Kindern erraten werden soll.

Ihr merkt schon, um so etwas zu können, muß ich trainieren und mich anstrengen. Wer als Christ meint, er könne auch sonntags im Bett seinem Christsein genügen, der verliert an Wirkung, weil sein Horn auf dem Nachtschränkchen liegt. Und wer kaum noch betet und Gutes tut, wird immer unfähiger, sein Horn zum Klingen zu bringen.

4. Um *Harmonie* entstehen zu lassen, müssen sich alle Hörner aufeinander abstimmen. Am Glaubensbekenntnis unserer Kirche müssen sich alle ausrichten. Das ist wie ein Abstimmen aller Instrumente auf *einen* Ton.

(Stimmen der Jagdhörner, um *einen* gemeinsamen Ton zu finden)

Harmonie ist auch beim Einsatz gefragt. Um einen gemeinsamen Anfang zu finden, muß sich jeder auch ein wenig unterordnen, sich ausrichten und aufeinander hören können. Zunächst einmal sehen und hören wir, wie das nicht gelingen kann: (Vier Bläser stellen sich mit dem Rücken zueinander, sehen also in vier Richtungen, und der Leiter gibt *nur* mit der Hand den Einsatz: Ein gemeinsamer Anfang ist nicht möglich; hier ruhig einen falschen = ungleichmäßigen Anfang in Szene setzen!)

5. Und jetzt erfreuen wir uns an einer Harmonie. Viele ordnen sich dabei unter und strengen sich an, damit in Gemeinschaft alles besser erklingen kann!

(Die Jagdbläser spielen harmonisch ein Lied)

Siehe in diesem Buch zum „Pfarrfest" auch die Nr. 53.

48. Begegnung verändert

(Je ein 25-30 cm breiter Streifen aus gelbem und blauem Transparent- oder Kreppapier, der auf die leere leuchtende MISSIO-Leuchtbox mit Tesafilm in *Kreuzform* befestigt wird)

Lesungen: Gen 32,23-33 (Jakobs Kampf mit Gott); 2 Kor 12,7-10 (Gottes Kraft in der Schwachheit); Lk 22,39-46 (Jesus wird am Ölberg gestärkt).

Wir sehen auf der Leuchtbox den Längsbalken des Kreuzes in Gelb (= Sonne), der uns an die Herrlichkeit und Macht Gottes erinnern soll. Ihn kreuzt ein blauer Querbalken, der stellvertretend für das Vertrauen zwischen Menschen stehen kann. Da, wo beide Streifen einander „kreuzen", entsteht Grün, die Farbe der Hoffnung, die Farbe neuen Lebens.

Zum Querbalken: Eine unserer Krankheiten besteht heute darin, daß wir nicht mehr richtig und spürbar teilen können; das machen schon unsere Lebensumstände unmöglich, die manchmal ans Maßlose grenzen. Aber in einem Punkt zeigen wir uns noch viel kränker: Wer nimmt schon Hilfe an, wenn er in Not geraten ist? Wer will schon als Versager dastehen? Da beißen wir uns lieber selber durch – und wenn wir daran kaputtgehen oder in einer Sackgasse enden!

Zum Längsbalken: Aber erst in einer intensiven Begegnung mit einem anderen, ob Mensch, ob Gott, ist neues Leben möglich. Wir sehen es auf der Leuchtbox im Gleichnis: Wenn wir uns für einen anderen öffnen und auf ihn einlassen, dann springt gewissermaßen die Ampel „auf Grün". In den Lesungen haben wir gehört, wie Menschen aus solch einer Begegnung verändert hervorgehen. Zu einer gelungenen Begegnung gehört allerdings auch Ehrlichkeit. Alle Masken verschleiern nur. Schon in der Klasse oder Gruppe ... verändert das ehrliche Bekenntnis eines Menschen augenblicklich die Atmosphäre und läßt neue Gespräche und Begegnungen zu.

Offen sein für Begegnungen – das verändert und rettet uns.

Gott / Glauben

49. Der Stab des Vertrauens

(Ein ca. 2 m hoher Haselnußstecken, 2,5–3 cm Durchmesser, denn er soll ja glaubhaft zur Abwehr von wilden Tieren geeignet sein. – Vielleicht schnitzt jemand ein schönes Muster hinein)

Lesungen: Ps 23,1-5 (Der Herr ist mein Hirte); Lk 24,13-32 (Die Emmausjünger); Joh 10,11-18 (Der gute Hirt gibt sein Leben für die Schafe).

(Pr nimmt den Stab in die Hand)
Immer häufiger nehmen im Sommerurlaub Bergwanderer solch einen Stab mit oder Schistöcke. Wer z. B. einen reißenden Bach überquert, indem er über Steine balancieren muß, der erhält durch dieses „dritte Bein" mehr Sicherheit. Vor allem werden die Knie beim Abstieg aus den Höhen durch den Stab entlastet.
Ähnlich gibt es Menschen, die wie solch ein Stab Stütze und Hilfe sein können: die zum Beispiel gebrechliche Menschen in den Arm nehmen, um ihnen beim Gehen einen festen Halt zu geben. Auch Eltern, Freunde, Lehrer, Ehepartner ... bemühen sich, gute Begleiter und Ratgeber im Leben zu sein. Das Wandern in guten und bösen Tagen fällt mit ihrer Hilfe leichter.
(Pr setzt sich zum Erzählen auf einen Sitz, den Stab weiterhin in der Hand)

Aber jetzt muß ich euch noch von einem anderen Stab erzählen, durch den Menschen erfahren haben, daß *Gott* ihnen hilft und zur Seite steht. Deshalb dürfen wir ihn „Gottesstab" nennen. Diese Geschichten wurden immer wieder wortwörtlich weitererzählt: Die Israeliten damals in den Zelten hatten ja Zeit und keine Ablenkung durch Video oder Computer ... Durch Jahrhunderte wurde kaum ein Wort verfälscht. Wie das möglich ist, habe ich selbst ahnen können. Mein Bruder ist neun Jahre jünger, und als Kind mußte ich ihm immer vor dem Einschlafen Märchen erzählen, zum Beispiel das vom Rotkäppchen. Wenn ich fertig war, wollte er es nochmals erzählt haben und möglichst noch einmal. Wenn ich beim dritten Mal dann den Wolf viel früher die Großmutter fressen ließ, protestierte er und konnte mir im genauen Wortlaut sagen, was ich ausgelassen hatte ...
Also: Ihr wißt vielleicht noch, wie Mose als junger Mann aus Ägypten fliehen mußte. Er hatte einen Ägypter getötet, der einen seiner Landsleute geschlagen hatte. Auf der Halbinsel Sinai hütete er dann die Herden seines Schwiegervaters. Dabei hielt er auch so einen Stab in der Hand, um sich und die Herde vor wilden Tieren zu schützen. Und hier erhielt er von Gott den Auftrag, sein Volk aus der Gefangenschaft der Ägypter herauszuführen. Aber Mose wollte nicht,

er hatte Angst. „Sie werden mir nicht glauben, wenn ich so daherkomme." Da sagte der Herr: „Wirf deinen Stab auf die Erde!" (Pr wirft den Stab hin) Da wurde der Stab zur Schlange, und Mose wich ängstlich zurück. „Jetzt fasse sie am Schwanz!" Da wurde sie wieder zum Stab. „So werden sie dir glauben, daß ich dir den Auftrag gegeben habe" (Ex 4,1-5).

Mit diesem Erkennungszeichen beeindruckte sein Bruder Aaron auch den Pharao. Doch dessen Zauberer vollbrachten ähnliche Wunder. Nur, der Stab des Mose verschlang alle anderen Schlangen (Ex 7,12). Schließlich – nach den zehn Plagen, bei denen der Gottesstab des öfteren eine Rolle spielte (z. B. Ex 7,20 und 8,12), ließ der Pharao das Volk Israel ziehen. Doch es reute ihn schnell, denn er hatte ja jetzt keine Sklaven mehr, die ihm Pyramiden bauten. Als das Heer des Pharao sie wieder zurückholen wollte, schlug Mose mit seinem Stab auf das Meer, und – es spaltete sich (Ex 14,16). (Mit dem Stab schlagen!)

Aber immer wieder holte die Not sie auch in der Wüste ein. Sie drohten zu verdursten: Da schlug Mose auf Gottes Geheiß mit seinem Stab gegen einen Felsen, und Wasser floß hervor (Ex 17,5).

Dann wurde es wieder dramatisch: Die Israeliten wollten durch eine Felsenschlucht ziehen, um dem verheißenen Land näherzukommen. Aber das Volk der Amalekiter stellte sich in den Weg. Und wieder erfuhren sie, daß der Herr in ihrer Mitte war. Mose stellte sich auf den Gipfel eines Berges und hielt seine Arme mit dem Stab ausgestreckt über das kämpfende Volk (Ex 17,9ff). (Stab entsprechend halten!) Zwei Männer stützten seine Arme, als er sie nicht mehr hochhalten konnte. Durch sein fürbittendes Gebet siegten die Israeliten und konnten weiterziehen. –

Der Stab des Mose als Zeichen für die Nähe Gottes, dem sie vertrauen konnten, war ihnen schließlich so wichtig, daß sie ihn ins Allerheiligste legten, in die Bundeslade (zusammen mit den Tafeln, auf denen die Zehn Gebote standen, und etwas Manna). Können wir jetzt verstehen, wie später der große König David, der in seiner Kindheit ja selbst einen Hirtenstab trug, den Psalm dichten konnte: „Der Herr ist mein Hirte. Sein Stock und sein Stab geben mir Zuversicht"?

(Pr steht auf) Zum Schluß muß ich euch noch von einem „Stab" erzählen, durch den die Zuversicht auf Gott greifbar geworden ist. Wir haben die Geschichte eben im Evangelium gehört: Zwei Jünger gehen innerlich verzweifelt wieder nach Hause und an ihre Arbeit. Ihr Rückgrat ist sozusagen gebrochen, weil Jesus tot ist. Dann aber geht da in der Mitte einer mit, der sie mit seinen Worten aufrichtet und ihnen neue Zuversicht und Hoffnung gibt. Als sie im Dorf Emmaus ankommen und der Fremde weitergehen will, da wenden sie sich voll Vertrauen an ihn und sagen: „Bleib doch bei uns!" Er war ihnen Halt und Stütze geworden auf dem Weg.

Immer, wenn wir Jesus in besonderer Weise in unserer Mitte haben, dürfen wir spüren: Jesus will mit uns gehen zum Ziel, will Stab und Stütze sein. Er bietet sich uns an. Ob wir diesen Halt ergreifen, liegt an uns. Das Vertrauen auf Gott und auf Jesus ist wie ein Stab in der Hand.

(Die Erzählung vom Mose-Stab verkürzt und verändert nach Peter Klever, Gottesdienste anders feiern, Kaufmann-Verlag, Lahr 1992, S. 35-38)

50. Auf Schatzsuche

(Ein Amethyst aus Brasilien oder Idar-Oberstein, der nach außen wie ein normaler Felsblock aussieht. In einem Juweliergeschäft oder bei einem Mineraliensammler ausleihen)

Lesung: Mt 13,44 (Mit dem Himmelreich ist es wie mit einem Schatz).

Es gibt auch heute noch bei uns Schatzsucher. In einem Steinbruch oder in den Bergen drehen sie fast jeden Stein um oder hämmern an Felsblöcken: Sie suchen Edelsteine oder Bergkristalle. Wenn sie einen schönen Stein gefunden haben, dann nehmen sie ihn voll Freude mit und legen ihn in ihre Wohnung, um sich immer wieder an seinem Anblick zu erfreuen.

Hier habe ich so einen gefundenen Schatz, einen Amethyst aus ... Von außen sieht er unscheinbar aus wie ein normaler Felsblock, und viele würden blind an ihm vorbeilaufen. Wer aber den Blick dafür hat und den Schatz ahnt, kann ihn nicht gleich mit nach Hause nehmen, denn oft muß ein Mineraliensucher – so nennt man solche Leute – stundenlang den Fels abklopfen oder vorsichtig den Kristall herausschneiden, um seine Schönheit nicht zu zerstören. Es ist ein Wechselspiel zwischen Hoffen und Bangen; manche mühen sich tagelang an einer Stelle ab und möchten am liebsten daneben übernachten, damit nicht ein anderer den Schatz hebt. Für einen wunderbaren Stein würde ein Mineraliensammler auch einen Teil seines Vermögens hergeben, so vernarrt kann er in diese Schätze sein! Es ist wie mit dem Mann im Evangelium, der alles verkaufte, was er besaß, um den Schatz im Acker zu besitzen.

Diese Schatzsuche ist mit der Suche nach dem Geheimnis des Lebens und dem Reiche Gottes zu vergleichen. Viele erblicken da nur öde Felsbrocken und sehen keinen Sinn im Leben: Alles nur Quälerei, Steineschlepperei, grauer Alltag! Wer sich den Blick für die Wunder am Wege erhalten hat, der hat es leichter, einen Sinn zu finden. Gott, der Schöpfer, ist ja nicht nur in dem zu erkennen, was Jesus uns offenbart hat oder was unser Gewissen uns eingibt (manche lehnen Jesus ab oder meinen, das Gewissen kann uns täuschen): Gott hat seine Geheimsprache in alles gelegt, was er geschaffen hat. So finden viele Menschen seine Spur in den Pflanzen oder Tieren oder Steinen ... Um die Geheimsprache Gottes in der Natur zu entziffern, muß ich mich vielleicht jahrelang abmühen.

Aber dann, eines Tages, ahne ich, wie groß die Herrlichkeit des Reiches Gottes sein wird: Jetzt lasse ich euch die Pracht dieses Steines sehen (eventuell in den

Amethyst mit einer Lichtquelle leuchten, damit die Kristallhöhle zu erkennen ist; Kinder heranholen; Zeit zum Staunen lassen). Manche Menschen brauchen lange, um die Geheimsprache der Herrlichkeit des Lebens in den Blick zu bekommen: Ich finde sie nicht über Gewalt, sondern über Zärtlichkeit; nicht im Nehmen, sondern im Geben; nicht in der Rache, sondern im Verzeihen; nicht im Wegstoßen und Verlassen, sondern indem ich Geborgenheit erfahre und schenke ... Wenn wir uns darum bemühen, stehen wir schon mitten im Reich Gottes.

Aber erst im Tod werden wir die vollendete Herrlichkeit dieses Reiches sehen und erfassen können. Vorher bleiben Ahnen und Sehnen und unser Bemühen, Vertrauen zu erfahren und zu geben. Jesus hat den Fels des Todes erst durch das Leid aufbrechen können. Darum wird auch erst in Leid und Schmerz unser Blick sensibler für diese Herrlichkeit. Wir werden fähiger, solche Wunder bis in unsere Seele widerspiegeln zu lassen. Menschen der Gewalt und des Hasses müssen erst durchs „Fegfeuer", durch „Liebeskummer", ehe sie diese Herrlichkeit erfassen und genießen können.

Voll Freude war der Mann im Evangelium auf der Suche nach dem Schatz und gab alles dafür hin. Sind wir bereit, alles links liegenzulassen, was uns die Augen verschließt für die Wunder Gottes? Gut, dann laßt uns auf die Suche gehen nach dem Sinn des Lebens und nach der Herrlichkeit, die das Reich Gottes für uns bereithält.

51. Ihr seid das Licht der Welt!
(Eine Sonnenblume)

Lesungen: Phil 2,12-18 (Leuchtet als Lichter in der Welt); Mt 5,14-16 (Ihr seid das Licht der Welt).

Unsere geänderte Ernährungsweise, z. B. mehr Körner ins Brot zu mischen, hat sie wieder möglich gemacht: die großen Sonnenblumenfelder, wo jede Blüte ihren Platz an der Sonne hat. Dieses flammende Meer kleiner Sonnen ist selbst dem routinierten Autofahrer auf der Autobahn einen Blick wert. In allen Sprachen der Menschen heißt diese Blume hier „Blume der Sonne". Sie kann uns Symbol und Hilfe sein für Jesu Wort im heutigen Evangelium: „Ihr seid das Licht der Welt!"

1. Empfangen und widerspiegeln
Schon Kinder befällt heute die Angst, keinen „Platz an der Sonne" zu haben. Wir dürfen ihnen die Frohe Botschaft verkünden: Bei Gott hat jeder einen Platz an der Sonne. Er läßt seine Sonne aufgehen über Gute *und* Böse. Zunächst sind wir dabei alle Empfangende. Der Weg zu dem Ziel, selbst eine kleine Sonne zu werden, dieser Weg zur eigenen Zufriedenheit führt über die Haltung, sich den Sonnen der Güte, der Herzenswärme und der Geborgenheit

auszusetzen. Wenn wir uns solchen Sonnen anvertrauen, die uns in Menschen und in Gott begegnen, wachsen unsichtbar die Strahlen in uns. Es heißt in Jesu Wort nicht im Befehlston: „Ihr sollt Licht sein!" Das wäre wieder ein Leisten-Müssen. Nein, wenn wir zufrieden und glücklich geworden sind, strahlen wir wie von selbst davon wider und werden füreinander Sonne. Nur wer selbst glücklich ist, kann auch die schärfste Weisung Jesu verwirklichen: „Liebe sogar deine Feinde!" Der mit sich Unzufriedene hat keinen Raum für die Liebe zum Nächsten und zu Gott.

Ein Weiteres darf ich noch für die wichtige erste Haltung des Empfangenden und Beschenkten nennen: Er darf nicht vergleichen, ob die anderen „Sonnenblumen" auf günstigerem Boden stehen oder mehr Licht empfangen. Der Vergleich gebiert den Neid, gegen den kaum ein Kraut gewachsen ist und der unser Glück blockiert. Da, wo wir hingepflanzt sind, sollen wir stehen und blühen und Antwort geben.

2. Der Kreislauf des Guten. – Die Schatten fallen hinter mich
Auf den ersten Blick kann die Sonnenblume die Strahlen der Sonne nicht speichern. Zunächst ist sie selbst eine kleine Sonne, indem sie widerspiegelt und so eine Antwort gibt. Und doch speichert sie die Strahlen im Samen. Hier verdichtet sich, was die Haltung des Vertrauens aufsaugt. Wenn die Sonnenblume schließlich ihren Kopf voll mit schwerem Samen hängen läßt und sie langsam zu sterben scheint, ereignet sich das Wunderbare, das den Kreislauf des Guten, der letztlich aus Gott kommt, nie zu Ende gehen läßt: Sie gibt den Samen ab, den Vögel unter Umständen weit ins Land tragen oder Menschen woanders aussäen. Die Blumen aus dieser Samenfülle wachsen und blühen noch, wenn die Sonnenblume selbst schon lange untergepflügt und gestorben ist. Aber gerade der Mensch, der im Todesschatten sitzt, darf sich sagen lassen, daß die Ängste und die Schuld – gleichsam aller „Schatten" im Leben des Menschen – nur zu überwinden sind, indem er sich der Sonne Gottes aussetzt: Die Schatten brauchen mich nicht mehr zu stören, denn sie fallen hinter mich.

3. Die ausstrahlende christliche Gemeinde verwirklicht das „Ihr seid ...!"
Ein letzter Gesichtspunkt ergibt sich, wenn wir die Blüte der Sonnenblume genauer betrachten: Sie wird aus vielen kleinen Blumen gebildet. Jede kleine Blüte und später jeder kleine Kern ist wichtig, sie zusammen ergeben erst den freundlichen Anblick. Die Blüten und Kerne sind netzförmig im „goldenen Schnitt" angeordnet. Sie bieten einander Halt, da alle verläßlich an ihrer Stelle sitzen.

Ein wunderbares Beispiel für eine Gemeinschaft und für jede Gemeinde Christi! Jeder muß zusehen, daß er nicht aus dieser Gemeinschaft herausfällt, und die Gemeinschaft muß umgekehrt jeden einzelnen schützen und halten. Wenn es stimmt, daß wir Christen noch die einzige Bibel sind, die draußen gelesen wird, dann mag hier und da der einzelne Christ überzeugend wirken, aber mehr noch eine ausstrahlende christliche Gemeinde. An ihr kann unsere orientierungslose Welt nachdenklich werden und ahnen, was Christus meinte, als er uns zurief: *„Ihr* seid das Licht der Welt!"

(Zuerst veröffentlicht in „Bausteine zur Predigt", Bergmoser + Höller Verlag, Aachen 1993, 5. Sonntag im Jahreskreis A, Seite 6)

Siehe auch in diesem Buch Nr. 45 und 60.

52. Durchblick gewinnen

(Ein Stück „Einweg"-Scheibe – beim Glaser ausleihen. – Eher geeignet für Gruppenmessen)

Lesungen: 1 Kor 13,9.10.12 (Wir sehen im Spiegel nur rätselhafte Umrisse); Mt 22,35-40 (ähnlich Mk 12,28-31; Lk 10,25-28: Hauptgebot; besonders: den Nächsten lieben wie sich selbst).

Die Einwegscheibe ist durch ihre Beschichtung eine raffinierte Spionscheibe, die bei der Verbrechensbekämpfung oder an Haustüren usw. eingesetzt wird. Ich kann vom Dunklen ins Helle sehen, der andere aber meint, einen Spiegel vor sich zu haben. Diese Scheibe wird auch in der therapeutischen Beratung verwendet: Der Psychologe oder die Eltern können das Kind beobachten, ohne daß es sich gestört fühlt.

Während die Scheibe von Hand zu Hand geht, kann Pr darauf hinweisen, daß es auf den Lichteinfall ankommt. Habe ich die Lichtquelle im Rücken, wird die Scheibe zum Spiegel, und ich sehe nur mich und was meine Umgebung spiegelt. Drehe ich mich herum, also wende ich mich aus dem Dunkel zum Licht, dann kann ich durch die Scheibe hindurchsehen; dann weitet sich mein Blick, weil ich „Durchblick" habe. Die Gruppe soll selbst Deutungsmöglichkeiten erarbeiten. Hier einige Versuche.

1. Stelle ich mich selbst ins Licht, sehe ich nur mich. Gerade im Jugendalter stehe ich in der Gefahr, nur mich zu sehen oder an der Oberfläche zu bleiben: Gefalle ich mir im Spiegel? Was veranstalten Menschen nicht alles, damit das Äußere stimmt! Langsam begreife ich, daß es auf mehr ankommt.
2. Wir treffen auf Menschen, die mit der Sonne (oder der Lichtquelle) im Rücken die Welt wie im Spiegel betrachten und behaupten: Es gibt nur das, was ich sehen kann, messen und wägen. Wenn ich dann mit den Augen des Glaubens „hinter die Oberfläche" (Scheibe bzw. Welt) schaue, ernte ich oft nur Lächeln mit der Bemerkung, das sei alles nur Projektion meiner Wunschvorstellungen. Das zeigt die Scheibe in der Hand sehr schön: Selbst mit der Sonne im Rücken kann ich mit den Augen des Glaubens doch schemenhaft – mit dem Blick durch die Scheibe – Gegenüberliegendes erkennen.
3. Glauben heißt ein Leben lang auf der Suche bleiben, hinter die Oberfläche, den Spiegel dieser Welt schauen.

4. Die Einwegscheibe setzt auch gut den Satz aus dem Hauptgebot „Du sollst den Nächsten lieben wie dich selbst" um (siehe Evangelium): Ich sehe durch die Scheibe den Nächsten, aber zugleich auch mich.
5. Wer aus dem Dunkel ins Licht schaut, kann am meisten durch die Scheibe hindurch erkennen. Gott ist mit denen im Dunkel! Dazu das schöne Sprichwort: „Wende dich der Sonne (= Gott) zu, und die Schatten (= Schuld) fallen hinter dich."
6. Jetzt sehen wir durch den Spiegel oft nur rätselhafte Umrisse (vgl. Lesung). Aber im Tod schauen wir durch alle „Beschichtungen" unseres Lebens hindurch und werden „durch und durch erkennen" (1 Kor 13,12b). „Menschen, die aus dem Glauben leben, sehen jetzt schon alles in einem anderen Licht" (Lothar Zenetti).

(Nach einer Idee von Renate John, Bergheim)

Zum Thema „Gott" siehe in diesem Buch auch Nr. 22, 48, 61, 71, 77, 88.
Zum Thema „Glaube" siehe in diesem Buch auch Nr. 22, 25, 61.

Hauptgebot / Christsein / Sakramente

53. Mensch, ich mag dich!
(Gleichnamiger Aufkleber für jeden. Zu bestellen bei Heriburg Laarmann, Ebertsstr. 14, D-31089 Duingen)

Lesungen: Kol 3,12-15 (Ihr seid von Gott geliebt); Mk 1,9-11 (ähnlich Mt 3,13.16f; Lk 3,21-23a: Du bist mein geliebter Sohn).

Wenn uns einer ehrlich sagt: „Ich mag dich!", dann „hebt sich" unser ganzes Inneres. Unwillkürlich denken wir uns oft auch sofort etwas Positives vom Gegenüber aus und wagen es zu sagen. So einfach kann ein positiver Kreislauf beginnen. Aber langsam ...
Ich möchte von einem kleinen Drachen erzählen. Denk jetzt nicht an deine Schwester! Es heißt da *der* Drache. Ich meine also mit dem, was ich erzähle, Jungen und Mädchen, Männer und Frauen. Der kleine Drache träumte davon, daß jemand zu ihm sagt, was auf dem Aufkleber steht: „Ich hab' dich lieb!" – Davon träumt ab und zu übrigens jeder, ob du nun mehr Katze, Schaf oder Wolf bist: Ganz innen drin sehnt sich jeder danach, daß einer zu ihm sagt: „Du, ich mag dich!" – Aber wenn der kleine Drache dann wach wurde, spürte er wieder, wie „kalt" die Wirklichkeit war.
Deshalb brach er auf, um noch andere Tiere zu treffen. Aber er machte einen Fehler: Um die Zuneigung der anderen zu gewinnen, versuchte er jedesmal so zu sein wie das Tier, das er traf – in der Hoffnung, daß es dann sagen würde: „Ich mag dich! Ich hab' dich lieb!" Aber das Gegenteil war der Fall: Sie lachten ihn aus oder liefen weg. Schließlich war er so enttäuscht, daß er sich das Leben nehmen wollte. Da traf er Moya, den Waldmenschen, und konnte einige Zeit bei ihm wohnen und sich erholen. Beim Abschied sagte Moya zu ihm: „Ich gebe dir einen guten Rat: Hab dich selbst lieb. Versuche nicht, dich den anderen anzugleichen oder so zu werden, wie andere dich haben möchten. Denn du trägst viele Schätze in dir; ich habe sie in den Wochen mit dir kennengelernt. Du wirst deinen Weg schon gehen. Und wenn du doch keinen triffst, der dich liebhat, dann komm zu mir zurück: *Ich* mag dich!"
Das war das Sprungbrett: Einer sagte zu ihm: „Ich mag dich." Das beflügelt. Das läßt an sich selbst glauben. Das kann uns froh und glücklich machen und

im gleichen Augenblick die Welt anders sehen lassen, d.h. es ermöglicht, auch andere liebzuhaben.

Wir haben im Evangelium gehört, daß auch Jesus zu Beginn seiner öffentlichen Tätigkeit von Gottvater bestätigt wurde: „Du bist mein geliebter Sohn." Das heißt soviel wie: „Ich mag dich. Ich hab' dich lieb!" Aus diesem Wissen heraus konnte Jesus auch den schweren Lebensweg gehen und Angst, Leid und Tod überwinden. Und allen, die er auf seinem Weg traf, signalisierte er: „Ich mag dich": den Kranken, den Schwachen und Kleinen, die oft verlacht, geduckt und abgelehnt wurden. Ja selbst dem Halsabschneider Zachäus, der Sünderin, dem Verbrecher sagte Jesus nicht zuerst: Du mußt dich aber in dem oder jenem Punkt ändern, nein, er liebte sie. Und dann wußte in der Regel jeder schon selbst, was zu ändern nötig war.

Ihr seht, der Aufkleber hat als Untergrund die blaue Farbe; sie kann uns an das Wasser der Taufe erinnern. Hier hat Gott zuerst zu uns gesagt: „Ich mag dich. Ich bin immer für dich da!" Das Rot erinnert an die Herzfarbe der Liebe oder an die Strahlen der Sonne, die wir von Gott empfangen und weitergeben dürfen. Jedesmal, wenn wir hier sind, möchte Gott wiederholen: „Mensch, ich mag dich. Ich bin dein Freund." Aus dieser Liebe heraus geh deinen Weg! Hab dich selbst lieb, und schenke deine Liebe weiter an andere.

Vielleicht meinen die Erwachsenen, die Geschichte mit dem kleinen Drachen sei nur etwas für Kinder.

Darum lese ich zum Schluß noch etwas von P. Aimé Duval vor, den die Älteren sicher noch von früher kennen, als er wie P. Cocagnac mit religiösen Chansons durch die Lande zog. Er schreibt in seinem Buch „Warum war die Nacht so lang?": „Jetzt, da ich seit vierzehn Jahren ‚trocken' bin (erklären!), weiß ich, daß mein Glück von der Ausgewogenheit einer dreifachen Liebe abhängt: Gott lieben und den Menschen und *sich selbst lieben*." Wenn ich an meine Mutter zurückdenke, so weiß ich, daß sie mich gelehrt hat, Gott zu lieben und die Menschen zu lieben, aber sie hat mich nicht gelehrt, mich selbst zu lieben; auch nicht, mich zu wehren. Heute denke ich, daß ich Gott, die Menschen und mich selbst mit gleicher Intensität lieben sollte. Gott lieben, ohne die Menschen zu lieben, ist Frömmelei. Die Menschen lieben, ohne Gott zu lieben (wenn man ihn kennt), ist Mangel an Logik. Sich selbst lieben, ohne die anderen zu lieben, hieße eine Welt schaffen, die ... alle Überlebenden der Gewalt auslieferte. Aber andere lieben, ohne *sich* zu lieben, ist eine Krankheit, die zum Alkohol führen kann!

Vielleicht wissen wir schon – wir, die wir alle liebe, kleine Drachen sind –, wo wir den Aufkleber plazieren wollen (Auto, Fahrradsattel, Schulranzen, Tür ...). Er kann uns daran erinnern, wie wichtig es ist zu sagen: „Mensch, ich mag dich!", weil ich vom Wichtigsten, von Gott, geliebt bin und mich deshalb auch selbst gern haben darf.

Fürbitten
Pr: Guter Gott. Du nennst uns deine geliebten Söhne und Töchter. Darum
bitten wir dich:
1.: So viele Kinder und Jugendliche sind uns und der Erwachsenenwelt
ausgeliefert. Laß sie auf Eltern, Lehrer und Ausbilder treffen, die ihnen bei
allen Auseinandersetzungen doch signalisieren: „Mensch, ich mag dich!" –
Liedruf
2.: Zu viele Menschen leiden an ihren Problemen und mögen sich oft selbst
nicht. Laß sie Freunde finden, die zu ihnen stehen und die sie wieder
aufbauen. – Liedruf
1.: Manche sind ängstlich und verkrampft, werden „klein gemacht" oder fühlen
sich schuldig. Schicke ihnen Menschen, die sie befreien und erlösen durch
ein Wort der Liebe. – Liedruf
2.: Es fällt leicht, Menschen zu verurteilen oder sich über andere erhaben zu
fühlen. Hilf uns, mehr an deine Liebe zu glauben und öfter zueinander zu
sagen: „Mensch, ich mag dich!" – Liedruf.

(Weitgehend nach Heriburg Laarmann in einem ausformulierten Gottesdienst zu diesem
Thema in dies., Bilder erzählen von Gott, Neue Gottesdienstmodelle, Herder Verlag,
Freiburg 1990, Nr. 8: Mensch, ich mag dich)

54. Sich nahekommen und füreinander öffnen
(Eine Auster, in die eine Perle geklebt ist)

Lesungen: Jes 35,4-7a (Alle Sinne öffnen sich wieder); Mk 7,31-37 (Heilung des
Taubstummen).

In jedem Menschen liegen Perlen verborgen, die uns der Himmel geschenkt
hat. Aus diesen Schätzen, unseren Talenten und Fähigkeiten, dürfen wir leben
und unsere Welt bereichern.
Zugleich aber stehen wir in der Gefahr, uns krampfhaft zu verschließen, wenn
uns eine Krankheit trifft oder ein Unglück. Dann sind wir niedergeschlagen,
voller Angst und Mißtrauen, gleichsam taub und stumm für die Mitmenschen
und für Gott. Wir verlieren schnell den Kontakt zur Außenwelt und versinken
– wie der Taubstumme im Evangelium – in der Einsamkeit. Hier begegnet ihm
Jesus. Der Taubstumme spürt: Er nimmt mich an, so behindert wie ich bin.
Vor Jesus brauche ich mich nicht zu verstecken, in seiner Nähe keine Angst zu
haben. Das gibt ihm den Mut, sich zu öffnen. – (Wo üblich:) Dieses Geschenk
der Nähe Gottes erfuhren *wir* bereits in der Taufe. Da berührte Jesus durch die
Hand des Priesters unsere Ohren und unseren Mund und sprach: „Effata!
Öffne dich!" Öffne dich auch für das, was das Leben an Herausforderungen und
Leid für dich bereithält. Öffne dich immer wieder, wenn du geheilt werden
willst.

Es ist im Leben wie mit dieser Auster (Pr zeigt die geschlossene Auster): In ihr liegt eine Perle verborgen, die ich gleich noch zeigen werde. Von außen wirkt die Schale rauh, kantig und abweisend. Wer ihr zu nahe kommt, kann sich verletzen. Jesus ging unglaublich nahe an den Taubstummen heran, sah an den Spitzen und Kanten vorbei, auch an der Angst, wertlos zu sein, blickte tiefer, sah auf seine inneren Schätze, die Perle, und sagte: „Öffne dich!" Und umgekehrt: Weil der Taubstumme geheilt werden wollte und sich für Jesus öffnete, wurde er gesund. So ist Heilung immer wieder möglich: Aufeinander zugehen, sich nahekommen, sich vertrauensvoll füreinander öffnen und dadurch aus der Isolation herausfinden.

In einer Geschichte klagt eine Auster: „Ich habe Schmerzen; es ist, als trüge ich eine Kugel aus Blei in meinem Leib. Was wird aus mir bloß werden?" Die andere Auster erwiderte stolz: „Ich fühle mich kerngesund, bin munter und fidel. Du wirst an deiner Kugel noch sterben; ich habe das Leben noch vor mir!" Eine Krabbe, die dem Gespräch der beiden gelauscht hatte, meinte: „Was verstehst du stolze Auster schon vom Leben? Du meinst, Jugend, Schönheit und Gesundheit seien alles. – Sie hat zwar Schmerzen, aber sie trägt eine Perle in sich – eine große, voller Glanz."

Wir kennen den Vorgang: Zunächst dringt ein spitzes Sandkorn in die Auster ein, das ihr den Tod bringen kann. Sie setzt sich aber mit dem auseinander, was ihr Leben bedroht, und legt eine feine Perlmutterschicht um das Sandkorn. So wächst langsam eine Perle heran.

Diese Perlmutterschicht um das Sandkorn bedeutet: Ich klammere in meinem Leben Leid und Schmerz nicht aus, auch nicht Verzweiflung und Verletzungen. Ich setze mich vielmehr damit auseinander, bis etwas Stück für Stück wächst. Dieser Prozeß erfordert viel Wille und Geduld, ist ein Weg voller Zweifel und Rückschläge, und oft hadern wir dabei mit unserem Nächsten, mit uns selbst und mit Gott.

Orientieren wir uns dabei nur an denen, die das Leben noch in vollen Zügen genießen dürfen, dann überhören wir leicht die Worte Jesu: „Öffne dich für *den* Weg, den ich gegangen bin." Jesus ganz nahe an sich heranzulassen bedeutet doch, mit Ihm zu leiden, das Kreuz nicht auszuklammern, heißt auch – an Ihm orientiert –, die Perle reifen zu lassen. Vielleicht bekomme ich mein Unglück oder meine Krankheit nie ganz in den Griff, aber ich lebe anders damit, weil ich mich für IHN öffne (hier öffnet der Priester die Auster und zeigt die Perle) und mich von IHM berühren lasse. (Pr legt die Perle mit der Auster auf den Altar)

(Familienmeßkreis St. Pankratius, Bergheim-Paffendorf; Predigt bei der Gottesdienst-übertragung im ZDF am 8.9.91)

55. Brücken

(Eine gebastelte Brücke oder eine großformatige Abbildung, evtl. vergrößert. Siehe auch Missio-Leuchtbox Nr. F 11/2, 26/4, 32/3)

Lesungen: Gen 9,12-17 (Der Regenbogen als Brücke des neuen Bundes zwischen Gott und den Menschen); Joh 14,1-6 (Ich bin der Weg).

Eine Brücke wie diese hier verbindet zwei getrennte Ufer miteinander oder überspannt Schluchten und Hindernisse. Sie vereinfacht den Weg. Es gibt verschiedene Brücken:

1. So ist die *Musik* wie eine Brücke, deren „Weltsprache" geheimnisvolle Tiefen im Menschen berührt. Wie schnell gelingt durch ein Lied ein Brückenschlag zwischen noch so verschiedenen Menschen und Ländern.

2. Gemeinsames *Spiel* ist wie eine Brücke, die jung und alt miteinander verbindet und Distanz und Fremdheit abbaut.

3. *Freundlichkeit* ist wie eine Brücke, die mitten im Gedränge einer Großstadt den Schmerz eines „Anremplers" leicht vergessen läßt.

4. *Hilfsbereitschaft* ist wie eine Brücke, die bei einem Katastropheneinsatz ganze Stafetten von Helfern miteinander verbindet. Die ehemalige „Luftbrücke" von Berlin kann als Beispiel dienen.

5. So ist auch der *Glaube* wie eine Brücke von der Erde bis ans Ufer der Ewigkeit. Die Religionen sind riesige Bemühungen seit Jahrtausenden, die Kluft zwischen Himmel und Erde, zwischen Diesseits und Jenseits zu überbrücken.
   Auf der Torbrücke einer zerfallenen Moschee in Nordindien stehen Worte, die Jesus, der im Islam als Prophet gilt, in den Mund gelegt werden: „Diese Welt ist eine Brücke; geh hinüber, aber bau auf ihr nicht deine Wohnung!"
   Für uns Christen ist Jesus *der* Weg. Und wenn zur Zeit Jesu Brücken bekannt gewesen wären, dann hätte Jesus sicherlich auch das Gleichnis ausgesprochen: „Ich bin die Brücke zum Ewigen."
   Wieviel Geborgenheit und Gelassenheit diese Brücke des Glaubens geben kann, lesen wir aus den Worten des Theologen Dietrich Bonhoeffer. Er schrieb sie Silvester 1944 im Nazi-Gefängnis, den drohenden Tod vor Augen: „Von guten Mächten wunderbar geborgen, erwarten wir getrost, was kommen mag. Gott ist mit uns am Abend und am Morgen und ganz gewiß an jedem neuen Tag."

6. *Gebet* ist wie eine Brücke, das über die „Luftbrücke Jesus" Arme und Reiche, Kranke und Gesunde, Junge und Alte, sogar Lebende und Verstorbene miteinander verbinden kann. Wie oft erfahre ich an Krankenbetten die Zusage: „Herr Pastor, jeden Tag bete ich für ..." Von diesem Schatz können wir alle zehren.

7. *Jeder Mensch* sollte wie eine Brücke sein: ständig bereit, vielfältige Ufer miteinander zu verbinden – andernfalls bedrohen uns Zank und Streit.

Brücken zum Du sind: Schenken, nicht allein besitzen wollen; verstehen, nicht verurteilen; vertrauen, nicht verdächtigen; zuneigen, nicht abwenden; annehmen, nicht ablehnen; zuhören, nicht belehren; verzeihen, nicht nachtragen ...

(Stark verkürzt nach ferment 1/83)

56. Die Taufe – wie ein Wasserzeichen eingeprägt
(Ein Blatt Briefpapier mit Wasserzeichen)

Lesungen: Röm 6,3-11 (Mit Christus wurden wir begraben durch die Taufe ...); Mt 28,16-20 (Tauft alle Menschen).

1. Wertvolles Papier erkennt man an einem Wasserzeichen (zeigen!). Auch bei einem Geldschein bürgt das Wasserzeichen für seine Echtheit. – Die Taufe ist auch wie so ein Wasserzeichen, das sagt: Weil du von Gott her kommst, ist dir unzerstörbares Leben eingeprägt. Auf ewig ist Gott mit dir verbunden als Vater, als Bruder, als belebender Geist. Du gehörst ihm, der „Firma" Gott. Selbst der Tod hat nicht für immer Gewalt über dich.
2. Erst wenn wir dieses Blatt gegen das Licht halten, sehen wir das Wasserzeichen. Auch der Wert der Taufe ist nicht auf den ersten Blick zu erkennen: Man muß sie gegen das Licht Christi halten. Bleibe in diesem Lichte!
3. Ein getauftes Kind ist kein „leeres Blatt" mehr. Mit der Taufe hat Gott sich ihm schon eingeprägt. Er sagt jetzt: Ich gehöre dir, du darfst dich auf mich verlassen – selbst wenn sich das Kind später nicht für Gott entscheidet.
4. Dieses Blatt Papier kann ich zum Knäuel zerknittern. Wenn ich es dann wieder auseinanderfalte, stelle ich fest: Das Wasserzeichen ist unbeschädigt geblieben. – Das Merkmal der Taufe ist unauslöschlich, unzerstörbar.
Der Mensch kann Furchtbares anstellen und schwer sündigen. Aber Gott bleibt mit ihm verbunden, der Heilige Geist bleibt im „Brückenkopf des Guten" (A. Solschenizyn) in ihm wohnen, und Jesus Christus starb, um von aller Schuld freizumachen.
5. Mit der Taufe, die sich wie ein Wasserzeichen eingeprägt hat, verbürgt sich Gott für den Wert des Menschen: Hinter diesem Menschen steht Gott. Wenn die Taufe so etwas Großes ist, dann laßt uns jetzt den Auftrag Gottes erfüllen (siehe Taufbefehl Mt 28,19) und dieses Kind taufen ...

(Verkürzt nach Winfried Leinweber, der die Idee vom Wasserzeichen seinem evangelischen Nachbarpfarrer verdankt; genaue Quelle unbekannt)

57. Kopie und Original

(Ein Stempel „Diese Kopie stimmt mit dem Original überein". Eine beglaubigte Urkunde zeigen)

Anlaß: Tauffeier.

Lesungen: 1 Joh 3,1-2 (Geschenk der Kindschaft Gottes); Mt 22,19-21 (Gebt Gott, was Gott gehört).

Oft muß ich im Pfarrbüro eine Urkunde oder ein Zeugnis beglaubigen. Dann setze ich auf die Kopie/Ablichtung das Pfarrsiegel und den Stempel „Diese Kopie stimmt mit dem Original überein". Außerdem füge ich noch Ort, Datum und meine Unterschrift hinzu.

Die Taufe ist auch so etwas wie eine Ablichtung von Jesus. Mit der Taufkerze nehmen wir „Licht vom Lichte" der Osterkerze, die Christus darstellt. Wir sind ja auch nach Gottes Bild und Gleichnis geschaffen (Gen 1,27). Die Taufe macht uns im wesentlichen mit Jesus gleich, nur das Unwesentliche (bei der Kopie: Papierart, Größe, Farbe ... beim Täufling: Geschlecht, Alter, Verwandtschaft ...) weicht ab.

Auf dem Pfarrsiegel, mit dem ich beglaubige, ist oft der Pfarrpatron zu sehen: Er hat sein Leben hingegeben für das Original. Er wollte „Brief und Siegel dafür geben", mit dem Original Jesus übereinzustimmen.

Es wäre schön, wenn wir am Leben dessen, den wir jetzt taufen, später noch das Original Christus erkennen könnten und sein Christsein nicht verblaßt und schließlich unkenntlich wird.

Jetzt freuen wir uns über die große Auszeichnung, die diesem Kind in der Taufe geschenkt ist: Es wird christusähnlich. Wenn zudem das Original an uns Getauften leicht abzulesen ist, dürfte es dem Täufling später nicht schwerfallen, Jesus, dem Original, nachzufolgen.

(Nach Pfarrei Cosmas und Damian, D-59329 Wadersloh-Liesborn, zuerst in „KiBö" 93-1, S. 10)

58. Lebensgrundlage – Lebensfreude – Lebensfülle

(Ein Wasserkrug – eine Flasche Rotwein – ein Kelch)

Anlaß: Hochzeit

Lesungen: Joh 2,1-11 (Hochzeit zu Kana); Joh 10,7-10 (Damit sie das Leben in Fülle haben).

Es ging im Evangelium um Wasser und Wein. (Pr nimmt Wasserkrug:) *Wasser* ist lebensnotwendig – wie wir es besonders in einem heißen Sommer erfahren können; auch über zwei Drittel unseres Körpers bestehen aus diesem Lebenselixier. Wasser steht aber ebenso für das Zermürbende des Alltags. So lebten früher Gefangene oder Mönche bei Wasser und Brot: Symbol der Härte und der Alltagssorgen. Wasser also als *Lebensgrundlage*.

Der *Wein* (Pr nimmt die Weinflasche) steht für die *Lebensfreude*. Eine Hochzeit nur mit Mineralwasser würde die Gesichter der Gäste länger werden lassen. Wir brauchen die Feste und den Wein, um nach der Arbeit auch Freude zu genießen, nach dem Alltag den Sonntag.

Wasser und Wein, Symbole für Lebensgrundlage und Lebensfreude, genügen uns Menschen aber offensichtlich nicht. Unser Hunger nach Lebenserfüllung ist größer, er kann auch nicht mit Rauschmitteln (z. B. Alkoholismus) oder Süchten gestillt werden. Darum stelle ich neben Wasser und Wein den *Kelch* als Symbol für die *Lebensfülle*. In ihm wird uns ja das verwandelte Blut dessen gereicht, der gesagt hat: „Ich bin gekommen, damit sie das Leben haben und es in Fülle haben!" (Joh 10,10). Wer sehnt sich nicht nach Erfüllung, der innersten Zufriedenheit, nach letztem Sinn und Ziel im Leben?

In Ihrer Ehe wird es genügend Tage geben, in denen Sie das „Wasser des Alltags" (= Mühe, Sorgen) trinken müssen, hoffentlich aber auch viele Tage, an denen Sie den „Wein des Festtages" (= Freude, Glück, Zufriedenheit) genießen dürfen. Deshalb schenke ich Ihnen beide Symbole für Lebensgrundlage und Lebensfreude als Erinnerung an diesen Tag. Den Kelch jedoch gebe ich Ihnen nicht mit! Wenn Sie Durst nach der Fülle des Lebens haben und nach Erfüllung, dann wissen Sie, wo Sie hingehen müssen: Hier können Sie ihn, der das Leben in Fülle schenken will, in Gemeinschaft mit anderen suchen und finden; bis Sie die Herrlichkeit spüren, die den Jüngern bei der Hochzeit zu Kana geschenkt wurde (Joh 2,11).

(Verkürzt nach Thomas Maria Renz, D-88348 Saulgau)

59. Ein Silberhochzeitsbrot
(Ein „besonderes" Brot; siehe unten)

Hinweis: Bei der Ansprache die Namen derer nennen, die Zutaten gegeben haben.

Lesungen: Ex 3,1-8b (Ich will euch in ein Land führen, das von Milch und Honig fließt); 1 Kor 5,6-8 (Ein wenig Sauerteig durchsäuert den ganzen Teig); Mt 5,13 (Ihr seid das Salz der Erde); Lk 13,20f (Gleichnis vom Sauerteig).

Seit 25 Jahren sind Sie jetzt, liebe Silberjubilare, um es in einem Bild zu sagen, „zusammengebacken". Darum möchte ich Ihnen zur Erinnerung dieses Brot schenken, ein ganz besonderes Brot, wie Sie merken werden: Ihr originelles Silberhochzeitsbrot!

Ihre Geschwister und deren Ehepartner haben das Mehl dazu gegeben: Roggen- und Weizenmehl und Haferflocken. Viele Körner bilden die Grundlage, ohne die es unser Brot nicht geben würde. Aber das alles reicht noch nicht. Ihre beiden Kinder gaben Wasser (= Grundlage des Lebens) und Milch (= wir träumen vom Land, das einmal „von Milch und Honig" fließen wird; vgl. Lesung Ex 3,8); sie sollen das Mehl zusammenhalten. Die Schwiegerkinder besorgten Pfeffer und Nelken (= wenn wildfremde Menschen in eine Familie kommen, bringen sie alles aus dem gewohnten Trott – wie neue Gewürze, die wir zum ersten Mal gereicht bekommen). Die Eltern der Jubilare (dann in Nähe der Goldenen Hochzeit) stifteten die Eier (= Symbol des Lebens: Ohne sie gäbe es die vielen Familien nicht).

Die Patenkinder haben beigesteuert, was verhindert, daß aus dem Brot ein harter Klumpen wird: die Hefe (oder der Sauerteig = der Glaube daran, daß wir bei all unserem Bemühen Gott auf unserer Seite haben); sie macht das Brot locker und richtig genießbar. Schmeckt jetzt das Brot? Nein, es hätte einen faden Geschmack. Darum besorgten die Enkelkinder Zucker und Salz (= das Schöne und Herbe, das die Eheleute gemeinsam beisteuern bzw. bewältigen): Beides ist lebensnotwendig und konserviert nebenbei – wie Enkelkinder Freude bringen und an die Liebe erinnern, die 25 Jahre getragen hat.

So liegt jetzt das „Silberhochzeitsbrot" vor uns: Jede Zutat für sich reicht nicht für eine gelungene Ehe. Alles zusammengenommen ergibt erst das schmackhafte Brot – so wie erst die Familie und die Verwandtschaft zusammen dieses Fest und das Leben bunt und lebendig machen.

Ein Geheimnis verrate ich noch: Mitten im Brot steckt ein ungemahlenes Korn – das kleine „Senfkorn Hoffnung". Wir sind zuversichtlich, daß Sie unter dem Segen Gottes noch viele gemeinsame Jahre zusammen leben dürfen. Das andere Brot, das Brot des Himmels, das Sie gleich essen werden, gebe Ihnen auch die Kraft von innen dazu.

Allen, die in 25 Jahren „zusammengebacken" sind, Sie beide mit den Kindern, Verwandten, Freunden ..., allen wünsche ich ein schönes Fest!

(Jetzt könnte das Lied gesungen werden: „Kleines Senfkorn Hoffnung ...", siehe Liederbuch „Troubadour für Gott", Nr. 104.)

(Hubert Gehling, Borken-Gemen)

Sinn des Lebens

60. Licht in der Dunkelheit

(Spiegelscherben; eventuell für jeden Teilnehmer eine, außer für Kinder unter fünf Jahren)

Geschichte:

Auf die Frage: „Was ist der Sinn des Lebens?" holte einmal ein Mann eine kleine Spiegelscherbe aus seiner Brieftasche und sagte: „Als Kind fand ich einmal auf der Straße Scherben eines Spiegels. Mit diesem größten Stück spielte ich oft: Es faszinierte mich, damit Licht auf dunkle Stellen zu lenken, die das Sonnenlicht niemals erreicht. Später erst verstand ich, daß dieses Spiel ein Gleichnis für mein Leben war: Ich bin Bruchstück eines Spiegels, den ich in seiner ganzen Größe nicht kenne. Mit dem, was ich habe, kann ich Licht werfen auf die dunklen Stellen im Herzen der Menschen: Mit Wahrheit, Verständnis, Wissen, Vertrauen ... kann ich manches ändern" (nach Robert Fulghum).

Wir nehmen die Spiegelscherbe vorsichtig in die Hand und wollen das Gehörte (= Kurzgeschichte) vertiefen und weiterführen.

1. Jeder von uns ist also ein Bruchstück eines Spiegels der Menschheit; eines Spiegels, den ich in seiner Größe nur erahnen kann; es gibt ja fünfeinhalb Milliarden solcher „Scherben"!
   Es ist wichtig, „ja" zu sagen zu mir selbst, zu meiner Scherbe – so wie sie ist. Vielleicht ist sie sehr groß, und ich möchte sagen: Ich sehe mich viel kleiner. Aber mein Nachbar denkt vielleicht: So wie ich den/die einschätze, hätte der/die eine noch größere verdient. So schätzt sich jeder selbst und andere anders ein. Doch das ist eigentlich nicht so wichtig. Entscheidend ist, mir zu sagen: Ich habe genug von Gott mitbekommen, um das Licht widerzuspiegeln – so wie ich bin, so zersplittert und bruchstückhaft. Ich kann das Licht „aus der Höhe" weiterschenken.
2. Wir alle hier zusammen ergeben nur einen kleinen Teil des Menschheitsspiegels. Jeder von uns ist dabei wichtig, aber wichtige Teile besitzen wir nicht. Ich darf also das Selbstbewußtsein haben: Die anderen brauchen mich; ohne mich gäb's eine Lücke. Andererseits darf ich auch hübsch bescheiden bleiben: Denn mir fehlen die anderen Menschen; auch die über unsere Grenzen hinaus. Wie viele habe ich schon sprechen hören: Seitdem ich die türkische (italienische, spanische ...) Familie näher kenne, habe ich dazugelernt. – Wenn wir *den* Menschen kennenlernen möchten, dürfen wir auf keine Erfahrung mit anderen aus dem Menschheitsspiegel verzichten: Wir ergänzen uns, wir brauchen einander. Jeder Mensch ist nötig, um das Licht „aus der Höhe" widerzuspiegeln.
3. Wir „Spiegelscherben" haben die Aufgabe, die Dunkelheiten der Welt

auszuleuchten, um Menschen im Abseits anzuleuchten ... Manchmal, wenn wir uns ganz unten fühlen, spiegeln uns andere mit ihrem Licht an. Manchmal brauchen andere uns: unser Vertrauen, unseren Standpunkt, unser Wissen, unser Zuhören, unser Echo, unser Verständnis, unseren Glauben, unsere Ehrlichkeit, unsere Hilfsbereitschaft ... Der Sinn unseres Lebens, auch unseres Christseins, ist: das Licht „aus der Höhe" weitergeben!

Wir üben es jetzt einmal spielerisch: Fangt das Licht der Lampen mit der Spiegelscherbe ein, und spiegelt es unter das Kirchendach, so daß die Lichter wie Sterne am Himmel erscheinen, oder werft es in dunkle Ecken der Kirche ...

Währenddessen Meditationsmusik (ca. 3 Minuten)

(Eventuell wird teilweise das Licht gelöscht, und/oder einige stellen sich vor eine starke Lichtquelle, um das Licht gut sichtbar in die dunklen Ecken der Kirche zu werfen; gut sichtbar wird es aber auch, wenn man es mit der Spiegelscherbe in eine dunkle Ecke unter der Bank leitet.)

Lesungen: Eph 5,8-16 (Lebt als Kinder des Lichtes); Phil 2,12-18 (Leuchtet als Lichter in der Welt).
Im Advent: Joh 1,6-8 (Johannes d. T. gab Zeugnis für das Licht); Joh 8,12; Mt 5,14-16 (Ich bin das Licht – ihr seid das Licht); Joh 12,35f (Glaubt an das Licht).
Weihnachten: Joh 1,4.5.9-12 (Das wahre Licht kam in die Welt).

Weitere Gedanken
1. „Kurzgeschichten 3", Nr. 82: „Von den beiden Spiegeln"; darin: Jesus ist das Spiegelbild des Vaters („Wer mich sieht, sieht den Vater"). In seinem Kreuzestod wurde er in Millionen Splitter zerbrochen...
2. „Kurzgeschichten 1", Nr. 64: „Das unbegreifliche Wunder"; darin: „Wie kann derselbe Christus gleichzeitig in euren Kirchen zugegen sein?" fragt ein ungläubiger Mann einen Priester. Der nahm einen Spiegel und ließ ihn hineinschauen. Dann warf er den Spiegel zu Boden und sagte: „Auch in jedem einzelnen Stückchen kannst du dein Bild jetzt gleichzeitig sehen!"
3. In einem Brief auf obigen Gottesdienst schrieb ein junges Mädchen unter anderem: „Hält man die Spiegelscherbe hochkant zum Licht, spiegelt sich auf der Unterlage ein kleiner, heller Fleck in der Hoffnungsfarbe grün. – Aber auch die Rückseite ist nicht uninteressant: Um überhaupt zum Spiegel zu werden, braucht die Scherbe einen Kratzschutz, eben die dünne Silberschicht. Wer also nach ‚vorne' Glanz vorgibt und ‚hinten' zerrissen oder uneben ist, verliert schnell das Silber und ist bald durchschaubar, eintönig und damit langweilig. Wir brauchen also eine ‚Rückendeckung' und eine ‚Vertrauensbasis', um richtig widerstrahlen zu können." – Am Schluß des Briefes hieß es übrigens: „Ein glanzvolles Weihnachtsfest, helle

Menschen und eine angestrahlte Seele wünscht Ihnen ..." (Ruth John, Bergheim)

4. Heilige sind auch wie Spiegel, die das Licht Jesu Christi in besonderer Weise widerspiegelten und deren starker Lichtstrahl noch heute oft Helligkeit verbreitet. Interessant dabei, daß wir als Außenstehende ihr großes Engagement bewundern, sie selbst sich aber als unvollkommen und bruchstückhaft erleben. Unter diesem Symbol könnte also auch ein Heiliger vorgestellt werden.

(Siehe auch in diesem Buch Nr. 45 und 51)

61. In der Rennbahn des Lebens

(Ein blaues Kreppapierband – ca. 20 cm breit – liegt vom Altar durch den Mittelgang bis zur Eingangstür, auf der groß das Wort „Start" steht und am Altar das Wort „Ziel")

Lesungen: 1 Kor 9,24-26a und 2 Tim 4,7-8 (Wir laufen in der Rennbahn des Lebens, um einen unvergänglichen Siegeskranz zu gewinnen); Mt 16,24-26 (Wer mir nachfolgen will ...); Joh 14,1-6 (Jesus ist für uns *der* Weg und die Wahrheit zum Ziel).

Interview mit einem Marathonläufer: I = Interviewer, M = Marathonläufer

I: Einen echten Marathonläufer aus unserem Stadtteil darf ich Ihnen/Euch vorstellen ...
So eine Marathonstrecke ist schon gewaltig: 42 km und 195 m lang. Wie oft sind Sie sie schon im Wettkampf gelaufen?

M: Fünfmal in Berlin: 1984 mit 40 Jahren zum ersten Mal.

I: Ihre Startnummern hier vor dem Ambo weisen zum Teil sehr hohe Zahlen auf. Wie viele Läufer starten denn da?

M: Bei meinem ersten Lauf waren es 8.800 Teilnehmer; 1989 schon 18.000, und 1991 starteten über 25.000.

I: Ein regelrechter Boom also! Dürfen wir Sie nach Ihrem besten Ergebnis fragen?

M: Drei Stunden und 12 Minuten im Jahre 1989, und ich wurde dabei der 3.310.

I: Wie sind Sie zum Marathonlauf gekommen?

M: Anfangs lief ich zweimal wöchentlich 5–10 km und bewunderte andere, die wesentlich längere Strecken durchhielten. Mit der Zeit wurde ich neugierig, ob ich auch fähig bin, einen Marathonlauf durchzustehen. Schließlich sah ich darin eine persönliche Herausforderung und eine Möglichkeit, neue Erfahrungen zu machen.

I: Lassen Sie mich versuchen, das eigentliche Anliegen dieses Gespräches hier im Gottesdienst aufzugreifen und den Marathonlauf mit dem Lauf unseres

Lebens zu vergleichen: Wir stehen ja alle in der Arena unserer Welt. Die Bibel sagt: Jeder ist fähig, das Ziel zu erreichen. Jeder erhält dazu genügend Gnade von Gott. Nun sagen Sie uns, was bedeutet die blaue Linie, die sich – wie hier in der Kirche – vom Start bis zum Ziel zieht?

M: Die blaue Linie zeigt die Ideallinie an, den optimalen Streckenverlauf. Wer sich an ihr orientiert, findet den kürzesten Weg zum Ziel und kann sich auf dem langen Weg, oft durch die Labyrinthe von Großstadtstraßen, nicht verlaufen!

I: Ich finde, dies ist ein großartiges Bild für das, was Jesus uns im Evangelium gesagt hat: Ich bin *der* Weg, die Ideallinie bis zum Ziel. Wer sich an mir orientiert, kann sich nicht verirren im Labyrinth der Angebote. Und das *Blau* des Bandes kann noch ausdrücken: *Vertraue* mir, und folge mir treu.

Bei der Fernsehübertragung sah ich am Streckenverlauf Tische mit Getränken, sozusagen „Tankstellen" für die Läufer. Können Sie uns Näheres dazu sagen?

M: Alle fünf Kilometer gibt es Verpflegungsstationen an der Strecke, in der zweiten Hälfte sogar alle 2,5 km. Auf den Tischen stehen Erfrischungen, Wasser, Schwämme, Elektrolytgetränke ... Es kann auch medizinische Hilfe in Anspruch genommen werden. Die Superstars unter den Läufern bekommen von ihren Begleitern oder dem Trainer auch Tips zugerufen.

I: So eine „Tankstelle" für uns Christen wäre demnach die Feier des Gottesdienstes: Wir empfangen bei dieser Rast das Brot Christi als Stärkung für unseren Weg, und die Worte Jesu aus dem heiligen Buch sind uns ebenso Hilfe auf dem Weg zum Ziel.

Wie bereiten Sie sich auf so einen Marathonlauf vor?

M: 8–10 Wochen vorher trainiere ich täglich; pro Tag zwischen 12-30 km, wöchentlich ca. 110-120 km. Am Anfang – ehrlich gesagt – bedeutet das eine große Quälerei, bis sich Sehnen und Muskulatur an die Belastung gewöhnt haben. Nach Wochen hat man eine Grundlage, auf der sich aufbauen läßt. Es wird einfacher ... In diesen zehn Wochen trinke ich keinen Tropfen Alkohol, verzichte auf Süßigkeiten und bevorzuge eine kohlenhydratreiche Ernährung wie Nudeln, Reis und Kartoffeln.

I: Kinder, habt Ihr gehört? Nur am Anfang fällt es schwer, und ohne Verzicht auf Liebgewordenes geht es nicht. Wozu alles sind Menschen zum Beispiel bereit, nur um ein paar Pfunde abzunehmen! Es ist gut, wenn wir uns nicht nur im Advent und zur Fastenzeit fordern lassen: Verzicht befreit unseren Geist und unsere Seele, um mit weniger Ballast den Lebenslauf fortzusetzen.

Gibt es sonst noch Hilfen unterwegs, um das Ziel leichter erreichen zu können?

M: Gut ist es, wenn man jemanden findet, der den gleichen Schritt läuft, oder wenn ich gemeinsam mit einer Gruppe an den Start gehen kann. Aber auch die Atmosphäre an der Strecke trägt einen nach vorne – in Berlin waren es oft eine halbe Million Zuschauer, die Musikkapellen und die anfeuernden Zurufe aus der Menge.

I: Darf ich das Gesagte im Wort „Gemeinschaft" zusammenfassen?: Auch uns fällt das Bekennen unseres Glaubens leichter, wenn wir noch von einigen in der Klasse oder am Arbeitsplatz wissen, daß sie denken wie wir. Sonntags kommen wir auch deshalb hier zusammen: um uns als Gemeinschaft zu erleben, die miteinander unterwegs ist. – Aber ganz glatt wird sicher nicht alles gehen? Erfahren Sie auch Zweifel und Schwierigkeiten?

M: Beides überfällt einen sowohl während des Trainings als auch beim Lauf: Immer, wenn es anfängt „weh zu tun", fragt man sich: Lohnt sich der Aufwand, stehe ich das durch, warum überhaupt? Man erwägt aufzuhören, abzubrechen und nimmt sich vor: Das machst du nie mehr! Aber im Ziel ist wieder alles anders, und man nimmt sich vor, im nächsten Jahr wieder dabeizusein.

I: Zweifel und Schwierigkeiten überfallen uns auch auf unserem Glaubensweg, besonders augenblicklich, wo sich die Kirche „in einem Tief" befindet. Die Masse geht andere Wege, und da denkt manch einer, ich mache auch nicht mehr mit ...! – Aber wie fühlen Sie sich im Ziel? Gibt es da auch als Dreitausendster einen Siegeskranz, von dem Paulus in der Lesung sprach?

M: Ja, es gibt eine kleine Erinnerungsplakette. Aber viel maßgeblicher ist das Gefühl von Freude und Stolz, das Ziel erreicht zu haben. Viel eindringlicher durchpulst einen das Gefühl von Glück: Du hast es geschafft! Es ist durchgestanden! Man ist erleichtert, die Anspannung der letzten Tage löst sich, die Seele fühlt sich unheimlich geschmeichelt und gestreichelt. Ja, man empfindet sich „rund". Weniger wichtig ist die erreichte Zeit, die Bewertung durch die Stoppuhr. Völlig unwichtig auch die Bewertung oder die Kommentare der Mitmenschen. Wichtig allein ist für mich, daß ich meinen eigenen Ansprüchen gerecht geworden bin.

I: Dieses Glück und diese Freude sind uns nach unseren Anstrengungen im „Ziel" auch versprochen. Unwichtig ist darum eigentlich auch die Bewertung durch die Mitmenschen. Ausschlaggebend bleibt nur, daß Gott im Ziel zu uns JA sagt. – Ich danke Ihnen für dieses Interview.

(Familienmeßkreis St. Pankratius in Zusammenarbeit mit Jürgen Perlick, beide Bergheim-Paffendorf)

62. Von Stufe zu Stufe
(Eine gebastelte Wendeltreppe)

Lesungen: Phil 2,5-11 (Der Gott Jesus erniedrigte sich und wurde den Menschen gleich); Apg 1,1-11 (Himmelfahrt Jesu).

(Pr zeigt die gebastelte Wendeltreppe: siehe Grafik)

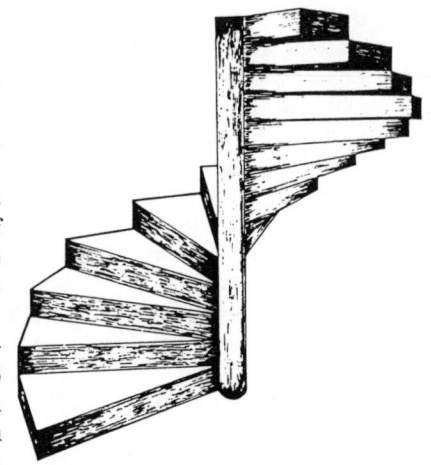

„Treppensteigen ist gesund", sagen die Ärzte. Was hier für den Körper gedacht ist, kann sinnbildlich unserem ganzen Leben den Blick öffnen.

1. *Zur Höhe aufsteigen.* Wer in der Welt heilige Stätten besucht, muß sich auf viele Treppen einlassen. Ich erinnere mich an die Besteigung des Berges Sinai, auf dem Mose Gott begegnete. Wer vom Katharinenkloster aus aufbricht (das ca. 1500 m hoch liegt), muß über dreitausend Stufen bewältigen, um auf den 2285 m hohen Gottesberg zu gelangen. Die Stufen schlug ein Mönch in Erfüllung seines Gelübdes aus Granitplatten. Ein Geologe schrieb einmal ins Gästebuch des Katharinenklosters: „Wem kein Tempel der Welt weihevoll genug erscheint, um beten zu können, der besteige den Gottesberg im Sinaigebirge." (Auch in der Heiligen Stadt Jerusalem gibt es endlos viele Treppen, über die bereits Jesus ging, z.B. nach der Gefangennahme im Ölberggarten oder auf der „via dolorosa" mit dem Kreuz auf seiner Schulter.) Bei allen Kulturvölkern galt der Gipfel eines Berges als Sitz der Gottheit. Auch die Pyramiden der Ägypter oder der Maya-Indianer in Mexiko zeigen – unabhängig voneinander – die oberste Spitze oder Plattform als Huldigung an die Sonne und damit als Höchstes an, das im irdischen Leben zu erreichen ist. Hierin liegt auch der Sinn der Altarstufen und der Treppen hinauf zu den (alten) Predigtkanzeln. Viele der letzteren sind unter dem Aspekt, daß der Priester sich nicht selbst überhöhen soll, abgeschafft worden oder unbenutzt. Sie waren nicht nur hoch angebracht, um die Sicht und die Akustik zu verbessern; der Priester sollte als Sprachrohr Gottes „aus der Höhe sprechen", so wie Mose den Berg erstieg, um die Worte Gottes zu vernehmen. Der „Diener Gottes", der durchaus als Vorbild der Gottesnähe gedacht war, sollte Ansporn sein, stufenweise aus den Niederungen zur Höhe aufzusteigen, um vom Irdischen, vom Horizontalen, den Blick freier zu machen für das Vertikale, die „dünne Luft" der Gottesnähe.

2. *Von Stufe zu Stufe.* Von Stufe zu Stufe verläuft unser ganzes Leben: Vom Baby verwandeln wir uns in ein Kind, in den Jugendlichen, den Erwachsenen. Besonders der alte Mensch spürt aufgrund seiner Lebenserfahrungen, daß er im Loslassen „höhersteigen" kann, um aus manchen „Niederungen" des Lebens stufenweise in höhere Formen der Lebenssicht aufzusteigen. In seinem berühmten Gedicht „Stufen" hat Hermann Hesse

diesen Prozeß umschrieben: Es muß das Herz auf jeder Stufe, die im Leben erreicht wird, bereit sein zum Abschied und Neubeginn, um sich tapfer und ohne Trauer in eine neue Bindung zu geben. Wer eine Stufe schon als Endziel oder Heimat betrachtet, erschlafft. Nur wer bereit ist aufzubrechen, kann lähmender Gewöhnung entfliehen. Selbst in der Todesstunde gehen wir noch neuen Räumen entgegen.

Der Zeichentrickfilm „Stufen" (schwarzweiß, 8 Minuten, von S. Schabenbeck, Polen) fügt den Gedanken von Hermann Hesse noch einen weiteren hinzu: Ein Mann ersteigt – zunächst voller Schwung, dann zunehmend angestrengt – ein nicht endendes Gewirr von Stufen. Schließlich erreicht er die höchste Plattform, wo er unverzüglich selbst zur Stufe erstarrt: Wir geben uns im Lebenswerk hin, um der Menschheit auf ihrem Weg ein winziges Stückchen weiterzuhelfen. Das könnt ihr, Kinder, jetzt schon erfahren: Ihr werdet geformt und gefestigt, um eine Stufe zu werden, auf der andere wieder aufbauen können. Wir alle fühlen uns auch manchmal wie Stufen: ausgetreten und abgenutzt. Manche treten auf uns herum, um schneller hoch hinaufzusteigen. Nur wenige beugen sich tief hinab, um eine Stufe zu küssen, d. h. um dafür zu danken, daß diese Stufe da ist, die uns hilft und weiterbringt. Aber dabei wären wir in guter Gesellschaft: Auch Jesus „stieg herab" und wurde Mensch (vgl. Lesung), um zur Stufe für dich und mich und für viele zu werden. Um aber von der letzten Stufe ins Licht emporgehoben zu werden, brauchen wir die „Himmelfahrt", die wir heute feiern. Das dürfen auch wir am Ende des Lebens erhoffen. Auch hier ist es wieder interessant, wie diese Sicht des Lebens in vielen auch nichtchristlichen Völkern verwurzelt liegt: Wenn z. B. Indianer ihren Tod ahnen, steigen sie auf einen Berg. Sie gehen dem Tod entgegen wie einem guten Freund: Stufe um Stufe steigen sie hinauf – direkt ins weiße, freundliche Licht.

3. *Hilfen auf dem Weg „nach oben":* Wir sind nicht allein gelassen auf diesem Weg „von Stufe zu Stufe". Ich sagte schon, daß Jesus uns vorangegangen ist. Wir sehen an dieser gebastelten Wendeltreppe die Mitte, die alle Stufen hält. Im Bild gesprochen: Die Mitte, die uns hält und mit allen Menschen verbindet, ist Gott, der die Liebe ist. Wer sich an ihn oder an die Liebe hält, kann in jeder Lebenssituation weiter nach oben steigen – auch wenn das Leben ihn noch so hart trifft.

Wir können uns auch noch ein Geländer vorstellen oder ein Seil als Halt beim Aufstieg: Menschen, die uns an die Seite gestellt sind, die mitgehen, uns halten und stark machen – durch Vertrauen und Geborgenheit. Und es bleibt uns der Glaube und die Hoffnung, daß Gott und Christus uns auf der obersten Stufe erwarten.

Wenn wir in Zukunft Treppen sehen oder steigen, dann braucht unser Blick nicht an der Oberfläche zu bleiben: Wir üben etwas aus, was unser ganzes

Leben betrifft! Wir steigen von Stufe zu Stufe Gott entgegen! – Treppen heben unseren Blick: Sie zeigen unsere Bestimmung an.

(Inspiriert zu dieser Predigt hat mich die Juli/August-Nummer 1993 von „Das Zeichen": Vom Geheimnis der Stufen und Treppen)

63. Vom lebendigen Wasser
(Ein römischer Brunnen, wie er des öfteren in Wohnungen anzutreffen ist, oder ein Bild davon)

Lesung: Joh 4,5-42 (Begegnung am Jakobsbrunnen).

Das Bild von diesem Brunnen mit seinen vielen Schalen, die das Wasser auffangen und weitergeben, weckt Erinnerungen an einen „römischen Brunnen" und die bekannten Verse von Conrad Ferdinand Meyer:
Auf steigt der Strahl,
und fallend gießt er voll der Marmorschale Rund,
die, sich verschleiernd,
überfließt in einer zweiten Schale Grund.
Die zweite gibt, sie wird zu reich,
der dritten wallend ihre Flut,
und jede nimmt und gibt zugleich
und strömt und ruht."

1. *Das Wasser hält unsere Erde lebendig.* Die Brunnenschalen füllen sich nicht von unten, sondern vom „Himmel" her, von Gott: Wasser ist ein Geschenk „von oben". Wenn es – weitergereicht – auch der letzten Schale in der Pyramide des Brunnens noch Segen bringen soll, dann darf es auf keiner Ebene mißbraucht, verunreinigt oder vergiftet werden. Denn Wasser ist die Grundlage allen Lebens. Unser Planet wäre ohne Wasser öde und wüst wie vermutlich die anderen, und er wird wieder zunehmend zur Wüste, wenn wir nicht verantwortungsvoller mit dem Segen des Wassers umgehen.

2. *Die Liebe hält unser Miteinander lebendig.* Vergleichbar mit diesem Wasser, das von den Brunnenschalen empfangen und weitergegeben wird, ist die Liebe: Zuerst sind wir als Kinder nur Empfangende, die ihrer Umgebung anvertraut sind: Bekomme ich den Segen „von oben", von den Eltern, der Umwelt und vor allem von Gott – oder nicht? Wenn dann die Schale meines jungen Lebens angefüllt ist, lerne ich das Weitergeben und Teilen. Wer nur nehmen will, haben, besitzen, beherrschen, ist ein Dieb, ein Ausbeuter, ein Schmarotzer. Erst Empfangen *und* Geben läßt eine Partnerschaft zu, ermöglicht Gesellschaft und Miteinander, hält die Welt lebendig. Nur so sind verschiedene Generationen wie Gefährten, die im Geben und Nehmen, Nehmen und Geben, Zukunft möglich machen. Es ist erstaunlich, daß schon

im alten China diese Zusammenhänge klar erkannt wurden: Wasser als Gleichnis für das Leben und die Liebe. In einer Kurzgeschichte heißt es: Und der Weise, der seinen Blick nicht vom unablässig strömenden Wasser abließ, sprach endlich:

Das Wasser lehrt uns, wie wir leben sollen.

- Wohin es fließt, bringt es Leben und teilt sich aus an alle, die seiner bedürfen: Es ist gütig und freigebig.
- Die Unebenheiten des Geländes versteht es auszugleichen: Es ist gerecht.
- Ohne zu zögern in seinem Lauf, stürzt es sich über Steilwände in die Tiefe: Es ist mutig.
- Seine Oberfläche ist glatt und ebenmäßig, aber es kann verborgene Tiefen bilden: Es ist weise.
- Felsen, die ihm im Lauf entgegenstehen, umfließt es: Es ist verträglich.
- Aber seine Kraft ist Tag und Nacht am Werk, das Hindernis zu beseitigen: Es ist ausdauernd.
- Wie viele Windungen es auch auf sich nehmen muß, niemals verliert es die Richtung zu seinem ewigen Ziel, dem Meer, aus dem Auge: Es ist zielbewußt.
- Und sooft es auch verunreinigt wird, bemüht es sich doch zuverlässig, wieder rein zu werden: Es hat die Kraft, sich immer wieder zu erneuern.

(Nach Johannes Thiele, Fantasie für die Schöpfung, Herder Verlag, Freiburg 1990)

3. *Das lebendige Wasser, das Jesus reichen will.* So lebensnotwendig das Geschenk Wasser ist und wenngleich das Gleichnis des Wassers uns wichtige Geheimnisse des Lebens offenbaren kann, es gibt noch eine andere Ebene in der Rede Jesu vom lebendigen Wasser, das er in die Schalen dieser Welt gießen will: So viele Menschen fühlen sich unerfüllt und unzufrieden wie diese Samariterin, mit der Jesus ins Gespräch kommt. Es gibt ja den Durst nach Anerkennung und Liebe, nach einem Sinn im Leben. Diesen „geistigen Durst" will Jesus stillen: Er gibt uns eine Sicht des Lebens, in der all unsere Wünsche und Sehnsüchte zur Ruhe kommen. Wer in Jesu Wahrheit und Licht eintaucht, spürt einen geistigen Lebensstrom in sich, von dem uns in der Taufe die ersten Wassertropfen über den Kopf gegossen wurden. Wer sich von dem lebendigen Wasser Jesu erfüllen läßt, wird wie eine ausströmende Schale, die die Menschen in der Umgebung nachdenklich macht, Orientierung gibt und Leben und Freude bringt.

4. *Das Wort Gottes als sprudelnde Quelle.* Ein Beispiel für dieses weiterströmende und fruchtbringende lebendige Wasser ist das verkündete Wort Gottes. Wie bei der wunderbaren Brotvermehrung werden plötzlich alle satt: Sie empfangen und geben weiter, nehmen an und teilen mit dem Nächsten. Wer an Treffen teilnimmt, bei dem Menschen sich zum „Bibelteilen" versammeln, erlebt den geistigen Lebensstrom, der von Jesus

ausgeht. Da wird das „Wasser Gottes" zu einer sprudelnden Quelle, die den geistigen Durst stillt und so letztlich ewiges Leben schenkt.

(Zuerst veröffentlicht in „Bausteine für die Predigt", 3. Fastensonntag, Lesejahr A 1993, Bergmoser + Höller Verlag, Aachen)

64. Zeichen am Wege

(Verschiedene Verkehrszeichen – bei der örtlichen Straßenmeisterei oder beim Straßenverkehrsamt – ausleihen und ein selbst hergestelltes gemäß Abbildung)

Hinweis: Leicht in einen Schul- oder Schulentlassungsgottesdienst umzuwandeln.

Vorbemerkung: Die Bedeutung der Schilder zunächst jeweils von den Schülern herausfinden lassen. Bitte auswählen!

Lesungen: Kol 3, 12-15 (Bekleidet euch mit Rücksicht); Joh 14,3-6 (Ich bin der Weg).

Wir sind im Leben „auf dem Weg", weil wir – so glauben wir – uns nur als „Gast auf Erden" (GL 656) sehen dürfen. Auf den vielen Wegen, die wir gehen, und an den zahlreichen Wegkreuzungen bemühen wir uns, den Weg zu finden, den Jesus uns weist und der er selbst ist. Er sagt ja von sich: Ich bin *der* Weg! Um das zu erreichen, stehen hilfreiche „Verkehrszeichen" an den Wegen unseres Lebens. Einige davon habe ich mitgebracht; sie können uns Hinweise geben auf unseren Umgang miteinander – besonders auf einen christlichen Umgang. Wir betrachten sie einmal:

Schild: Achtung! Ich war überrascht, auf wie vielen Schildern im Straßenverkehr zur Rücksicht aufgerufen wird. Wenn wir im Zusammenleben mit so vielen Menschen nicht laufend „Unfälle" verursachen wollen, geht es wohl nicht ohne Zeigefinger. Wer Hinweise und Ratschläge auf Gefahrenpunkte in der Schule oder der Ausbildung nicht annimmt, muß damit rechnen, andere zu gefährden und zu verletzen. Hoffentlich habt ihr Eltern, die darin eine ihrer Aufgaben sehen.

Schild: Geschwindigkeitsbegrenzung. Wir dürfen nicht alles, was möglich und machbar ist! Das gilt für die Raserei auf den Straßen und im übertragenen Sinne auch für die Gen- und Atomforschung. Viele rufen uns warnend zu, die Grenzen jeder Forschung zu bedenken, sonst werden wir unversehens „aus der Kurve getragen".

Schild: Achtung, Fußgänger auf Zebrastreifen. Rücksicht ist gefragt auf Fußgänger, Ältere, Behinderte, vor allem auf Kinder! Ich muß mich vorsichtig nähern; die Gefährdung ist sehr groß!

Schild: Achtung Kreuzung. Jeden Tag stoßen wir auf „Kreuzungen", an denen wir uns nicht draufgängerisch und rücksichtslos den Weg erkämpfen dürfen (jetzt das Schild so weit drehen, daß aus der Kreuzung ein Kreuz wird), um andere nicht zu kreuzigen.

Schild: Vorfahrt achten. Die Gottes- und Nächstenliebe hat immer Vorrang! Gott und den Mitmenschen höher stellen als sich selbst erleichtert anderen und letztlich auch uns das Leben.

Schild: Überholverbot. Es fällt manchmal schwer, in Reih und Glied zu bleiben und dabei die Geduld nicht zu verlieren. Aber das Schild wird ja nicht zur Schikane aufgestellt! Es schützt auch uns selbst, weil eine Gefahr an dieser Stelle schwer einzuschätzen ist.

Schild: Verengte Fahrbahn. Krankheit kann zu so einem Engpaß werden. Alles geht langsamer und mühseliger. Auch Arbeitslosigkeit ist ein Hindernis, das alle Pläne über den Haufen wirft. Ich muß Kompromisse suchen, den Gürtel enger schnallen, Wünsche reduzieren und Hilfe annehmen.

Schild: Umleitung. Damit habe ich nicht gerechnet! Ich bin durchgefallen. Wechsle ich den Arbeitsplatz oder den Wohnort? Es ist schwierig, sich neu zu orientieren. Manchmal bin ich unsicher, in welche Straße ich einbiegen soll. Alles kostet mehr Zeit. Aber so eine Umleitung bietet auch die Chance, Neues zu erfahren.

Stop-Schild. Wie groß dieses Schild ist! (Es gibt sie in verschiedener Größe!) Eigentlich nicht zu übersehen! Stop – halte ein in der ständigen Hetzjagd! Denke nach: Darf es so weitergehen – mit dem Unfrieden in der Familie, mit dem „Immer-mehr-haben-Wollen", mit der weiteren Zerstörung der Umwelt?

Schild: Absolutes Halteverbot. Du merkst, dein Freund will dich zum Diebstahl verführen oder zu Drogen – da kannst du nur durchstarten!

Schild: Sackgasse. Wenn wir Jesus nachfolgen, werden wir nicht in einer Sackgasse landen. Aber weil wir die Freiheit der Entscheidung haben, können wir doch manchmal da hineingeraten. Nur: Niemand muß in der Sackgasse bleiben! Gott gibt uns immer die Chance der Umkehr. Ich wünsche uns genügend Menschen, die uns beim Wenden helfen!

Schild: Parken erlaubt. Wir brauchen Zeiten zum Ausruhen, um neue Kräfte zu sammeln. Jeden Tag ein paar Minuten der Entspannung, und besonders der Sonntag ist dazu geschaffen, die Seele mehr atmen zu lassen.

Schild: Freie Fahrt (oder Ende sämtlicher Verbote). Ein wunderbares Schild! Endlich können wir ohne Vorschriften in eigener Verantwortung losfahren – in ein paar Tage Urlaub oder nach bestandener Prüfung. Endlich können wir auch ein paar von denen überholen, die andere Vorstellungen vom „Tempo" haben. Wie schön auch, wenn wir ein Zuhause oder einen Arbeitsplatz mit sehr wenigen Verbotsschildern haben.

Das Schild „Vorfahrt achten" mit einem Kreuz, an dem ein Mensch hängt (wie abgebildet). Ich wünschte, es stünde in jedem Dorf und in jedem Stadtteil dieses Verkehrszeichen. Es bedeutet: „Lege heute keinen Menschen aufs Kreuz!", oder: „Kreuzige heute keinen Menschen!" Dann sind wir mitten auf dem Weg, der Jesus Christus selbst ist.

(Letztes erdachtes Verkehrszeichen nach einer Idee bei W. Willms; vgl. „133", Seite 16, 2)

Wie das Hauptgebot der Gottes- und Nächstenliebe alle anderen Gebote beinhaltet, so erfaßt die Straßenverkehrsordnung alle Gebots- und Verbots- schilder im § 1: „Jeder Verkehrsteilnehmer hat sich im Straßenverkehr so zu verhalten, daß kein anderer gefährdet, geschädigt und kein anderer mehr als nach den Umständen unvermeidbar behindert oder belästigt wird."

Zum Thema „Sinn des Lebens" siehe in diesem Buch auch Nr. 19, 24, 48, 83.

Verschiedenes

65. Im Sinnbild des Schmetterlings
(Eine Sonnenblume und je nach Anzahl der SprecherInnen Schmetterlinge)

Anlaß: Ministrantenaufnahme.

Lesung: Joh 20,11-18 (Halte mich nicht fest: Etwas Schönes zerstöre ich, wenn ich es festhalten will).

(In unserer Pfarrei halten wir es so, daß die Jungen und Mädchen, bevor sie ihren Text von der Rückseite eines selbstgebastelten Schmetterlings vorlesen, mit Namen und Straße usw. der Gemeinde vorgestellt werden, für die sie den Dienst ausüben. Es können dazwischen auch noch andere Informationen und Intentionen vom Gottesdienstleiter eingefügt werden, z.B. wer die Gruppe begleitet, wie viele Gruppen es in der Pfarrei gibt ... Allerdings sollte die „Predigt" nicht zu sehr unterbrochen werden.)

Pr: Ein Teil unserer neuen Ministranten hält uns jetzt die Predigt. Zuerst kommt N.N.:

1. Unter dem Zeichen des Schmetterlings werden wir heute in die große Schar der Ministranten aufgenommen. –
   Einer, der an Gott glaubt, bekommt wie ein Schmetterling Flügel: Er kann im Leben viel leichter über alle Hindernisse hinwegfliegen. (Schmetterling zur Sonnenblume bringen und aufstecken)

2. Die Sonnenblume, zu der wir fliegen, soll für Jesus Christus stehen. Er ist die Sonne Gottes. Darum haben wir auch am Anfang gesungen: „Sonne der Gerechtigkeit." – Als Schmetterlinge möchten wir bei ihm immer wieder landen, uns stärken und dann mit mehr Freude weiterfliegen. (Schmetterling zur Sonnenblume bringen und aufstecken; und so fort bei jedem Kind)

3. Unsere Gruppe besteht aus ... Schmetterlingen. Zusammen mit den anderen gibt es jetzt in unserer Gemeinde über ... Jungen und Mädchen, die am Altar dienen oder vorbeten.

4. Gemeinsam fällt vieles leichter! Eine Gruppe kann dazu verhelfen, daß sich eine mühselig kriechende Raupe in einen leicht schwebenden Schmetterling verwandelt: Wenn Kritik mit Liebe gesagt wird; wenn wir gelobt werden; wenn wir uns für das Gebet, das Gespräch und die Spiele öffnen.

5. Manchmal ist ein Gottesdienst für uns Kinder mühsam. Das Mitfeiern fällt uns leichter, wenn wir darin eine Aufgabe für alle anderen übernehmen: im Heranbringen der Gaben; im Tragen der Kerzen; beim Schellen oder Anreichen von Weihwasser und Weihrauchfaß.

6. Der Schmetterling ist ein Symbol für die Auferstehung. Der Glaube an

Jesus schenkt uns Flügel, um sogar den letzten Abgrund des Todes zu überwinden. Wir wissen in Leid und Not: Der Tod hat nicht das letzte Wort. – Wir Ministranten möchten mit diesem Vertrauen leben.

7. Wir dürfen einen Schmetterling nicht anrühren oder festhalten. So gibt es vieles im Leben, dem wir nur mit Staunen und Zärtlichkeit begegnen können: Die Liebe Gottes zu jedem Menschen, die Nähe Jesu in unserer Mitte, das Wunder des verwandelten Brotes auf dem Altar. – Wir Meßdiener wollen diese gute Nachricht weitersagen.

8. Schmetterlingen drohen auch Gefahren: Regen und Sturm können sie vom Himmel holen. Damit wir nicht abstürzen, brauchen wir den Rückhalt durch Eltern und Geschwister; auch die richtige Hand der erwachsenen und jugendlichen Begleiter in unserer Gruppe; natürlich auch den guten Willen der anderen Ministranten. Dann macht uns die Aufgabe auf Jahre hinaus Freude.

Pr: (kann die Gedanken weiterführen mit Bezug auf das Evangelium, aber nach dem Grundsatz: In der Kürze liegt die Würze!)

(Dazu ein ausformulierter Gottesdienst in „FaJu" Okt. 91: Im Zeichen des Schmetterlings)

66. Der Streckenwärter Gottes
(Kleidung und Arbeitsgeräte eines Streckenwärters)

Anlaß: Zum Jubiläum eines Priesters.

Lesungen: 1 Joh 4,7-10 (Die Liebe Gottes weitergeben); Joh 15,9-17 (Ich trage euch auf: Liebt einander).

Vorbemerkung: Wir liehen uns die im Sprechspiel genannten Gegenstände im nächsten Bundesbahnmuseum (für uns: Düren) aus. Über der MISSIO-Leuchtbox und von ihr angestrahlt hängt eine Zeichnung von einem Stück Schienenstrang. Die vortragenden Kinder und Jugendlichen zeigen die Gegenstände zunächst sehr deutlich.

Einleitung: Am Beispiel eines Streckenwärters bei der Eisenbahn überdenken wir den Beruf und die Aufgaben eines Priesters. So wie der Streckenwärter für einen bestimmten Streckenabschnitt der Bahngleise verantwortlich ist, so soll ein Priester Hilfe sein für die Lebens-Strecke, die seine Gemeinde mit ihm zurücklegt. Damit die Botschaft Gottes die Menschen erreichen kann.

1. *Sprecher mit Mütze und Jacke:* Ich bringe *Mütze* und *Jacke* eines Streckenwärters. Wenn einer ihn in dieser Arbeitskleidung sieht, weiß er, welchen Beruf er ausübt. – So erkennen wir im Gottesdienst den Priester an seinem festlichen Gewand.

2. *Sprecher mit Fahne und Signalhorn:* Das sind die *Fahne* und das *Signalhorn* eines Streckenwärters. Er schwenkt oder betätigt sie, wenn Gefahr droht. Um diese verantwortungsvolle Aufgabe zu leisten, muß er sehr aufmerksam sein. – Ähnlich weist der Priester mit seinen Worten und Predigten auf Hindernisse hin, die auf unseren Lebensschienen liegen.

3. *Sprecher mit Schraubenschlüssel:* Mit diesem *Schraubenschlüssel* kontrolliert der Streckenwärter alle Schrauben an den Gleisen und zieht die locker gewordenen wieder an. – Ähnlich versucht der Priester, den Glauben zu festigen. Er bemüht sich, Zweifelnde und Fernstehende für die Gemeinschaft zurückzugewinnen.

4. *Sprecher mit Schottergabel und Schotterschaufel:* Das sind *Schottergabel* und *Schotterschaufel* des Streckenwärters. Er braucht sie, um den Untergrund der Schienen aufzufüllen und zu festigen. – Ähnlich ist der Priester dazu bestellt, denen zu helfen, die in ihrem Leben den festen Boden unter ihren Füßen verloren haben.

5. *Sprecher mit einer Meßlatte:* Mit dieser *Meßlatte* kontrolliert der Streckenwärter die vorgeschriebenen Abstände zwischen den Schienen, damit kein Zug entgleist. – So ist auch der Priester dazu berufen, vom Wort Gottes her Maßstäbe an unser Leben anzulegen, damit es gelingt.

6. *Sprecher mit einer Lampe:* Das ist die *Lampe* eines Streckenwärters. Mit ihr leuchtet er im Dunkeln seine Strecke aus. Mit ihr schenkt er auch Orientierung. – In der Bibel sagt Jesus: „Ich bin das Licht der Welt" und „Ihr seid Licht für die Welt!" Besonders der Priester soll durch sein Vorbild Licht und Orientierung sein auf unserem Weg zu Gott.

7. *Sprecher mit einem Geschenk:* Streckenwärter kommen und gehen. Nach ihren Dienstjahren wird ihnen gedankt, und ein neuer tritt an. – So kommen und gehen auch die Priester einer Pfarrgemeinde. Es ist schön, wenn sie Dank erfahren. Darum darf ich Ihnen, Herr ..., im Namen ... dieses Geschenk überreichen. Wir danken Ihnen, daß Sie die Wegstrecke in Ordnung gehalten haben, damit Menschen den Zielbahnhof finden können.

Priester: Danke für das Geschenk und dafür, daß ihr meine Aufgaben so genau umschrieben habt. Danke auch für die Mühe der Vorbereitungen, all die Gegenstände zu besorgen.
Jeder Priester kann nur *versuchen,* die Gemeinde auf einem Streckenabschnitt zu begleiten. Gebe Gott, daß ich der Gemeinde auch in Zukunft ein guter Streckenwärter bin.

(Familienmeßkreis St. Pankratius nach einer Idee von Renate John, Bergheim-Paffendorf. Dazu ein gleichnamiger, ausformulierter Gottesdienst in „FaJu" Febr. 92)

67. Für die Menschen bestellt
(Ein Stempel, der ein Kreuz oder ein ☧ zeigt; eine Stange roter Siegellack)

Anlaß: Priesterjubiläum.

Hinweis: Wir hatten als „Andenken" für alle Festgottesdienstteilnehmer ein Faltblatt mit Meditationstexten und/oder Predigt zum Jubiläum erstellt, auf dessen Rückseite in der Größe eines Markstückes das Siegel in den roten Siegellack gedrückt war. Das Siegel können Sie über meine Adresse ausleihen (siehe „Hilfen" auf Seite 12).

Lesungen: Hld 8,6-7 (Leg mich wie ein Siegel auf dein Herz); Mt 9,36-38 (Die Ernte ist groß); Mt 10,5-8.16 (Geht zu den verlorenen Schafen).

Dieser rote Siegellack (zeigen!) muß erst im Feuer weich und biegsam werden. Dann kann ich diesen Stempel (zeigen!), der ein Christuszeichen trägt, hineindrücken und damit siegeln. Wir können das Gleichnis so deuten: Der Siegellack bin ich selbst, der ich mich erst dem Feuer Gottes aussetzen mußte. Dann wurde der Stempel mit dem Christuszeichen hineingedrückt; das heißt: Ich wurde von Christus besiegelt und so bestimmt, für die Menschen dazusein.

Diese Besiegelung mit Christus sah in der Priesterweihe so aus: Der Bischof salbte die Innenfläche meiner Hände mit Chrisamöl unter den Worten: „Unser Herr Jesus Christus behüte und stärke dich in deiner Aufgabe ..." Dann wurden damals meine Hände eine Zeitlang zusammengebunden, „gefesselt", um auszudrücken: Du bist jetzt ganz in diesen Dienst gestellt. Die Besiegelung darf keiner aufbrechen – wie ein Siegel auf wichtigen Briefen, das nicht irgendeiner brechen darf; es bleibt unverfälscht, unauflöslich.

Eine solche Besiegelung erfährt aber auch jeder Christ in ähnlicher Form in Taufe und Firmung durch die Salbung mit Chrisamöl: „Du gehörst jetzt ganz Christus an!" Ihr alle seid also zum „allgemeinen Priestertum" berufen. Ihr seid dazu bestimmt, im Acker Gottes mitzuhelfen: zu segnen, zu lehren, zu begleiten. Was wäre ich ohne Eltern, ohne Mitarbeiterinnen und Mitarbeiter? Gratulieren Sie mir deshalb heute nicht mit den Worten: „Mögen Sie uns noch lange erhalten bleiben!" Dahinter steckt ein falsches Priesterbild, das meint: „Wir haben einen, der macht das schon!" Gratulieren Sie mir mit den Worten: „Auf hoffentlich noch viele Jahre – mit vielen tüchtigen Mitarbeitern und Mitarbeiterinnen ...!"

Das *Rot* des Lackes zeigt an, was für Sie und mich bei dieser Besiegelung gemeint ist. Träumen Sie ruhig mit: „Feuer" ist gemeint, Heiliger Geist, Mut, Begeisterung, auch Bekennertum, Liebe, mit Leib und Seele! So bete und bitte ich darum für Sie und mich, was wir eben in der Lesung gehört haben: „Herr, unser Gott, leg uns wie ein Siegel auf dein Herz, wie ein Siegel an deinen Arm, damit wir, von dir gehalten und durchglüht, nie erlahmen oder die Freude verlieren!"

(Familienmeßkreis St. Pankratius, Bergheim-Paffendorf, nach einer Idee von Renate John. – Ein ausformulierter, gleichnamiger Gottesdienst in „FaJu" Januar 93)

Zum Kapitel „Verschiedenes" siehe auch Nr. 61 und 78 in diesem Buch.

Schulbeginn

68. Unter Gottes Schirm
(Ein Regenschirm)

Lesung: Psalm 31,15-24 in Auszügen:
Herr, ich vertraue dir, ich sage: Du bist mein Gott.
Behüte und beschirme mich, hilf mir in deiner Güte.
Wie groß ist deine Güte, die allen gilt, die dich lieben und achten.
Du beschirmst sie im Schutz deines Angesichtes.
Wie unter einem Dach bewahrst du sie.
Gelobt sei Gott, der wunderbar an mir gehandelt
und mir seine Güte erwiesen hat, als ich in Not war.
Ich dachte schon in meiner Angst: Ich bin allein.
Doch du, Gott, hast mein Rufen gehört.
Liebet Gott! Alle, die treu zu ihm halten, beschirmt er.

(Pr klappt den Schirm auf) So ein Schirm ist eine großartige Erfindung: Klappst du ihn bei Regen auf, wirst du nicht naß. Früher hielten sich die Menschen große Blätter von Pflanzen als Regenschutz über den Kopf ... Noch toller ist es, ein Dach über dem Kopf zu haben – wie bei euch zu Hause. Dann kann es sogar in dicken Körnern hageln, und wir sind sicher. Oder schaut mal das Dach der Kirche hier: Wir sind unter ihm geschützt und geborgen.
Eben hörten wir in der Lesung: „Herr, beschirme mich. Bewahre mich wie unter einem Dach!" Und wir haben gesungen: „Wo zwei oder drei in meinem Namen versammelt sind, da bin ich mitten unter ihnen!" Jesus sagt damit: Mein Vater und ich sind überall für euch da – hier, neben euch, unter euch, über euch. Wenn die Sonne am Himmelszelt, am „Dach des Himmels" lacht, dann gibt sie etwas von dem Lächeln Gottes über und um uns wieder: Sein Gesicht strahlt über uns auf.
Aber wie kommt es, daß es trotzdem regnet und hagelt und uns Dinge treffen, die weh tun? Es ist wie mit deinen Eltern. Auch sie sind wie ein Schirm über dir, sie wollen dich beschützen und behüten. Doch ihre Hände, ihr Schutz, reichen nicht aus, daß dir nicht auch Schlimmes begegnen könnte. Aber dann weißt du, ich kann zu meinen Eltern laufen und sie behüten mich. Jetzt helfen dir auch noch die Lehrerinnen und Lehrer: Auch sie sind wie ein Schirm, unter den du dich flüchten kannst.
So ähnlich ist es bei Gott: Sonne, Regen und Hagel gehören zum Leben. Auch Gott ist nicht allmächtig, wenn schlechte Menschen Böses tun wollen. Er läßt es zu. Aber du bist nicht allein. Du kannst zu ihm rufen und bitten: „Komm, beschütze mich! Sei wie ein Dach über mir!" Mit ihm bist du stark, weil er bei dir, über dir, unter dir ist.

Wenn du also in den nächsten Tagen einen Schirm siehst oder benutzt, erinnere dich: Die Eltern wollen dich beschützen, die Lehrer und Lehrerinnen beschirmen dich, und vielleicht gibt es auch größere Schüler und Schülerinnen, die euch als Erstkläßler auf dem Schulhof behüten, aber der Schirm und Schutz Gottes ist am mächtigsten.

Wir kennen ein Lied, bei dem wir die Hände wie einen Schirm, wie ein Dach, über uns heben:

„Halte zu mir, guter Gott, heut' den ganzen Tag
(= die Hände nach vorne ausbreiten wie zu einem Netz,
das uns vor dem Absturz bewahrt),
halt die Hände über mich, was auch kommen mag
(= alle halten die Hände wie ein Dach über sich).
Halte zu mir, guter Gott ... (= Wiederholung)

(Text und Noten: Impulse-Musikverlag, D-48317 Drensteinfurt)

In diesem Vertrauen könnt ihr jetzt fröhlich die ersten Schritte in das neue Land „Schule" setzen.

Segen (dazu die Hände über die Anwesenden wie zum Schutz ausgestreckt):
Gott segne und beschirme euch heute und jeden Tag.
Er segne und behüte euch;
er lasse sein Angesicht leuchten über euch und sei euch gnädig;
er hebe sein Angesicht über euch und gebe euch seinen Frieden. Amen.
(Aaronitischer Segen)

(Nach Ideen von Brügge-Lauterjung und Lore Kufner)

69. Gott gibt Hoffnung und Zukunft

(Bunte Perlenkette, bunter Ball, Kerze mit Kreuz aus Zierwachs, kleine zarte Topfpflanze, Fernglas, Wollknäuel)

Lesungen: Jer 29,11-14a (Ich will euch Hoffnung und Zukunft geben); Mk 10,13-16 (Segnung der Kinder – wie die Kinder werden); Joh 8,12 (Ich bin das Licht der Welt).

1. Liebe Kinder!
Jetzt öffnen sich für euch die Türen der Schule, und viele Kinder (Pr zeigt die *Perlenkette*), so verschieden wie die Perlen an dieser Kette, warten auf euch. Es wäre schön, wenn die „großen Perlen" die kleinen „an die Hand nähmen". Achtet darauf, daß keine herausfällt, und wenn ihr in eurer Klassengemeinschaft zusammenhaltet, wird es schön! Ihr seid doch alle wie kostbare Perlen, wenn auch jeder anders ist!
Dieser *bunte Ball* will euch sagen: Es warten nicht nur Stundenpläne und

Arbeit auf euch, sondern auch Lachen und Spiel; zum Beispiel verabschiedet sich das vierte Schuljahr bei der Entlassung immer mit einem tollen Theaterstück.

Mit dieser *Kerze* wünsche ich euch: Sitzt nie im Dunkel! Und wenn ihr eine Aufgabe nicht versteht, möge euch ein Licht aufgehen! (Die Kerze so drehen, daß das Kreuz darauf sichtbar wird:) Ihr seht hier das Kreuz auf der Kerze; das bedeutet: Jesus Christus ist *das* Licht für unsere Welt. Eure Taufkerze wurde damals an der Jesuskerze (= Osterkerze) entzündet. Jetzt stehen euch die Türen zur Kirche weit offen, um mehr über das „Licht der Welt", über Jesus, zu hören.

2. *Liebe Eltern!*

(Pr zeigt die *Topfpflanze*) Ihr Kind ist wie so eine zarte, kleine Pflanze. Überfordern Sie es nicht mit zu hohen Leistungserwartungen. Fordern Sie von Ihrem Kind nicht all das, was Sie selbst vielleicht nicht geschafft haben. So eine Pflanze braucht unseren Schutz und unsere Fürsorge.

Sehen Sie ab und zu durch dieses *Fernglas,* und betrachten Sie Ihr Kind ganz nahe. Entdecken Sie dabei, wie Kinder noch staunen können, wie sie zu begeistern sind, wie sie sich im guten Sinne neugierig auf Entdeckungsreise machen und neue Wege wagen. Von den Kindern lernen! – Wir meinen meistens, wir müßten ihnen etwas beibringen!

Dieses *Wollknäuel* enthält genug Geduldsfäden für Sie: Sie können sich jedenfalls welche hier abschneiden: Geduld, wenn Sie vom Streß der Arbeit nach Hause kommen, wenn die Zweijährige schreit und Ihre „Große" bei den Hausaufgaben nach Hilfe ruft.

Oder tauschen Sie einmal: Geben Sie dem Kind ein zartes Pflänzchen, das es betreuen soll, um daran zu wachsen. Und das Kind wird für Sie zur brennenden Kerze, wenn Ihnen mal der Lebensmut sinkt.

(Zum Teil nach Pfr. Engelsberger, Wiesloch, in der ZDF-Gottesdienstübertragung vom 16.9.90)

Ferien / Umwelt / Schöpfung

70. Ich bin der Regenbogen
(Kinder zeigen die einzelnen farbigen Bogen vor, sprechen den Text und führen sie schließlich zum Regenbogen zusammen. Die richtige Reihenfolge: rot, orange, gelb, grün, hellblau, dunkelblau = indigo, violett)

Lesungen: Gen 9,12-17 (Der Regenbogen als Zeichen des neuen Bundes mit Gott); Mt 18,21-35 (Von der Pflicht zur Vergebung – der unbarmherzige Knecht).

1. Kind: Ich bin das Rot.
Ich leuchte als Morgenrot. Ich leuchte als Abendrot am Himmel.
Du kennst mich als Rosenrot. Deinen Lippen gebe ich meine Farbe.
Auch dein Blut ist rot. Ich bin die Farbe der schönsten Blüten:
die Farbe von Klatschmohn und Rose.
Ich bin im roten Wein und im flackernden Feuer.
Ich bin die Farbe der Liebe. Ich muß alles durchdringen.
Ohne Liebe ist alles trostlos.

2. Kind: Ich bin das Grün.
Ich bin die Farbe der keimenden Saat,
die Farbe des Blattes am Baum und der saftigen Wiesen.
Du findest mich dort, wo es Wasser gibt. Die Erde bringt mich hervor.
Der Frosch hat seine Farbe von mir – und auch der Lebensbaum.
In meiner Nähe erholst du dich.
Ich bin das Grün, die Farbe der Hoffnung.

3. Kind: Ich bin das Gelb.
Ich bin in den Sonnenstrahlen.
Wo ich hinfalle, wird alles hell und licht;
dort beginnt es zu wachsen und zu blühen.
Ich strahle und wärme, und alles gedeiht.
Auch das Rapsfeld und der Löwenzahn im Frühling
haben meine Farbe, die reifen Kornfelder im Sommer;
der Sand in der Wüste und am Meer und der Zitronenfalter.
Ich bin in der strahlenden Sonnenblume.
Ich bin das Gelb, die Farbe des Lichtes.

4. Kind: Ich bin das Hellblau.
Ich bin die Farbe des Himmels. Die Vögel leben unter dem Himmel.
Schmetterlingen gab ich meine Farbe.
Auch das Vergißmeinnicht erfreut die Menschen mit meinem Blau.

5. *Kind: Ich bin das Orange.*
Die Farbe leuchtender Früchte, die Farbe der wohlschmeckenden Orangen.
Ich bin die Farbe der Vorfreude: Freude auf Erholung und Ferien;
Freude auf das Schwimmen im Meer; Freude auf das Spielen im Sand;
Freude auf das Besteigen der Berge; Freude auf das Wandern durch die Natur.

6. *Kind: Ich bin das Blau.*
Ich bin eine starke Farbe. Mit mir begann alles. Ich war am Anfang.
Ich bin die Farbe des lebenspendenden Wassers für Mensch und Tier;
die Farbe der Seen und sprudelnden Bäche;
ich bin die Farbe der Meere und Ozeane. Fische und vieles Getier leben in mir. –
Der Blaumeise gab ich das Mützchen. Der Kornblume gab ich die Blüte,
auch dem Enzian und Rittersporn.
Ich bin das Blau, die Farbe der Treue.

7. *Kind: Ich bin das Violett.*
Ich bin die Farbe des Veilchens, des Flieders.
Ich bin die Farbe der Buße und Umkehr. Ich bin die Farbe der Ruhe.
Ruhe, für das Rot der untergehenden Sonne.
Ruhe, für das Grün des Baumes.
Ruhe, um sich selbst zu finden.
Ruhe, um auf andere Menschen zuzugehen.
Ruhe, um Gott zu begegnen.

Nachdem die Kinder den Regenbogen zusammengefügt haben, sagt der *Gottesdienstleiter:*
Sieben Farben hat der Regenbogen. Er fängt Gottes herrliche Natur ein. Über all den Ferienerlebnissen soll der Regenbogen leuchten. Er ist das Zeichen der Versöhnung zwischen den Menschen und auch mit Gott. Wer die Versöhnung nicht in seinen Koffer packt, kann sich den Urlaub verderben. Versöhnliche Menschen garantieren eine schöne Ferienzeit, selbst wenn die Sonne auf sich warten läßt.

(Kath. Grundschule in Niederzier-Ellen; leicht verändert)

71. Im Sinnbild des Paragleiters

(Im Altarraum ist ein Paragleiter – über den Stufen – ausgebreitet. In der Pfarrei gibt es sicher welche, die diesen Sport ausüben: dort anfragen. – Oder ein großes Foto bzw. eine Zeichnung als Anschauung)

Lesungen: Ex 19,3-6 (Ich habe euch auf Adlerflügeln getragen; dazu GL 258, 2. Str.); Jes 40,28-31 (Die dem Herrn vertrauen, bekommen Flügel wie Adler); Joh 15,9-17 (Bleibt mit mir verbunden).

Es ist ein herrliches Gefühl, mit solch einem Gleitsegel ins Tal zu schweben. Etwa 70 bis 120 Leinenfäden geben dem Paragleiter eine möglichst gleichmäßige, strömungsgünstige Form (ca. 7–11 m breit; Kosten drei- bis siebentausend DM). Würden ein paar Leinen durchtrennt, z. B. wenn er mit einem Drachenflieger kollidiert, der nicht immer alle Winkel seines Fluggerätes übersehen kann, dann verliert der Gleiter seine aerodynamische Form und stürzt in einer Art Korkenzieher-Bahn ab. Bei Höhenunterschieden ab 50 m muß der Gleitsegelpilot neben dem grundsätzlich vorgeschriebenen Helm auch noch einen

Fallschirm tragen; bei einer Firma „the second chance" genannt, „die zweite Chance", nicht abzustürzen. Der Pilot schleudert dann den Fallschirm weit zur Seite, damit er sich nicht im herabstürzenden Gleitsegel verheddert.

Dieser Paragleiter wird uns zum Gleichnis für unser Leben. Wir sind ins Leben geworfen wie so ein Gleitsegler, der auf einer Bergwiese startet. Zunächst halten uns die starken Beziehungsfäden der Familie. Wer sich in den ersten Lebensjahren nicht im Vertrauen auf Vater und Mutter gehalten fühlt, der wird im Leben, selbst wenn er später in einen ruhigen Gleitflug gerät, nie die Angst los, doch fallengelassen zu werden. Neben der Familie tragen uns noch viele weitere Beziehungsfäden: Verwandte und Erzieher, ein Freund, eine Freundin ...

Es gibt noch mehr lebenswichtige Leinenfäden am Paragleiter, die auf keinen Fall reißen oder durchtrennt werden dürfen, weil er sonst zum Absturz käme: So etwa, sich von einer Gemeinschaft getragen fühlen, Gesundheit, arbeiten dürfen, in der Schule mitkommen ... Wir dürfen nie über Menschen urteilen, weil wir ihre Beziehungsfäden nicht kennen. So stehen wir in Mordfällen immer wieder vor Rätseln, die nur schwer aufzudecken sind.

Es gibt auch noch die Beziehungsfäden, die wir uns direkt nach „oben" denken, obwohl Gott nicht nur oben ist. Wir hören dazu eine kurze Geschichte, die sagen will: Wenn ein Mensch die Beziehungsfäden zu Gott abreißt, steht er in der Gefahr, einen wesentlichen Halt zu verlieren:

Eine Spinne lief einmal ihr Netz ab, um es auszubessern. Da entdeckte sie wieder den Faden „nach oben", an dem sie heruntergestiegen war, aber das war schon lange her. Da sie nicht mehr genau wußte, wozu er diente, hielt sie ihn für überflüssig und biß ihn kurzerhand ab. Da fiel das Netz mit ihr in die Tiefe, wickelte sich um sie wie ein nasser Lappen und erstickte sie.

(Siehe „Kurzgeschichten 1", Nr. 180)

Heute umgeben sich Menschen mit tausend Dingen und meinen, auf diese Weise aller Angst entfliehen zu können. Viele wissen gar nicht mehr um die entscheidenden Fäden zu Gott und ersticken langsam am Konsum. Die Fäden des Vertrauens zu Gott haben auch Jesus gehalten, selbst als er rief: „Mein Gott, warum hast du mich verlassen?!" Wir kommen ja hier zusammen, um darauf zu schauen, wie Jesus es gemacht hat, der uns im Evangelium gesagt hat, wie wir mit ihm verbunden bleiben können. Wie wichtig ist es, wie Jesus im Gespräch mit Gott zu bleiben! Dafür brauche ich nicht immer in die Knie zu gehen, das kann ich auch bei einem Spaziergang oder beim Hobby, wenn ich zum Beispiel sonntags hundert Kilometer mit dem Fahrrad fahre ... Ich muß nur die richtige Antenne dafür haben. Vor einer Ampel kann ich eine Minute lang träumen, aber auch meine Verbindungsfäden zu Gott stärker machen. Wer spürt, wie Gott ihn hält, der darf dafür zuerst danke sagen, denn letztlich ist das ein Geschenk. Als Gegengabe können wir dieses Geschenk an andere weitergeben, damit auch sie das herrliche Gefühl erleben können, sich getragen zu wissen. So kann ich froher leben und sanfter am Ziel aufsetzen.

Der Fallschirm, der mir beim Absturz noch bleibt, ist die Liebe: Die Liebe eines anderen Menschen, der mir dann Geborgenheit schenkt, oder die verzeihende Liebe Gottes. Von ihm wissen wir, daß wir zu Lebzeiten immer eine „second chance" haben, einen neuen Versuch wagen können. Über diesen Fallschirm zu diskutieren, das bringt nichts. Ich muß diese „second chance" nutzen und darauf vertrauen, daß Gott mich nicht abstürzen läßt.

(Auf die Idee des Paragleiters brachten mich Fini und Karl Manges, Arbeitskreis Kindergottesdienst in A-6167 Neustift)

72. Eine Ansichtskarte als Gleichnis
(Eine bunte Ansichtskarte)

Lesungen: Kol 3,12-15 (Ihr seid von Gott geliebt); Joh 3,14-17 (Gott will die Welt retten).

(Pr zeigt die Ansichtskarte) Millionen dieser Ansichtskarten werden in den Ferien wieder auf den Weg geschickt. Bekommen wir eine, freuen wir uns über den, der da an uns gedacht hat. Wir lesen den Text, betrachten das Bild, die Briefmarke. Aber eine Ansichtskarte kann uns noch mehr sagen: Sie kann uns Wichtiges über unser Leben in Erinnerung rufen:

1. *Das Schöne entdecken und weitergeben.* Der Absender findet den Ausschnitt schön, den die Karte zeigt. Er hat am Kartenständer vor dem Kauf geprüft, ob der Ausschnitt das wiedergibt, was ihn fasziniert: die Badegelegenheit, der Berggipfel, die Sehenswürdigkeit, die reizvolle Landschaft ... Auch wir selbst sind Spiegel der bunten Schöpfung Gottes. Manchmal fällt es uns schwer, die schönen Seiten an uns selbst oder anderen zu entdecken.

Machen wir uns den Blick des Kartenschreibers zu eigen, der den *positiven* Ausschnitt weitergibt.

2. *Einladend sein.* Eine Ansichtskarte ist selten langweilig oder trist. Sie soll ja eine „gute Botschaft" vermitteln, neugierig machen, einladen, da auch mal hinzufahren.

So eine gute Botschaft wollten auch die Evangelien und Briefe der Apostel sein: Eine Nachricht, die wir gerne lesen, die uns im positiven Sinne neugierig macht und ansteckt. – Insofern sind wir Christen heute „Ansichtskarten" Gottes, die andere positiv stimmen, neugierig machen und „anstecken" sollen.

3. *Froh machen.* Ein Gruß aus der Ferne überrascht und bringt Freude. Dafür sind auch wir da: anderen Freude zu machen. Das berührt sogar unseren Lebenssinn, Quelle der Freude zu sein. Wir werden selbst nur glücklich, wenn es uns gelingt, andere glücklich zu machen.

4. *Zuneigung zeigen.* Eine Ansichtskarte und die Worte darauf lassen auf Zuneigung schließen. Freundschaften oder Bekanntschaften leben auf, wenn wir solch kleine Zeichen setzen. Wer Zuneigung zeigt – und seien es wenige Worte –, stellt sich gegen eine wachsende Ich-Bezogenheit und Gleichgültigkeit, die uns alle bedroht.

5. *Wie eine Brücke sein.* Eine Ansichtskarte festigt eine Verbindung. Ohne Gemeinschaft können wir nicht richtig leben: denn jeder braucht Bestätigung durch den anderen. So sind Ansichtskarten kleine Brücken, die verbinden und das Miteinander lebendig halten.

Manche Brücken zu unseren Nächsten sind brüchig oder zerbrochen. Als Christen sind wir gehalten, den anderen mit den Augen Jesu zu sehen; ihm auch zu verzeihen, wenn er schuldig geworden ist. Ich kann versuchen, als Christ wie eine Brücke zu verbinden. Das läßt aufatmen und neuen Mut schöpfen.

Eine kleine Ansichtskarte – was sie bewirken kann! Wären wir doch Ansichtskarten Gottes!

(Verkürzt und verändert nach Maria Gleißl in „Die Anregung" 7/8, 1993, S. 300-303)

73. Wunder am Wege: der Wegerich
(Eine Spitz- und eine Breitwegerichpflanze)

Lesungen: Hld 2,11-13 (Altes Frühlingslied: Auf der Flur erscheinen die Blumen; die Zeit zum Singen ist da); Mt 6,28-29 (Lernt von den Lilien).

(Pr zeigt die Pflanzen) Seht meinen bescheidenen Maistrauß: Keine leuchtenden Blüten, aber wehe, ihr bezeichnet die Pflanzen als Unkraut! Wer kennt ihre Namen? ... Wie der Name schon sagt: Sie wachsen am Wege, und das „rich" am Wortende heißt vielleicht „reich"! Königinnen am Straßenrand? Ja!

Die Leute zur Zeit Karls des Großen wußten schon um dieses Wunder. Ein Lied aus dieser Zeit lautet:

> Und du, Wegerich, Mutter der Pflanzen,
> offen nach Osten, mächtig in sich.
> Über dich knarrten Wagen,
> über dich ritten Frauen,
> über dich ritten Bräute,
> über dich schnaubten Rinder.
> Allen hast du widerstanden und dich behauptet.
> So widerstehe auch allem Gift und der Ansteckung und dem Übel,
> das über das Land dahinfährt!
> (Angelsächsischer Heilssegen, 11. Jahrhundert)

Wieviel Lebenskraft steckt also in dieser Pflanze! Sie ist nicht kleinzukriegen, und wenn noch so viele Radler, Autos und Schuhe sie zu Boden drücken. „So widerstehe auch allem Gift, Ansteckung, Übel", heißt es in dem Lied. Ja, der Wegerich ist eine Heilpflanze. Seine Heilkräfte sind besonders für die Atemwege gut und helfen bei Husten (Keuchhusten), Bronchitis und Asthma.

Der Wegerich sieht so unscheinbar aus, aber wie oft übersehen wir das Kleine und scheinbar Wertlose – auch bei den Menschen! Wenn ihr die Heilkraft des Wegerichtees versuchen wollt, dann sammelt die Blätter von Spitzwegerich oder Breitwegerich in der Blütezeit der Pflanze, an einem sonnigen Morgen, wenn der Tau schon abgetrocknet ist. Aber nicht am Rand einer vielbefahrenen Straße pflücken und nicht von einer Wiese, die frisch gedüngt wurde. Die Blätter nicht waschen! Klein schneiden und an einem schattigen und luftigen Ort auf sauberen Tüchern gut trocknen lassen. In einem Schraubglas aufbewahren. Und wenn du dann das erstemal von deinem Wegerichtee trinkst, dann sagst du ... ja, was sagst du? „Danke, Gott, für deine kleinen Wunder am Wege!"

(Eventuell nach dem Gottesdienst leicht gesüßten Wegerichtee reichen.)

(Verkürzt nach Lore Kufner im gleichnamigen, ausformulierten Gottesdienst in „FaJu" Mai 93; Zeichnung aus: Pfarrbriefmaterial „image". Bergmoser + Höller Verlag, Aachen)

Maria / Rosenkranz

74. Maria, wir verehren dich!
(Eine Rose, eine Sonnenblume, eine Lilie; ein Marienbild)

Lesungen vom Fest der Aufnahme Mariens in den Himmel.

(Die Blumen werden jeweils nach der Erklärung in eine Vase vor das Marienbild gestellt.)

1. Diese *Rose* strahlt Wärme, Schönheit und Zärtlichkeit aus. Sie ist Symbol für die Liebe. Sie strömt einen Duft aus, der in uns eine Sehnsucht weckt nach mehr; denn die tausend Dinge um uns herum sind zwar angenehm, aber erreichen nicht unsere Seele.
   In einer alten Litanei (= Lauretanische Litanei, z. B. GL, Diözese Köln, 957) heißt es: „Maria, du geheimnisvolle Rose". Maria hat uns ihre große Liebe zu Jesus gezeigt, auch als spitze und verletzende Dornen sie bedrängten, ja Schwerter ihre Seele durchdrangen. Im Vertrauen auf Gott lebte sie die Hoffnung, die sich sicher war, daß die Liebe immer stärker ist, auch wenn Geduld erforderlich wird.
   Der herrliche Duft strömte besonders am Ende ihres Lebens aus, als ihr Sohn sie mit Leib und Seele zu sich in sein Reich holte. – Wir loben und ehren dich, du liebenswürdige Frau und Mutter.
2. Diese *Sonnenblume* richtet sich nach der Sonne aus und braucht nicht viel Pflege. Schließlich wird sie zu einer strahlenden Blüte, die selbst wie eine kleine Sonne aussieht.
   Maria, die einfach und unbeachtet in Nazareth aufwuchs, wurde zu einer kleinen Sonne für uns, weil sie sich öffnete für die Sonne und den Auftrag Gottes. Ihr Ja zur Botschaft des Engels brachte erst die wahre Freiheit, die kein Hintertürchen mehr brauchte, um die eigenen Interessen abzusichern. Wer sich wie sie an der Sonne Gottes ausrichtet, der darf alle Schatten und alle Behinderungen hinter sich lassen. Wir loben und ehren dich, du Zuflucht der Kranken und Betrübten!
3. Die *Lilie* mit ihrem starken Duft und der weißen Farbe ist seit alters Symbol für Reinheit und Heiligkeit. Maria wehrte in der Gnade Gottes alles Schlechte ab, um dem Sohne Gottes ein würdiges Zuhause zu bereiten. Als Dank dafür wurde sie dem Tode nicht unterworfen. Sie wurde mit Leib und Seele von Jesus in den Himmel geholt. Dort thront sie nun als Königin aller, die das Ziel des Lebens gefunden haben. Wenn wir Maria, unsere Fürsprecherin, vor Augen haben, ahnen wir, welche Herrlichkeit Gott auch für uns bereithält. Darum loben und ehren wir dich, du Königin der Engel und Propheten, der Apostel und aller Heiligen!

(Nach einer Idee bei Behnke / Bruns / Lorentz / Ludwig, Kinder feiern mit, Lesejahr C, Bernward-Verlag, Hildesheim 1982, S. 42-44)

75. Maria, die Knotenlöserin
(Ein etwa 1 m langes weißes oder rotes Band für jeden)

Lesungen: Lk 2,27-35 (Dir wird ein Schwert durch die Seele dringen); Joh 19,25-27 (Maria unter dem Kreuz = unsere Mutter).

Wir haben unser Lebensband (wenn ein Stück Kordel: unseren Lebensfaden) in der Hand und wollen jetzt beim Nachdenken Knoten (= Schwierigkeiten, Probleme, Versagen) hineinknüpfen: Als die Mutter mit mir schwanger war, machte sie Monate des Wohlbefindens durch? Wie verlief die Geburt – die Kindheit? Kam ich mit den Geschwistern zurecht, oder hatte ich gar keine? Bedeutete die Schule für mich ein Schatten? Fiel mir das Ablösen aus dem Elternhaus schwer? Ist meine Ehe glücklich – meine Arbeit innerlich befriedigend? Sind meine Kinder ein Anlaß zur Freude? Wie habe ich Krisenzeiten durchgestanden? Gibt es einen Menschen, zu dem ich alle Brücken abgebrochen habe? Mit welchem Tod eines Lieben komme ich noch nicht zurecht? Wovor habe ich Angst? ... Ich sehe, einige Knoten sind entstanden!

In einer Augsburger Kirche gibt es ein Bild, das Maria als Knotenlöserin darstellt (als Andachtsbild oder Kunstkarte zu bestellen beim Bürgerverein St. Peter am Perlach, Am Hinteren Perlachberg 1a, D-86150 Augsburg): Weil sie „ja" sagte zur Botschaft des Engels, weil sie auf der Hochzeit von Kana ihre mütterliche Diplomatie spielen ließ, weil sie unter dem Kreuz stehenblieb.

Da Maria uns Jesus Christus, den eigentlichen „Knotenlöser", schenkte, darf sie die Gnade Gottes vermitteln. Darum nennen wir sie ja „Zuflucht der Sünder, Trösterin der Betrübten". Unter ihrer Hand werden Knoten gelöst, glättet sich das Band (der Lebensfaden). – Wir beten jetzt je ein „Ave Maria" von Knoten zu Knoten – sie werden jetzt gleichsam zu Rosenkranzperlen –, weil das Gebet tiefer gehen kann als andere Versuche, ein Problem zu lösen (und lösen ihn jeweils dabei auf). Wenn Ihr Lebensband wenige Knoten enthält und Sie es in Ihrem Leben einfacher hatten als andere, dann dürfen Sie jetzt Ihr Band mit einem anderen tauschen. (Beim Gebet eignen sich die Zusätze „den du, o Jungfrau, geboren hast", „der für uns das schwere Kreuz getragen hat", „der uns den Hl. Geist gesandt hat", „Jesus, gib der Welt den Frieden", „Jesus, der das Vertrauen in uns vermehren wolle" usw.)

(Vgl. auch Peter Hinsen, Spüren, daß Gott nahe ist. Katechese mit Erwachsenen, Matthias-Grünewald-Verlag, Mainz 1993, S. 235ff. – Ein abweichender gleichnamiger, ausformulierter Gottesdienst zum Bild „Knotenlöserin" von Lore Kufner in „FaJu" April 92 oder in ihrem Buch, Zäune müssen nicht sein, Pfeiffer-Verlag, München 1993, mit 24 schönen Kindergottesdiensten.)

76. Gebetsketten und der Rosenkranz

(Ein Rosenkranz sowie eine islamische und eine buddhistische Gebetskette; eine islamische können Sie von einer türkischen Familie ausleihen, eine buddhistische bringen oftmals Touristen aus China mit)

Hinweis: Die Missio-Leuchtbox kann F 26/1 zeigen: Die Altenberger Strahlenkranzmadonna.

Urlauber bereisen heute fast alle Länder der Erde. Bei zwei Dritteln aller Religionen entdecken sie auch Perlenketten, die sich bei Nachfragen als Gebetsketten entpuppen – ähnlich wie katholische Christen den Rosenkranz kennen, aber unsere Tradition reicht nur etwa bis um 1000 n.Chr. zurück. Da unsere Erdbevölkerung immer mehr zusammenwächst (Bank- und Verkehrswesen, Sport usw.), ist es ein Gebot der Stunde, das Gemeinsame auch in den Religionen aufzuzeigen. Das trägt zum Frieden und zur gegenseitigen Achtung bei; noch zu viele Kriege werden gerade auch aus religiösen Gründen geführt. Darum darf ich die Gebetsketten aus aller Welt vorstellen:

Im Hinduismus begegnen wir den ältesten Gebetsketten: Sie zählen an jeder Perle die Namen ihrer wichtigsten Götter auf. Der Buddhismus übernahm diesen Brauch um 500 v.Chr., dessen Gebetskette hat 108 Perlen, eine heilige Zahl im buddhistischen Glauben: Buddhisten zählen beim Beten an jeder Perle eine Leidenschaft auf, die sie auch mit Hilfe des Gebetes bekämpfen wollen. – Die kostbarsten Gebetsketten in Tibet bestehen aus Menschenknochen: Die Knochen eines heiligen Mannes mit dem Namen „Lama" sind zu Perlen geschnitzt – außerchristliche Reliquien, wenn man so will.

Im Islam gibt es die Gebetsketten mit 33 oder 99 Perlen. Die Schlußperle sieht wie ein Minarett aus: An ihr wird der Name Allahs ausgesprochen. Die Namen Gottes werden an den einzelnen Perlen immer wieder aufgezählt: der Heilige, der Gewaltige, der Verborgene, der Barmherzige ... Wer seinen Urlaub in Griechenland, der Türkei oder im Mittleren Osten verbringt, kann aber auch beobachten, wie die Händler mitten im Feilschen die Perlen drehen. Das zeigt, wie sinnentleert diese Form des religiösen Brauchs inzwischen ist bzw. wie stark der Aberglaube, daß die Kette selbst schon Segen bringen wird ... Unser Rosenkranz (zeigen!) hat in seiner Ursprungsform sogar 153 Perlen (die „Ehre sei dem Vater"- und „Vaterunser"-Perlen zählen nicht), denn wir kennen den freudenreichen, schmerzhaften und glorreichen Rosenkranz.

Das Gemeinsame bei all diesen Gebetsketten:
1. So eine Kette ist wie ein Kreis, in den ich eintrete. Er legt sich um uns; er soll das Innenliegende schützen, das Gefährliche abhalten. Das geht so weit, daß böse Geister vertrieben werden sollen. Hier ist auch sicherlich einzuordnen, daß Verstorbenen ihr Rosenkranz um die Hände gegeben und mit in den Sarg gelegt wird. Der Kirchenvater Augustinus sagte: „Gott ist ein Kreis, dessen Zentrum überall ist. Mensch, kehre in dich selbst zurück,

kreise dich selbst ein; denn nur der Mensch, der sich nach innen wendet, erfährt und lebt die Wahrheit."

2. Eine Gebetskette ist wie ein zugeworfener Rettungsring, an dem ich mich in Todesnot festhalten kann. Das haben unsere Väter (Großväter) oft im Schützengraben erfahren oder die verzweifelten Menschen in den Luftschutzbunkern. Das erfahre ich immer wieder an Sterbebetten oder in ausweglosen Situationen: Wenn das Herz wie zugeschnürt ist, dann kann der Mund immer noch dieses einfache Gebet sprechen. Und unmerklich wächst still eine Kraft heran, die trägt. Darum wäre es schade, wenn unsere Kinder diese Form des Gebetes nicht mehr kennenlernten und sie in den Familien nicht mehr praktiziert würde.

3. In allen Religionen ist die Gebetskette auch eine Zählhilfe bei der Besinnung. In den Anfängen wurden einfach Steine hin- und hergelegt, oder es wurde an den Fingern gezählt. Wenn der Mund die Worte spricht und die an sich unruhigen Finger langsam die Perlen bewegen, erheben sich die Gedanken leichter zum Beten. Und hier unterscheiden sich die Gebetsketten in Ost und West. Im Westen bewegen sich die Gedanken auf eine andere Ebene: Auf die monotone Grundmelodie des „Ave Maria" werden die Gedanken an den geborenen, leidenden und auferstandenen Christus gesetzt: Sie bewegen sich hinüber zu allen, die heute leiden und wieder neuen Mut schöpfen mögen über unser fürbittendes Gedenken. Im Osten aber hilft die Gebetskette, das Denken langsam auszuschalten und sich immer mehr so zu versenken, daß die Außenwelt ganz vergessen wird.

Manche Religionsgruppen lehnen die Gebetskette ab: Die Juden vermuten Magisches darin und betrachten sie als gottlos, sie beten unmittelbar zu Gott. Die evangelischen Christen befürchten ein Herunterbeten und eine Veräußerlichung des Gebets; es bestehe die Gefahr, daß das Gebet als Leistung empfunden werde, für die man eine Gegenleistung erwarte (= wenn ich genug gebetet habe, dann wird Gott mir das oder dies auch gewähren). So zählt auch ein Hindu – wie ein Beobachter sagte – seine täglichen Gebete zusammen, als zahle er ebensoviele Rupies auf ein himmlisches Bankkonto ein.

4. Auch die Zahl „Drei" verbindet uns: Im Buddhismus ist es der „Dreikorb" (= Buddha, die Lehre und die Gemeinschaft), und auch die Zahlen 108, 33, 99 und 153 (= im Rosenkranz die Dreifaltigkeit Gottes) zeigen es. Weil die Drei so eine Rolle spielt, wollen wir jetzt gemeinsam die ersten drei Perlen unseres Rosenkranzes beten – mit dem Zusatz: Schenk uns mehr Vertrauen (= Glauben), schenk uns mehr Hoffnung, schenk uns mehr Liebe (oder Kinder beten vor). (Der Anfang dieses vierten Punktes kann entfallen.)

(Weitere Gemeinsamkeiten: Die Perle soll an die Rose erinnern. Schon die Römer begrüßten siegreich Heimkehrende mit Rosen. Die Form, der Duft und die Farbe der Rose symbolisieren Schönheit, Geheimnis, Liebe und Vollkommenheit. Der umfriedete Rosengarten wurde im Mittelalter zum idealen Ort, um zu beten und zu meditieren. Darum die Abbildungen „Maria im Rosenhag", Postkarte 5633 im Kunstverlag D-56653 Maria Laach, oder siehe Missio-Leuchtbox F 32/4: Stefan Lochner, „Madonna in der Rosenlaube".)

Heilige

77. Gott – die Stütze
(Eine große Topfpflanze mit Stützstock)

Lesungen: Ps 23,1-5 (Dein Stock und dein Stab geben mir Zuversicht); Ps 73,23-28 (Du hältst mich an deiner Rechten); Mt 28,16-20 (Ich bin bei euch alle Tage); Lk 24,13-32 (Die Emmausjünger erfuhren Jesus auf dem Weg als eine Stütze).

Diese große Pflanze kann nur deshalb so aufrecht wachsen, weil sie einen Stab als Stütze hat. Andernfalls würde sie wohl abknicken oder sich krumm entwickeln. So haben auch Menschen Gott als Stab und als hilfreiche Stütze erfahren, auf die sie sich verlassen konnten. Besonders wird dies an Heiligen oder heiligmäßigen Menschen sichtbar: Sie mußten alles selber tun und entscheiden – wie wir auch. Denn Gott nimmt niemandem die Freiheit oder Arbeit ab. Aber daß Heilige so überragend und stark geworden sind, das lag eben an dieser Stütze durch Gott.

– Ein Franziskus zum Beispiel gab seinen ganzen Besitz ab. Er sagte: Nur deshalb entstehen Kriege, weil Menschen immer mehr haben und besitzen wollen. – Du weißt ja, wie schnell es zu Hause „Krieg" gibt, wenn du etwas abgeben sollst oder einer an deine Sachen geht! Franziskus ist es nicht leichtgefallen, einfach und bescheiden zu leben. Er schaffte es, weil er sich dabei auf Gott als Stab und Stütze verließ.

– Ein Pflegefall zu Hause kostet viel Kraft und Überwindung. Es ist auch nicht einfach, mit der alten Mutter schimpfen zu müssen, wenn sie zu anspruchsvoll oder nervend wird. Aber fragt einmal jene, die einen Schwerkranken pflegen, wie sie das leisten? Viele werden sagen: Gott hilft mir dabei. Gott ist mir Stütze.

– Mutter Teresa und viele ihrer Schwestern holen Sterbende von Straßenecken und Rinnsteinen und bringen sie in ihre Häuser. Eine schwere Arbeit! Ein Reporter, der sie einmal begleitete, sagte: „Ich könnte das nicht. Nicht für eine Million Mark." Was antworteten diese Schwestern? „Für eine Million können wir das auch nicht. Aber mit Gott als Stütze, mit Gebet, Gottesdienst, Schweigen zwischendurch – da geht es!"

– Ein furchtbarer Streit. Die Beteiligten haben dann beim Gottesdienst nachgedacht und sich für Gott geöffnet: Was möchte Er von mir? Dann sind sie hingegangen, um sich die Hand zu reichen. Oft ein schwerer Gang. Aber mit Gott im Rücken fällt's leichter.

– Menschen, auch Christen, beten vor oder während gewaltfreier Demonstrationen oder Aktionen. Denn in uns und in anderen liegt so viel Zerstörerisches, da kann es leicht zum Gewaltausbruch kommen. Um stark zu bleiben, brauche ich Willenskraft und Durchhaltevermögen, die Sichtweise des Evangeliums *und* die notwendige Stütze durch Gott, sonst wachse ich zu leicht krumm.

Es ist mit den Heiligen und mit uns wie mit dieser Pflanze: Gott als hilfreiche Stütze, darauf kann ich mich verlassen; aber den Alltag gestalten, d. h. wachsen, uns entwickeln, durchhalten, das muß von uns aus kommen.

(Leicht verkürzt nach Pfarrei St. Theresia, Düsseldorf-Garath; vgl. „KiBö" 93-2, S. 14f)

Siehe auch Nr. 83 „Einzigartig werden".

78. Als Feuerwehr retten ...

(Viele Gebrauchsgegenstände der Feuerwehr: siehe unten; vorher mit der örtlichen Feuerwehr absprechen; eventuell ein ansteckbares Bandzeichen in Blau-Rot = Treue und Liebe mit einem Feuerwehremblem und der Aufschrift: „Als Feuerwehr retten – löschen – bergen – schützen". Bitte dazu Katalog anfordern beim Feuerwehr-Versandhaus Terporten, Postfach 12, 47612 Kevelaer. Eventuell auch Statue oder Bildnis des hl. Florian aufstellen)

Lesung als Sprechspiel

1. Spr.: Vor uns steht ein Feuerwehrmann in seiner persönlichen Schutzausrüstung, mit der er gegen eine Feuersbrunst antritt: Er trägt eine *schwerentflammbare Schutzkleidung,* die noch durch einen Hitzeschutzanzug – wie ihn Astronauten tragen – ausgetauscht werden kann; im Gurt ein *Seil mit Karabinerhaken* zum Retten von Personen oder zum Selbstretten durch Abseilen; dazu ein *Feuerwehrbeil* zum Einschlagen von Fenstern und Türen. Seine festen *Stiefel* geben ihm Sicherheit in Schutt und Asche. Der *Helm* schützt ihn vor herabstürzenden Gegenständen. Mit der *Fangleine* kann er andere und sich retten oder wichtige Geräte hochziehen. In der Hand kann er noch eine *Mannschutzbrause* tragen als Schild gegenüber großer Hitzestrahlung.

2. Spr.: Paulus schildert im Epheserbrief, wie wir Menschen im Kampf gegen die listigen Anschläge des Teufels bestehen können. Er schreibt: „Zieht die Rüstung Gottes an. Gürtet euch mit Wahrheit, zieht als Panzer die Gerechtigkeit an und als Schuhe die Bereitschaft, für das Evangelium vom Frieden zu kämpfen. Vor allem greift zum Schild des Glaubens! Mit ihm könnt ihr alle feurigen Geschosse des Bösen auslöschen. Nehmt den Helm des Heiles und das Schwert des Geistes, das ist das Wort Gottes" (Eph 6,13-17).

1. Spr.: Ohne Training und ohne regelmäßige Probe für den Ernstfall bleibt ein Feuerwehrmann weit hinter seinen Möglichkeiten.

2. *Spr.:* Paulus schreibt zum ständigen Kampf: „Hört nicht auf, zu beten und zu bitten. Seid wachsam und harrt aus!" (Eph 6,18).

1. *Spr.:* Ein Feuerwehrmann braucht heutzutage oft ein Atemschutzgerät.

2. *Spr.:* Das konnte Paulus noch nicht wissen, daß wir Güter produzieren, die unsere Umwelt tödlich verpesten können. Und dazu die innere Umweltverschmutzung – wie oft durch Medien noch verherrlicht!

Oder: 1 Joh 4,16-21: Es gibt keine Furcht (vor einem Einsatz) in der Liebe.

Zum Thema „Die Welt brennt" ein Sprechspiel

Pr: Die Feuerwehr sieht ihre Aufgabe darin, zu schützen und zu bergen, zu löschen und zu retten. Wir wollen uns einmal die Gerätschaften der Feuerwehr genauer ansehen. Wir übertragen ihre Bedeutung dabei auf unsere Welt, in der es überall brennt – wie jede Tagesschau belegt. Wir sind alle aufgerufen, Feuerwehrleute für diese Welt zu sein, um zu schützen und zu bergen, zu löschen und zu retten, damit unser Planet nicht zugrunde geht.

1. *Spr.:* Das hier ist ein *Strahlrohr,* das an ein Stück Schlauch angekoppelt ist. Damit werden Feuersbrünste oder Chemikalien eingedämmt.
Die Brandherde in der Welt sind ohne Finanzspritzen nicht zu löschen. Wenn wir den notleidenden Menschen in ihren Ländern nicht helfen, stehen bald Millionen vor unseren Grenzen.

2. *Spr.:* Über eine *Leiter* kann ein Feuerwehrmann leichter zum Brandherd vordringen oder Menschen über eine Drehleiter retten.
Solche Leitern sind bei Katastrophen unsere Hilfssendungen in alle Welt: ob Zelte, Lebensmittel oder schweres Gerät; über solche Brücken der Hoffnung wird viel Leid gelindert.

3. *Spr.:* Mit dieser *hydraulischen Rettungsschere,* kombiniert mit einem Spreizer, kann ein Autowrack aufgeschnitten oder eine verklemmte Tür geöffnet werden.
In der Welt gibt es genug heiße Eisen anzupacken. Militärregime und Diktatoren klemmen freiheitsliebende Menschen in Gefängnisse und quälen sie mit teuflischen Foltern. Handels-Embargos, Demonstrationen oder die Blauhelme der UNO vermögen die Gepeinigten oft nicht herauszuholen. Vor dieser Wirklichkeit stehen wir immer öfter hilflos da.

4. *Spr.:* Dieser *Sprungretter* wirkt wie eine Rettungsinsel; er wird durch eine Preßluftflasche schnell aufgepumpt. Er hat die Sprungtücher der Feuerwehr ersetzt. Für verzweifelte Menschen, die vor der Hitze den Sprung in die Tiefe wagen, oft die letzte Rettung.
Die kirchlichen Missionen und humanitären Einrichtungen, der Glaube und

die Hoffnung sind oft die einzigen Rettungsinseln, die Menschen in Todesnot nicht am Boden zerschellen lassen.

5. *Spr.*: Mit solch einem *Hebekissen,* von Preßluft betrieben, können selbst umgestürzte Lastwagen oder Lokomotiven aufgerichtet werden.

Viele Länder liegen durch Kriege und Katastrophen so am Boden, daß sie sich aus eigener Kraft nicht wieder aufrichten können. Sie werden auf lange Zeit Almosenempfänger bleiben, die von Hunger, Durst, Krankheiten und Hoffnungslosigkeit erdrückt werden.

6. *Spr.*: Dieses *Handfunksprechgerät* dient der Verständigung untereinander; zudem kann der Feuerwehrmann damit rasch die Polizei, den Krankenwagen oder Hubschrauber anfordern.

Es ist nicht selbstverständlich, daß wir in einem Land leben, in dem nach einem Unfall so schnell Erste Hilfe geleistet werden kann. Ein herzliches Danke an alle, die zum Dienst am Nächsten bereitstehen: von der Freiwilligen Feuerwehr bis hin zu den Maltesern und der Caritas, von den Johannitern über Ärzte bis hin zum Roten Kreuz.

7. *Spr.*: Wenn die *Sirene* im Stadtteil heult, startet ein Feuerwehrmann, so schnell er kann. Auch Martinshorn und Blaulicht des Feuerwehrautos signalisieren: Es kommt auf jede Sekunde an, um Leben retten zu können.

Wir erwarten, daß Reporter und Medien uns über die Brände der Welt bis ins Wohnzimmer schnell und objektiv informieren, damit der Staat und die humanitären Organisationen wirkungsvoll und schnell helfen oder vermitteln können.

8. *Spr.*: Dieser Eimer mit *Ölbindemittel* erinnert an eine ungeliebte Aufgabe von Feuerwehrleuten: abwehrend Gefahren beseitigen.

Die kleinen wirksamen Dienste in der Welt stehen genausowenig im Mittelpunkt der Nachrichten wie die tausendfältigen Hilfen zur Selbsthilfe: die tägliche Arbeit der Entwicklungshelfer und -helferinnen, der Missionare und Missionarinnen in Schulen, Heimen, Krankenstationen und Handwerksbetrieben. Sie beugen vor, um die Katastrophen kleiner ausfallen zu lassen.

Pr: Dieser *Wasserkübel* (= Leinen- oder Ledereimer) soll uns an den heiligen Florian erinnern, der meist als jugendlicher Ritter – darum mit Banner, Schild und Lanze – dargestellt wird, der gerade ein brennendes Haus löscht. In der Legende heißt es sogar, er habe es mit seinem Gebet gelöscht. Als er in der Diokletianischen Christenverfolgung im Jahre 304 vierzig Christen zur Hilfe eilen wollte, wurde er mit ihnen in die Enns, einen Fluß in Österreich, geworfen. Der Mühlstein am Fuße des hl. Florian erinnert daran, daß man ihm dabei einen Mühlstein um den Hals gelegt hatte. Dort, wo sich heute das berühmte St.-Florian-Stift erhebt (bei der Stadt Enns), wurde sein Leichnam an Land gespült. Was wären die Schläuche und die

Eimer wert, wenn es kein Wasser gäbe? Da wir schon so vieles symbolisch auf „unsere Welt in Flammen" gedeutet haben, darf ich zum Schluß auch noch sagen, was das Wasser im Schlauch oder im Eimer bedeuten kann: Es ist eure, liebe Feuerwehrleute, und unsere Bereitschaft, zu helfen, zu retten und zu lieben, um die Brände des Bösen, des Hasses und der Verzweiflung zu löschen. Dafür danke ich Ihnen allen im Namen Jesu.

(Nach einer Idee von Anton Allmer, A-8243 Pinggau 87. Als gleichnamiger, ausformulierter Gottesdienst in „FaJu" April 93)

Weitere Ideen:
Weitere Gegenstände aus dem Feuerwehrbereich. Überlegen Sie dabei im Team die „andere Ebene".
1. *Verteiler.* Er verteilt das ankommende Wasser in drei Leitungen, damit jeder etwas abbekommt vom kostbaren Löschwasser.
2. *Kupplungen.* Sie verbinden die Feuerwehrschläuche untereinander zu einer Einheit.
3. *Druckbegrenzungsventil.* Es verhindert Druckstöße in Schlauchleitungen und sorgt für den notwendigen Druckausgleich über ein Ventil.
4. *Stützkrümmer.* Er hilft die Rückkraft des Wasserstrahls von Strahlrohren zu mindern. Er leitet die Rückkraft über die Schlauchleitung zum Erdboden.
5. *Feuerlöscher.* Sie dienen zur Brandbekämpfung von Bränden kleineren Umfangs durch eine Person.
6. *Beleuchtungs- und Warngeräte.* Sie dienen zum Ausleuchten von Einsatzstellen und weisen den richtigen Weg für alle nachfolgenden Kräfte. Im Dunkeln sieht man schlecht. Sie warnen die Mitmenschen vor den Gefahren an der Einsatzstelle.
7. *Hydrantenschlüssel.* Er dient dazu, Hydranten für den Einsatz der Feuerwehr bereitzumachen.

(Jürgen Banner, Branddirektor, Bottrop)

79. Mein Leben hat ein Ziel
(Autoschlüssel mit einer Christophorusplakette)

Lesungen: Mt 10,28-33 (Sich vor Menschen zu mir bekennen); Joh 14,1-6 (Ich werde euch zu mir holen).

Dieser Autoschlüssel ist vielen ein Symbol für große Beweglichkeit und relative Freiheit. Aber was nützen schnelle Autos, wenn wir nicht die Richtung für ein wirklich erfülltes Leben kennen? Darum hängt an diesem Schlüssel eine Plakette des hl. Christophorus. Auch er war ein Mensch – wie viele Menschen heute –, der ziellos umherirrte und Halt suchte: Zunächst verfällt er dem Reiz des Mächtigen und Bösen (ausführlichere Legende siehe „Kurzg. 1", Nr. 6); dann begibt er sich in den Dienst am Nächsten und findet hier seine Erfüllung.
In dem Christuskind, das er trägt und von dem eigentlich er getragen wird,

erkennt er dann, daß er über den Menschendienst auch seinem Schöpfer und Erlöser begegnet. Die Legende erzählt, daß er ihm bis zum Martyrium die Treue gehalten hat und so auch das Ziel in *dem* fand, der für uns Weg, Wahrheit und Leben ist (vgl. Joh 14,6). – Der Autoschlüssel zeigt an, daß wir in relativ großer Freiheit unterwegs sind. Die Autos werden immer schneller, das Ziel aber unklarer. Die Christophorusplakette daran sagt mir: Die Reise meines Lebens hat ein Ziel. Ich brauche „nur" Christus zu finden in den Menschen, die ich ein Stück weit trage, dann werde ich von ihm gehalten.

(Verkürzt nach Michael Hoellen in „PuK" 4/83, S. 497-499)

Wenn ich nun die Fahrzeuge segne, dann drückt das aus: Gehen wir verantwortungsvoll mit dem um, was uns zur Erleichterung des Lebens und zur Freude zur Verfügung steht; benutzen wir es rücksichtsvoll gegenüber anderen Verkehrsteilnehmern und der Umwelt und erkennen wir in Christophorus am Armaturenbrett oder Schlüssel den, der uns mit seiner Lebensgeschichte etwas zu sagen hat.

(Eine Kunstkarte mit dem hl. Christophorus: Nr. 1321 im Raffael-Verlag, Stockhornstr. 5, CH-3063 Ittigen; als Andachtsbild Nr. 147 im Missionsverlag Mariannhill, Hauptstr. 1, D-86756 Reimlingen, oder ein Doppel-Andachtsbild für einen Bußgottesdienst „Christophorus", Bestell-Nr. 3013, Liturgisches Institut, Jesuitenstr. 13 c, D-54290 Trier)

80. Adolph Kolping in der Nachfolge
(Wanderstab – Kreuz – Schreibstift)

Lesungen: 1 Joh 3,14-18 (Wirkliche Bruderliebe); Lk 15,1-7 (Dem Schwachen und Verlorenen nachgehen); Joh 14,1-6 (Gottvertrauen und Nachfolge).

Mit diesen drei Gegenständen – Wanderstab, Kreuz und Schreibstift – läßt sich das Leben von Adolph Kolping (geb. 1813, gest. 4.12.1865; Seligsprechung: 27.10.1991) beleuchten.

1. Zunächst der *Wanderstab:* Er erinnert uns an die sieben Gesellenjahre Kolpings, in denen er am eigenen Leibe erfuhr, wie leicht viele junge Burschen herunterkommen konnten. Dieser Stab erinnert uns auch an Kolping als Gesellenvater, der unermüdlich auf Reisen ging, um in ganz Europa durch Gründung von Gesellenvereinen junge, orientierungslose Leute aufzufangen und sie durch ein christlich-soziales Engagement zu tragen. Und der Stab weist uns auf den Hirten Kolping hin, der jedem verlorenen Schaf nachging, bis er es gefunden hatte.

2. *Das Kreuz* hier offenbart die Quelle, aus der Adolph Kolping schöpfte: „Wer sich an Gott hält, den läßt er niemals fallen." Religion bedeutet für ihn den Halt von „oben", den wir nur zu ergreifen brauchen. Religion ist die Sehnsucht nach Gott, die wir im Menschen wachhalten müssen. Dieses

Vertrauen auf Gott zeigt sich auch in seinen intensiven Gesprächen mit Ihm. Kolping war davon überzeugt: „Mit dem Beten – und mag es auch noch so mangelhaft gewesen sein – habe ich noch mehr ausgerichtet als mit allen irdischen Sorgen und Mühen." Ein Gebet, das man mitten in der Arbeit bei einem schönen Erlebnis sprechen kann: „Gott, ich danke dir!", oder in einer schweren Stunde: „Herr, hilf mir!", oder vor einer Begegnung mit einem schwierigen Menschen: „Gib mir bitte Geduld und Einfühlungsvermögen!" Wer nicht betet, verliert Gott langsam aus dem Gedächtnis.

Das Kreuz erinnert auch daran, daß Adolph Kolping selbst durch Leiderfahrungen geprüft und geläutert wurde: Das waren seine labile Gesundheit von Jugend an, der Tod seines Vaters vor der Priesterweihe, Schwierigkeiten in und mit der Amtskirche, Mißerfolge und Anfeindungen.

3. *Der Schreibstift* erinnert uns an den Volkserzieher Kolping, der einige Jahre eine Wochenzeitung herausgab und selbst unzählige Beiträge verfaßte. Er stöhnte durchaus unter dieser Last, als er einmal seufzte: „Das Schreiben bringt mich um!" Andererseits hätte er aber auf die Frage „Stellen Sie sich vor, in einer Stunde müßten Sie sterben, was würden Sie dann tun?" geantwortet: „Ich würde die Arbeit fortsetzen, bei der ich gerade bin!" Kolping wußte: Wenn es bei aller Information keine Orientierung gibt, dann verpuffen zu viele Kräfte. Wer an den Schaltzentren des Denkens sitzt – das sind bis heute die Medienzentren geblieben –, führt die Massen je nach Standpunkt auch ins Verderben. Darum legte er Wert auf die Bildung des Herzens und des Verstandes, auf Glaube und Wissenschaft, um die Menschen von der platten Lust und Unlust wegzubringen. Beten, Lernen und Arbeiten – diese Dreiheit macht wahre Bildung aus.

Kolping baute vor allem auf eine gesunde Familie. Er schrieb: „Das öffentliche Volksleben wird nicht besser, wenn die Familie nicht wieder zu Ehren und Würden kommt." Er brachte es auf den Punkt, als er formulierte: „Zerbrecht euch die Köpfe über den besten Staatsapparat, wie ihr wollt, ersinnt Gesetze, die in ihrer klugen Berechnung das ganze Altertum beschämen – solange nicht das Familienleben der übrigen Gesellschaft Würde und Halt gibt ..., werdet ihr Wasser in ein Sieb tragen."

4. Zum Schluß möchte ich diesen Wanderstab *an alle weitergeben* und sagen: Auch heute klafft eine große Lücke zwischen Kirche und Arbeitswelt, auch wenn sich im sozialen Bereich vieles verbessert hat. Das Programm Adolph Kolpings gilt ebenso heute:
Sei ein überzeugter Christ! – Leiste Tüchtiges in deinem Beruf!
Halte Ehe und Familie heilig! – Sei ein guter Staatsbürger!

Tragen wir diese Standpunkte in die Welt der Arbeit, tragen wir diese Überzeugung über „Hilfe zur Selbsthilfe" in die sogenannte Dritte Welt, die nicht nur Weitergabe von materiellen Gütern und technischem Wissen meint, sondern auch den Austausch geistiger, religiöser, ethischer und moralischer Werte! Hierbei stehen auf beiden Seiten Gebende und Empfangende. Treten wir weiterhin ein für die Würde des Menschen, indem wir Menschenrechtsverletzungen beim Namen nennen und uns vor allem für die Würde der Frau bei uns und anderswo einsetzen. Solch ein Stab muß noch durch viele Hände gehen, um Menschen an Leib und Seele Halt zu geben. (Pr legt das Kreuz und den Schreibstift auf den Altar, den Wanderstab lehnt er dagegen.)

(Zur Lebensgeschichte Kolpings: Sein Werk, 1849 mit sieben Gesellen gegründet, umfaßte bei seinem Tod ca. 400 Vereine mit etwa 24.000 Mitgliedern. Heute ist das Kolpingwerk in allen Erdteilen verbreitet. Es gibt in 31 Ländern mehr als 3800 Kolpingfamilien mit etwa vierhunderttausend Mitgliedern.)

(Dazu ein ausformulierter Gottesdienst in „FaJu" Aug./Sept. 91: „Adolph Kolping")

81. Mit Liebe schenken

(Ein Korb mit süßen Brötchen, darüber einige Rosen – noch abgedeckt mit einem Tuch)

Anlaß: Fest der hl. Elisabeth, 19. November.

Lesungen: 1 Joh 3,14-18: (Die Liebe, die sich in Tat und Wahrheit beweist); Lk 6,27-38 (Forderungen der Bergpredigt).

Das sogenannte „Rosenwunder" ist die bekannteste Legende, die sich um die hl. Elisabeth rankt:

Elisabeth ging mit solch einem Korb voller Brot (zeigen!) von der Wartburg hinab in die Stadt, als ihr der Bruder ihres verstorbenen Mannes Ludwig, Heinrich Raspe, begegnete. Er war jetzt strenger Herr der Wartburg und hatte verboten, Geld und Gut für Arme auszugeben. Er wollte wissen, was in dem Korb war, und riß Elisabeth das Tuch vom Korb (Tuch wegreißen). Doch statt des vermuteten Brotes für die Armen erblickte er lauter Rosen darin. Rosen als Zeichen der Liebe, von der Elisabeth erfüllt war. Sie teilte ja nicht nur aus: Sie reichte das Brot mit zärtlicher Liebe den Armen, ohne sie ihre Armut spüren zu lassen.

Brot mit Liebe austeilen, darauf kommt es immer an, wenn wir teilen. – Seht ihr, unter den Rosen in meinem Korb liegt

auch Brot, süße Brötchen (zeigen!), die wir jetzt miteinander teilen und essen wollen. Aber achtet darauf: Mit Liebe und Freundlichkeit wollen wir teilen und reichen es allen zu.

Zu dieser Begebenheit/Legende gibt es das sehr schöne Bild von Beate Heinen, als Postkarte Nr. 5397 im Kunstverlag D-56653 Maria Laach. Als Emailarbeit von Egino Weinert auf Postkarte Nr. 4872, ebenfalls Maria Laach.

Zum Thema „Heilige" siehe auch in diesem Buch Nr. 3, die hl. Barbara.

82. Der Mensch im Gleichnis der Seifenblase
(Ein Pustefix)

Lesungen: 1 Kor 15,12-20
(Christus ist aufer-
standen ...); Joh 20,11-
18 (Rühr mich nicht
an!).

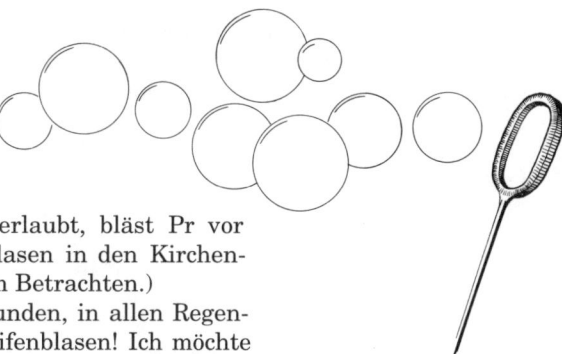

(Wenn es die Atmosphäre erlaubt, bläst Pr vor
jedem Punkt einige Seifenblasen in den Kirchen-
raum und läßt dann Zeit zum Betrachten.)
(Blasen) Seht die herrlich runden, in allen Regen-
bogenfarben schillernden Seifenblasen! Ich möchte
sie in fünf Gedanken mit dem Leben des Menschen vergleichen.

1. (Blasen!) Wie jetzt mein Atem den Seifenblasen Leben gegeben hat, so hat
Gottes Odem uns das Leben eingehaucht. Die Seifenblase hat kein oben und
unten, kein vorne und hinten, keinen Anfang und kein Ende: Sie hat als
Kugel die vollkommene Form; sie weist auf Gott hin, der vollkommen ist.
(Könnt ihr euch noch erinnern, was ich euch zur Christbaumkugel an
Weihnachten gesagt habe? Sie weist auf Jesus als den Sohn Gottes hin! Vgl.
Predigt Nr. 8 in diesem Buch.) Wir Menschen haben Anteil am *göttlichen*
Leben – wir sind Ebenbilder Gottes. Aber plötzlich ist die Seifenblase
geplatzt. Der November mit all seinen Trauertagen und dem tristen Klima
erinnert uns daran, daß wir sterben müssen.

2. (Blasen!) Die Farben der Seifenblasen schillern in der Sonne am schönsten.
Die Sonne ist ein Symbol für Gott: Wenn wir Menschen uns dem Lichte,
Gott, nähern, sind wir am schönsten anzusehen. Manchmal wird auch Jesus
Christus die „Sonne" genannt – z.B. an Weihnachten. Darum darf ich auch
sagen: Wer versucht, sich Christus zu nähern, strahlt in den schönsten
Farben, auch wenn diese Herrlichkeit nur „innen" ist.

3. (Blasen!) Die Seifenblasen werden vom Wind getragen. Der Wind ist ein
Symbol für den Geist Gottes. Wir lassen uns tragen von Gottes Heiligem
Geist und glauben an keinen Zufall. Diese Haltung schenkt uns Gelassenheit und innere Ruhe: Er trägt uns ja – allerdings oft auch dahin, wohin wir
nicht wollen.

4. (Blasen!) Seifenblasen zerplatzen, wenn ich sie ergreifen will. (Ich bewunde-
re euch, daß ihr ihnen nicht nachgesprungen seid, sondern die kleinen
Wunder ruhig betrachtet habt.) So gibt es schöne Augenblicke im Leben, die
ich nicht festhalten kann.

Auch Menschen sind nicht unser Eigentum. Ich darf sie nicht ängstlich umklammern oder in meine Zügel zwingen, sonst nehme ich ihnen ihre Berufung. Im Evangelium haben wir solch eine Begebenheit gehört: „Halte mich nicht fest!" ruft Jesus Maria Magdalena entgegen.

5. (Blasen!) Wenn so eine herrliche Seifenblase nach der anderen zerplatzt, finden wir das schade. Um wieviel betrübter, ja schockiert sind wir jedoch, wenn uns ein lieber Mensch stirbt! Manchmal träumen wir davon, daß wir diesen Menschen wiedersehen werden, daß wir uns nach unserem „Raupenleben" im herrlich neuen „Schmetterlingsleib" wieder begegnen werden. Aber all diese Träume wären Schäume, würden sich auflösen wie eine Fata Morgana, wenn Jesus nicht von den Toten auferstanden wäre. In der Lesung haben wir die Worte von Paulus gehört: Wenn Jesus den Tod nicht überwunden hätte, dann blieben auch wir tot und gingen jetzt besser in ein Krankenhaus, um Menschen – weil dann nur die Nächstenliebe wichtig bliebe – durch unsere Nähe etwas zu trösten. Aber Jesus ist auferstanden. Diese Gewißheit dürfen wir hier feiern.

(Blasen!) Wir sind Ebenbilder Gottes, haben Anteil an seiner Ewigkeit. Die Herrlichkeit, die in unserer Welt oft so abrupt zu Ende geht, wird, wenn wir bei Gott das Leben in Fülle haben werden, noch unendlich größer sein. Darauf warten wir. Für dieses Ziel leben wir.

(Nach Gedanken von Ruth John, Bergheim-Paffendorf. Als ausformulierter, gleichnamiger Gottesdienst in „FaJu" Okt. 94)

83. Einzigartig werden

(Ein Roh-Bernstein; eventuell eine Halskette aus Bernstein; eventuell ein Stückchen Bernstein für jeden)

Lesungen: Siehe unten.

Bernstein ist versteinertes Harz aus riesigen untergegangenen Wäldern an der Ostsee; mindestens 35 Millionen Jahre alt. Jedes Bernsteinstück ist durch Einschlüsse und Luftbläschen einmalig. Auch jeder von uns ist einzigartig – wie der Bernstein. Jetzt erzähle ich, wie Bernstein und wie wir zum Schmuckstück werden können.

1. Zunächst wird der unscheinbare Roh-Bernstein (Schaustück zeigen!) in Öl „klargekocht", damit seine Einschlüsse sichtbar werden. Wir kennen vom Aquarium her: Alles, was wir hineinlegen, ist nach kurzer Zeit von einer festsitzenden Schicht überzogen, die nicht einfach wegzukratzen ist. So hat der Bernstein in den vielen Millionen Jahren Verkrustungen erfahren, die sich aber in heißem Öl lösen. Was sind solche Verkrustungen im Leben des Menschen? Vielleicht hat er zu große Zugeständnisse an den Geschmack der Zeit gemacht, war er zu bequem oder gleichgültig, um seine „Einschlüsse",

seine Begabungen herauszuarbeiten. Wir können sie im „Hitzeofen Zeit" abkochen, z.B. wenn uns Eltern, Lehrerinnen oder Lehrherren fordern. Umgekehrt müssen sich Eltern ... dem mühsamen Prozeß des Gespräches mit ihren Kindern unterziehen, um im Zuhören und Miteinander einen Schritt weiterzukommen. Dazu gehören auch versöhnende Gespräche – bis hin zur Beichte, die die Verkrustungen der Seele lösen will.

2. Sind die Verkrustungen beseitigt, wird der Bernstein in einer achteckigen Läuterungstrommel poliert (eventuell ein Schaustück zeigen!): Wochenlang dreht sie sich, rüttelt durcheinander, reibt aneinander. Was könnte das in unserem Leben bedeuten? Der Streß in der Schule und an der Arbeitsstelle, auch in kleinen und großen Gemeinschaften. Ich meine nicht den negativen Streß, der uns in Krankheit treibt. Nein, es ist der positive Streß, die Reibung, die wir letztlich brauchen, um „schöner" und „glänzender" zu werden. Die Ärztin Kübler-Ross sagte es Eltern so: „Beschützt eure Kinder nicht vor allem! Erst die Herausforderungen machen sie stark! (Und dann bringt sie einen ähnlichen Vergleich wie beim Bernstein:) Nur so können sie als Diamant aus der „Schleudermaschine" des Lebens herauskommen!"
Meine Erfahrung ist: Wenn ich in einer Gruppe frage „Wer kann da oder dort helfen?", signalisieren jene Kinder sofort ihre Bereitschaft, von denen ich weiß, daß sie zu Hause sowieso kräftig mitanpacken müssen.

3. Dann wird der Bernstein geschliffen (eventuell Schaustück zeigen!). So erst wird er zum „Juwel". Was kann dieser Schliff bei uns Menschen bedeuten? Zum Beispiel plötzliche Arbeitslosigkeit; Sitzenbleiben in der Schule, obwohl du dich bemüht hast; eine schwere Krankheit; der Tod eines geliebten Menschen ... Kurz: all das, was uns sehr hart trifft. Das kann selbst Liebeskummer sein! Reinhard Mey singt in seinem Lied „Ich hab' meine Rostlaube tiefer gelegt" über seinen ersten Liebeskummer: „Heute weiß ich, sie hat ihren Anteil daran, daß ich lieben und leiden und verzeihen kann."
Wir hören Beispiele aus der Heiligen Schrift, die uns zeigen, wie der Weg zum „Juwel" in Gottes Augen ausschauen kann.

Lesung:
1. *Spr.:* Wir hören von zwei Männern in der Heiligen Schrift, die im Leben „geschliffen" wurden und eine neue, tiefere Beziehung zu Gott fanden.
2. *Spr.:* Es geht ihm gut, dem Mann mit dem Namen Ijob. Ob er deshalb so selbstverständlich beten und zum Gottesdienst gehen kann?
1. *Spr.:* Gott läßt es zu, daß er in die „Läuterungstrommel" gerät: Ijob verliert seinen Reichtum und alle seine Söhne und Töchter. Diese Schicksalsschläge sind hart.
2. *Spr.:* Aber Ijob sagt: Nackt kam ich hervor aus dem Schoß meiner Mutter, nackt kehre ich dahin zurück. Der Herr hat gegeben, der Herr hat genommen; gelobt sei der Name des Herrn! (Ijob 1,21)

1. *Spr.:* Dann wird Ijob krank: Bösartige Geschwüre von der Fußsohle bis zum Scheitel bedecken ihn.
2. *Spr.:* Was noch schlimmer ist: Seine Frau hält nicht zu ihm. Seine Freunde machen ihm Vorwürfe. Er kann nicht mehr beten. Die Prüfungen übersteigen seine Kräfte.
1. *Spr.:* Doch Ijob hält diese Hölle aus: Tage, Wochen, Monate. Auch wenn er Gottes Handeln nicht versteht.

(5 Sekunden Pause)

2. *Spr.:* Der Apostel Paulus erzählt im 2. Korintherbrief, wie er „geschliffen" wurde:
1. *Spr.:* „Fünfmal erhielt ich die neununddreißig Hiebe; dreimal wurde ich ausgepeitscht; einmal gesteinigt; dreimal erlitt ich Schiffbruch; eine Nacht und einen Tag trieb ich auf hoher See. Ich erduldete Mühsal und Plage, durchwachte viele Nächte, ertrug Hunger und Durst, häufiges Fasten, Kälte und Blöße." (2 Kor 11,24,25,27)

Evangelium: Mt 26,37-39; eventuell einschließlich Vers 44 (Der letzte Schliff an Jesus: Er gibt sich ganz in den Willen des Vaters).

Zu sagen „Dein Wille geschehe!" gibt auch uns erst den letzten Schliff und die Freiheit. Ich vermag es nur mit Vorbehalt zu sagen, wenn ich überlege, was alles auf mich zukommen könnte. Das macht Jesus, der freiwillig den Weg des Opfers ging, eben zum Juwel, daß er sich dazu durchringen konnte: ein Idealziel.

Drei Dinge darf ich dem Vergleich mit dem Bernstein noch hinzufügen:
1. Bernstein muß getragen werden: Wenn er direkten Hautkontakt hat, wird er leuchtend und wunderbar. Damit will ich sagen: Wir sollen unsere Eigenschaften und Talente, unsere „Einschlüsse", auch offen zeigen und in die Gemeinschaften einbringen, in denen wir stehen.
2. Bernstein wirkt besonders schön, wenn zur Halskette noch ein Armband und eine Brosche ... hinzukommen. Das heißt übertragen: Erst als Gemeinschaft können wir Christen unsere kritische Umwelt überzeugen; die Gemeinschaft, die sonntags um den Altar sichtbar wird. Ohne Neid lassen wir gelten, was jeder einbringt, weil es eine lebendige Vielfalt möglich macht.
3. Bernstein heißt auf griechisch „eléctron"; von daher stammt unser Wort „Elektrizität". Wer Bernstein reibt, stellt fest, wie er kleine Papierteilchen anzieht; er zeigt also elektrostatische Eigenschaften. Übertragen heißt das: In der Begegnung mit Christus und der Gemeinschaft hier werden wir „aufgeladen" und können „anziehend" werden.

(Eine Idee von der Pfarrei St. Theresia, Düsseldorf-Garath, entfaltet. Ein gleichnamiger, ausformulierter Gottesdienst in „FaJu" November 92.)

84. Gott läßt dich nicht fallen

(Ein Sprungtuch der Feuerwehr wie eine Art Baldachin in der Kirche oder über dem Altar)

Lesungen: Mk 13,24-26.31 (Wenn Sonne und Mond sich verfinstern); „Kurzgeschichten 1", Nr. 91: Das Wagnis des Glaubens.

Von älteren Menschen ist mir hin und wieder gesagt worden: „Sie müssen einmal eine Höllenpredigt halten, dabei schreien und auf die Kanzel schlagen ... so wie früher gepredigt wurde. Sie werden sehen, dann kehren die Menschen um! Wir hatten damals jedenfalls die Tränen in den Augen!" – Ich befürchte, da wurde mit der Urangst der Menschen gepielt. Diese Urangst lautet: „Was erwartet uns am Ende der Welt? Was kommt nach dem Tod?" Eben haben wir ja betroffen die („jesusfremde") Botschaft vom Ende der Stadt Jerusalem und der Welt gehört. Wir wissen, was das bedeutet, wenn Sterne vom Himmel fallen und die Erde treffen. Wir befürchten mittlerweile noch eher die selbstgemachten Blitze der Menschen, die unsere Erde auseinandersprengen können. Nein, im Gegenteil, ich habe eine gute Nachricht zu verkünden: Wir dürfen dem Menschensohn in seiner großen Macht und Herrlichkeit voller Vertrauen entgegenblicken. Schaut auf dieses Sprungtuch: Jetzt haben wir schon den Himmel greifbar über uns! Wir sind gehalten, auch wenn wir im Tod – für uns persönlich der Weltuntergang – abstürzen: Gott steht mit ausgebreiteten Armen da, um uns wie in einem Sprungtuch aufzufangen.
In der Geschichte haben wir gehört, wie ein Kind dem Flammenmeer entkommt und von den Armen des Vaters aufgefangen wird. Das hat uns Jesus auch von seinem Vater in der Geschichte vom verlorenen Sohn erzählt: Als der zwischen den Schweinen saß und die ganze Welt für ihn zerbrochen schien, wurde ihm in den Armen des Vaters ein neuer Anfang geschenkt. Das dürfen wir die Zärtlichkeit Gottes nennen. Denn er spricht: „Ich umarme dich! Ich halte dich! Ich fange dich auf. Spring nur!" Und Jesus Christus hat sich auf diese Haltung des Vaters am Kreuz festnageln lassen ...
Wir haben natürlich unsere Zweifel. So viele kluge Leute schreiben, das alles sei eine Erfindung der Religionen, um mit unserer Urangst fertig zu werden. Da dürfen wir uns nicht irre machen lassen. Alles steht und fällt mit unserem Vertrauen auf Christus, von dem wir glauben, daß er gestorben und auferstanden ist und wiederkommen wird. Zuerst müssen allerdings unsere Augen brechen, um diese Verheißung Gottes zu sehen – schon jetzt so nahe über unseren Köpfen wie dieses Sprungtuch hier. Aber es gibt Hinweise, keine Beweise, wie zum Beispiel die Aussagen der klinisch Toten, die wieder ins Leben zurückgerufen wurden und sagen: „Es war wie ein langer, dunkler Tunnel, durch den ich hindurchmußte, aber am Ende war Licht, eine wohltuende Atmosphäre, und ich wollte gar nicht wieder zurück!" Wie gesagt, kein Beweis, aber vielleicht ein Hinweis auf das, was kommt.

Noch etwas zum Schluß. Ein Mensch kann leichter glauben, daß er im Vertrauen auf Gottes Barmherzigkeit leben darf, wenn er durch Mitmenschen erfahren durfte: Da haben mich Hände aufgefangen, als ich im Leben einmal abzustürzen drohte. Darum ist unser Verhalten hier in der Gemeinschaft beim Gottesdienst auch so wichtig: Spüre ich in unserer Mitte mehr das Sprungtuch einer Gemeinschaft, die mich auffangen will, oder freut man sich mehr, wenn ich stolpere und falle?

Die gute Nachricht gegen Ende des Kirchenjahres heißt also: Gott läßt dich nicht fallen. Hab nur den Mut, und springe in seine Arme!

(Familienmeßkreis St. Pankratius, Bergheim-Paffendorf. Als gleichnamiger, ausformulierter Gottesdienst in „FaJu" Okt. 94)

85. Die Zeit ausschöpfen
(Ein großes Stundenglas/Sanduhr)

Lesung: Wacht auf, ihr Schläfer. Achtet sorgfältig, wie ihr euer Leben führt – nicht töricht, sondern klug. Nutzt die Zeit; denn diese Tage sind böse. Darum begreift, was der Wille des Herrn ist. Sagt Gott, dem Vater, jederzeit Dank für alles im Namen Jesu Christi, unseres Herrn. (Verkürzt nach Eph 5,15.16.17b.20; 20. Sonntag i.J., Lesejahr B, 2. Lesung)

(Pr zeigt das Stundenglas) Auf mittelalterlichen Grabsteinen ist des öfteren solch ein Stundenglas eingemeißelt – als Symbol dafür, daß unsere Zeit begrenzt ist. Dieses Symbol kann uns auch jetzt helfen, die eben gehörte Lesung besser zu verstehen.

1. Eine Sanduhr zeigt sehr deutlich – jedenfalls besser als unsere Armbanduhren –, wie unsere Zeit verrinnt. Uns ist nur ein begrenzter Vorrat an Jahren geschenkt. Wie oft zucken wir darüber zusammen, wen es aus unserer Umgebung wieder getroffen hat, den letzten Gang zu tun; da spielt das Alter überhaupt keine Rolle (Beispiel). Jeder Augenblick ist also ein Geschenk, das wir auskosten sollten; denn wir können nichts hinzukaufen – wie alles Entscheidende nicht käuflich ist: Gesundheit, Vertrauen, Geborgenheit ...

Weil niemand weiß, wie lange sein Vorrat an Zeit reicht, leben wir am besten jeden Augenblick ganz bewußt. Das *Jetzt* leben, nicht so sehr der Vergangenheit nachtrauern und nicht allzuviel das Morgen herbeiwünschen. *Heute* ist der erste Tag vom Rest deines Lebens! In der Lesung hieß es klar: „Nutzt die Zeit!"

2. „Wo ist nur die Zeit geblieben?" hören wir manchmal ältere Leute seufzen. Auch hier kann uns das Symbol Stundenglas weiterhelfen: Der Sand, die Zeit, läuft nicht ins Leere. Sie wird aufgefangen, gesammelt – wie in den „Händen Gottes". Ja, stellt euch in eurer Phantasie ruhig den unteren Behälter wie eine große Hand vor: Meine Zeit liegt in Gottes Händen! Für einen Christen kann es morgens und abends ungeheuer entspannend sein, sich vorzustellen und zu beten: „In deine Hände, Herr, lege ich voll Vertrauen, was ich (vor)habe." Unsere Seele braucht abends, wie unser Körper, ein „Bett", um ruhig schlafen zu können. Hier bietet es sich an: „In deine Hände, Herr, ..."

Die sogenannte „Unruhe" der Uhr, die beweglichste Stelle hinter dem Zifferblatt einer mechanischen Uhr, kann hier an dieser Nahtstelle zwischen beiden Behältern auch entdeckt werden: Unaufhörlich rinnt der Sand; unruhig, immer in Bewegung – wie auch unser Leben. Augustinus sagte: „Unruhig ist unser Herz, bis es ruht in dir!" Die Unruhe kann uns ein wenig genommen werden, wenn wir uns vertrauensvoll in Seine Hände geben; denn dort liegt ja auch unser Ziel.

In der Lesung hieß es: „Sagt Gott jederzeit Dank!" Wenn wir eine solche Zukunft haben, die schon bis in unsere Gegenwart hineinreicht, dann haben wir allen Grund, dieses Danke auf der Zunge zu haben.

3. In dem Roman „Momo" von Michael Ende sagt Meister Hora: „So wie wir Augen haben, um das Licht zu sehen, und Ohren, um Klänge zu hören, so haben wir ein Herz, um damit die Zeit wahrzunehmen. Und alle Zeit, die nicht mit dem Herzen wahrgenommen wird, ist so verloren wie die Farben des Regenbogens für einen Blinden oder das Lied eines Vogels für einen Tauben. Aber es gibt leider blinde und taube Herzen, die nichts wahrnehmen, obwohl sie schlagen. Denn Zeit ist Leben, und das Leben wohnt im Herzen." Am Wörtchen „Herz" möchte ich die Aussage von Michael Ende noch in christlicher Sicht weiterspinnen. Das „Herz" ist ja das Symbol für Liebe. Der rote Faden der Botschaft Jesu Christi lautet: „Verwandle die Zeit durch Liebe zur Ewigkeit."

Diesen dichten Satz mag zum Schluß eine Geschichte aus Rußland veranschaulichen: Da starb ein reicher Mann, und auch beim letzten Atemzug beschäftigte ihn noch, was sein ganzes Leben bestimmt hatte, das Geld. Er nestelte mit letzter Kraft einen Schlüssel vom Band an seinem Hals und wollte aus der Truhe neben seinem Lager einen großen Beutel Gold. Er befahl mit brechender Stimme, das Gold in seinen Sarg zu legen. Auf der anderen Seite des Lebens erwachte er mit einem unbändigen „Hunger": dem Hunger nach Liebe, der befriedigt werden möchte. Höchst irdisch bringt jetzt die Geschichte das Bild wunderbarer Speisen auf langen Tischen: Alles war spottbillig, und der Reiche lud sich eine große Platte voll. Dann stand er vor dem Engel, um mit einem Goldstück zu bezahlen. Der aber schüttelte bedauernd seinen Kopf: „Alter, hast du immer noch nicht

verstanden?" „Wie?" murrte der Alte, „ist mein Geld nicht gut genug?" Da
hörte er die Antwort: „Hier kannst du nur mit dem Geld bezahlen, das du
auf Erden *verschenkt* hast!" (vgl. „Kurzgeschichten 1", Nr. 250).
Die Weisung der Lesung lautet: „Lebt euer Leben, und begreift, was der
Wille des Herrn ist!" Das bedeutet im Klartext: Am Ende unserer Zeit zählt
nur die Liebe, die wir weitergegeben haben. Sie ist das Pfand für die
Ewigkeit.

(Zum Teil nach Ulrich Katzenbach, Frankfurt a.M.)

86. Der größte Stein ist weggewälzt
(Ein Stück Marmor oder Grabstein)

Lesung: Mt 28,1-5 (Der Stein vom Grab ist weggewälzt).

Hier habe ich ein Stück von einem alten Grabstein. Ein Teil des Namens des
Verstorbenen ist noch zu lesen. Die Tränen der Frau und die der Kinder haben
den Stein nicht erweichen können. Auch tausendmal „Warum?" rufen und sich
den Kopf daran blutig stoßen bewegten ihn keinen Zentimeter vom Fleck. Da
mußte ein Stärkerer kommen, um den Stein vom Grab wegzuwälzen; den
größten Steinbrocken, der uns Menschen bedroht. Im November – um das Fest
Allerseelen – feiern wir wie Ostern *den,* der den Stein vom Grab weggewälzt
hat. (Der Engel, der ihn wegwälzte, ist ja der „verlängerte Arm Gottes".) Der
Weg in die Zukunft ist frei. Deshalb kann ich diesen Grabstein beiseite legen
(neben das Kreuz).
Aber da liegen noch etliche Stolpersteine, über die wir fallen können:
– der Stein unserer Angst vor der Zukunft und der unserer Zweifel;
– der Stein der Trauer über einen lieben Menschen, der uns unwieder-
   bringlich vorausgegangen ist;
– der Stein unseres Versagens, ein Wort der Versöhnung nicht früh genug
   herausgebracht zu haben;
– der Stein unserer Verbitterung über erlittenes Unrecht;
– die Steine unserer Kleinkariertheit und Engherzigkeit.
Der größte Brocken ist weggewälzt. Sollen wir nicht versuchen, die verhältnis-
mäßig kleinen Steine mit einem kräftigen Ruck zur Seite zu schieben? Wer
weiß, was Gott aus diesen Stolpersteinen unseres Lebens machen kann? Die
Tür in ein anderes Leben steht jedenfalls offen. Es liegt an uns, in der Kraft
des Glaubens hindurchzuschreiten und ganz anders weiterzugehen.

(Nach einer Idee von Alfons Schäfer in „Frau + Mutter" 3/89, weiterentfaltet. – Vgl. mein
Buch „177 Seniorengottesdienste", Nr. 47)

87. Denk an den Kern!
(Eine Mandel in der Schale; für jeden)

Die Missio-Leuchtbox-Folie Nr. 2/1 zeigt den wiederkommenden Christus in einer Mandorla. Die abgebildete Postkarte, „Thronender Christus", Sakramentar aus Köln, St. Gereon, um 1000, ist erhältlich unter der Bestell-Nr. 5540 im Kunstverlag D-56653 Maria Laach (oder unter Nr. 5868 und 5752 und 6149 im Kunstverlag D-88631 Beuron; auch als Andachtsbild Nr. 1320 im Liturgischen Institut Trier, Jesuitenstr. 13c, 54290 Trier).

Lesungen: Offb 21,1-7 (Das Verborgene wird einmal offenbar); Mt 24,42-44 (Seid wachsam; ähnlich Mk 13,33-37 und Lk 21,34-36); (1. Advent: Lesejahr A – C).

Zunächst darf ich das für viele neue Wort „Mandorla" erklären. Eine Mandorla hat Ähnlichkeit mit einer aufgeschnittenen Mandel und will sagen: Schau hinter die Schalen dieser Welt, und entdecke den wunderbaren Kern, den wiederkommenden Christus, den König, den endgültigen Herrscher über das All. (Siehe Kunstkarte bzw. Leuchtbox!) Die ersten Christen deuteten es noch tiefer: Wenn ihr bald das Kind in der Krippe betrachten könnt, dann seht ihr nur den Menschen Jesus. Wenn ihr aber hinter die Schalen schaut – und das könnt ihr nur mit den Augen des Glaubens –, dann seht ihr das göttliche Kind, Jesus, den von Gott Gesalbten; Jesus Christus, den Retter der Welt, der bei seinem zweiten Kommen in Macht und Herrlichkeit erscheinen wird. Die Mandel, die jeder bekommen hat, will uns sagen: Bleibt nicht mit eurem Blick an der Schale hängen, sucht das Wesentliche, den Kern! Dazu ein paar Beispiele:
1. Die Adventszeit ist für viele Familien die schönste Zeit des Jahres. Aber wer nur bei Tannenduft und Kerzenschein stehenbleibt, wird nach Weihnachten spüren: Es sind schöne Bräuche, aber meine Seele ist immer noch betrübt. Es ist wie auf dem Weihnachtsmarkt: Mit Glühwein kann ich bis ans Herz warm werden, aber um *im* Herzen warm zu werden, muß ich andere Wege gehen. Die Kernaussage von Weihnachten ist: Wir sind durch Jesus Christus beschenkt worden. Die Freude darüber schenken wir weiter,

denken uns viele kleine Geschenke aus und warten voller Sehnsucht auf den, der da kommen will.

2. Die meisten Erstkommunionkinder des nächsten Jahres sind mitten unter uns und bereiten sich auf ihr großes Fest vor. Wenn ihr dabei nur an die tollen Geschenke denkt, die auf euch warten, oder wenn die Eltern das alles nur tun, um später dem Vorwurf zu entgehen, euch das Fest vorenthalten zu haben, dann bleibt ihr nur bei der Schale stehen. Der Kern der Erstkommunion ist für Eltern und Kind eine große Chance: Wir nehmen die in der Taufe angebotene Hand Jesu immer fester in unsere und werden Freunde von dem, der mit uns gehen will und sich immer wieder als Stärkung auf unserem Weg anbietet, damit uns der Lebensweg leichter fällt.

3. Bei der Feier der heiligen Messe gelangt auch der nur bis zur Schale, der hier nur die neuesten Bundesliga-Ergebnisse im Kopf hat oder ständig beobachtet, wer sonst noch da ist und wie er/sie angezogen ist, der die Geschäftsbilanz der Woche zieht oder in die Vorabendmesse ging mit der Überlegung „Dann habe ich es hinter mir!"; all die entdecken nicht den Kern, auf den wir hier stoßen können, nämlich: Ich richte mich auf meinen Schöpfer und Erlöser aus, danke ihm und lasse mich von ihm tragen und erlebe die Gemeinschaft all derer, die hier mitfeiern. Denn wenn ich in der Woche erlebe, wie wenige noch auf Gott bauen, dann brauche ich das Zeugnis dieser Gemeinschaft, um nicht Zweifel in meinem Herzen aufkeimen zu lassen.

4. Eigentlich gilt folgendes fürs ganze Leben: Es kommt nicht auf die Fassade an und die tausend Dinge, mit denen wir uns behängen. Entscheidend ist, was wir tief innerlich, in unserem Kern, darstellen. – Wir singen auch manchmal das Lied: „Laß die kleinen Dinge, nimm dir Zeit ..." (siehe „Troubadour für Gott", Nr. 95), weil am Ende nur unser Vertrauen auf Gott zählt und die Liebe, die wir gezeigt haben.

Die Mandel deutete uns also mit ihrem Kern die Mitte an: Wir kommen von Gott, und er ist unser Ziel. Unser Herz wird nur dann den inneren Frieden finden, wenn wir uns auf ihn ein- und verlassen, der da kommen will.

Aktion: Die Mandel könnt ihr zu Hause knacken und dabei feststellen, daß das mühsamer ist als bei einer Walnuß. Ihr könnt die Mandel auch in die Erde stecken – vielleicht wächst daraus ein Bäumchen. Ihr könnt den Vater oder die Mutter aber auch bitten, euch oben in die Mandel ein kleines Loch zu bohren, zieht dann einen Gold- oder Silberfaden durch und legt sie zuerst auf den Adventskranz und hängt sie anschließend in den Weihnachtsbaum. Dort hat sie dieselbe Aufgabe wie eine goldene Nuß, denn beide sagen: Schau hinter die Schale, und denke an den Kern – an *den,* der wiederkommen will.

Vgl. Nr. 9 in diesem Buch: Die Krippe in der Nuß.

88. Kranz und Krone – Vorzeichen des Himmels
(Ein Kranz und eine Krone)

Lesungen: 2 Tim 4,7-8 (Der Kranz der Gerechtigkeit liegt für mich bereit); Offb 4,1-4 (Die Ältesten trugen goldene Kränze); Mt 27,27-31a (Sie flochten einen Kranz aus Dornen).

In der biblischen Sprache sind die Begriffe Kranz und Krone austauschbar; deshalb hätte ich eigentlich nur den Kranz oder nur die Krone mitbringen können. Also, ob Kranz oder Krone, sie sagen dasselbe aus: Sie sind Abbilder, Vorzeichen des Himmels; denn in ihnen ist der Kreis zu finden, ohne Anfang und Ende, das Zeichen für Gott.

Es ist erstaunlich, wo überall Kranz und Krone ins menschliche Leben und ins Kirchenjahr eingedrungen sind – und jeweils künden sie von etwas Himmlischem: Sie fangen etwas von Gott ein.

Zunächst haben sich Kaiser und Könige ihrer bemächtigt: Sie waren der Überzeugung, „von Gottes Gnaden" zu herrschen, denn all ihre Macht verlieh ihnen der Allmächtige. – In Parks und Museen sehen wir des öfteren Statuen bekränzter Dichter und Denker, damit ihr Ruhm ewig strahlen möge! – Etwas von diesem oft schnell verblassenden Ruhm fangen sich auch Sportler ein; die Rennfahrer und Boxer zeigen sich noch am häufigsten mit Siegeskranz. – Der Erntekranz und die Erntekrone, aber auch der Richtkranz auf einem Gebäude rühmten ursprünglich den Geber aller Gaben; heute sind sie oft nur noch ein unverstandenes Symbol. Der Blumenkranz schmückt Kinder, Bräute, Jubilarinnen: Freude und Leben aus der Hand des himmlischen Herrn. Die Kränze auf den Gräbern sind wieder Siegeskränze: „Du hast das Leben geschafft!" – ein schwacher Abglanz des unvergänglichen Siegeskranzes, der bei der himmlischen Siegerehrung auf uns wartet (vgl. 1. Lesung). – Der Adventskranz aus duftendem Grün mitten in Kälte und kahler Landschaft verkündet: Mitten in eure Hoffnungslosigkeit hinein setzt Gott einen neuen Anfang. Der Himmel kommt zur Erde!

Jesus trägt später den Kranz aus Dornen (vgl. Evangelium), der sich schon bald zur Königskrone verwandelt: Christkönigsfest. – Ein Rosenkranz – entsprechend hingelegt – ergibt auch einen Kreis: einen Kranz aus Perlen. Wer sie durch die Finger gleiten läßt, umkreist im Gebet die Geheimnisse Gottes. – Im Himmel tragen die Ältesten um den Thron Gottes goldene Kränze auf ihren Häuptern – Zeichen für ein gelungenes Leben (Offb 4,1-4).

Das wünsche ich auch uns, daß unser Leben gelingt und wir einmal die Krone des Lebens empfangen, d. h. in den Kreis eintauchen dürfen, in Gottes Ewigkeit.

(Verkürzt und verändert nach Theodor Glaser, Vom Himmel auf Erden, Fromme Bilder für das Leben. Rosenheimer Verlagshaus 1987, S. 146-149)

Zum Thema „Christkönig" siehe auch Nr. 84.

Anhang

Register der eingesetzten Symbole und Zeichen

Die Zahlen beziehen sich auf die *Nummern* der Predigten

Stichwortregister

Die Zahlen beziehen sich auf die *Nummern* der Predigten.

Verzeichnis der Kurzgeschichten, die erwähnt oder benutzt wurden

Schriftstellenregister

Die Verweise beziehen sich auf die *Nummern* der Predigten. Die Parallelstellen der Synoptiker sind in der Regel nicht angegeben. Einige Symbolpredigten verweisen nur auf die „Lesungen vom Festtag": Die Stellen sind hier nicht aufgeführt.

Predigthilfen von Willi Hoffsümmer

99 Kinderpredigten
Mit Gegenständen aus dem Alltag
Mit Zeichnungen von K.H. Hamacher
3. Auflage. 156 Seiten. Kartoniert

Immer wieder fasziniert Willi Hoffsümmer durch neue Ideen, die sich in die Praxis vor Ort umsetzen lassen. Seine Kinderpredigten sind echt „hoffsümmerisch": Mit Gegenständen aus dem Alltag. Da werden z.B. ein Olivenzweig, eine Narrenkappe oder ein Zündholz als Bild für eine Predigt benutzt. Das Buch schließt mit einem Zeichenregister, einem Stichwortverzeichnis und einem sehr umfangreichen Schriftstellenregister zum Alten und Neuen Testament. Somit kann der Prediger mit einem Blick erfahren, ob zur Perikope der Leseordnung eine entsprechende Idee zu finden ist.

Liturgie konkret

122 Symbolpredigten durch das Kirchenjahr
Für Kinder, Jugendliche und Erwachsene
Mit Zeichnungen von K.H. Hamacher
3. Auflage. 208 Seiten. Kartoniert

Ein herrliches Buch für alle mutigen Leute, die der Meinung sind, man könnte auch einmal anders predigen. Hoffsümmer kämpft gegen die Routine und Langeweile in unserer Predigtpraxis an, der Phantasie sind dabei keine Grenzen gesetzt.

Diakonia

Matthias-Grünewald-Verlag

Praxishilfen von Willi Hoffsümmer

Bausteine für Familiengottesdienste – Lesejahr A
Die Evangelien der Sonn- und Feiertage in Symbolen, Geschichten, Spielen und Bildern
2. Auflage. 160 Seiten. Kartoniert

Bausteine für Familiengottesdienste – Lesejahr B
Die Evangelien der Sonn- und Feiertage in Symbolen, Geschichten, Spielen und Bildern
2. Auflage. 176 Seiten. Kartoniert

Bausteine für Familiengottesdienste – Lesejahr C
Die Evangelien der Sonn- und Feiertage in Symbolen, Geschichten, Spielen und Bildern
2. Auflage. 188 Seiten. Kartoniert

Da hat man irgendwann einmal eine Kurzgeschichte zum Thema des Sonntagsevangeliums gelesen oder ein schönes Bild gefunden, aber wenn man in der Predigt- und Gottesdienstvorbereitung sitzt, dann kann man sich einfach nicht mehr erinnern, wo genau der zündende Funke zu finden ist. Abhilfe aus diesem Dilemma schafft Willi Hoffsümmer mit seinen praktischen Bausteinen. Er hat die gängigen Bücher und Zeitschriften für die religiöse Arbeit mit Familien und Kindern nach Symbolen, Geschichten, Spielen und Bildern für alle Lesejahre durchforstet und zu den entsprechenden Evangelien aufgelistet.

Kirchenzeitung Köln

Der Aufbau der Bücher ist sehr übersichtlich. Jeder Sonntag bildet mit seinen Anregungen einen eigenen Abschnitt. Für Mitarbeiter von Liturgiekreisen bieten die Bände zweierlei: Zunächst bringen sie Anregungen, z.B. in den Symbolpredigten, und daneben sind es hilfreiche Führer, die aus einer Fülle an Materialien vorsortiert haben.

Literaturdienst der
Arbeitsgemeinschaft für katholische Familienbildung

Matthias-Grünewald-Verlag